RAYNOR WINN

Der Salzpfad

GOLDMANN

Buch

Raynor und Moth, seit 32 Jahren ein Paar, verlieren durch zwei Schicksalsschläge in kürzester Zeit beinahe alles. Sie geben ihre Farm in Wales auf und machen sich, nur mit dem Allernötigsten ausgerüstet, auf den Weg zu einer rund 1000 Kilometer langen Wanderung auf dem längsten und wildesten Küstenweg Englands, dem South West Coast Path. Von Somerset über Devon und Cornwall nach Dorset, mit einem Budget von nur 50 Euro pro Woche. Bei ihrem Abenteuer, das als spontane – in den Augen ihrer Kinder komplett verrückte – Idee begann, finden sie ungeahnten Reichtum an den überraschendsten Orten: in der morgendlichen Tasse Tee vor dem Zelt, in der Stille der kleinsten Kirche Englands in Culbone, im wilden Heidekraut am Wegesrand, im Flug der Wanderfalken, beim Schwimmen im Mondlicht und im Salz der Küstenluft, das ihnen zum vertrauten Begleiter wird. Und schließlich finden sie sogar ein neues Zuhause, dort, wo sie es am wenigsten erwartet hätten.

Autorin

Seit **Raynor Winn**, geboren 1962, den kompletten South West Coast Path gelaufen ist, unternimmt sie regelmäßig Fernwanderungen und schreibt über Natur und Wildcampen. Sie lebt derzeit mit Ehemann Moth und Hund Monty in Cornwall. »Der Salzpfad« ist ihr erstes Buch und wurde in kürzester Zeit zum international gefeierten Bestseller, der auf der Shortlist des Costa Award und des Edward Stanford Travel Writing Award landete.

Außerdem von Raynor Winn im Programm

Wilde Stille

RAYNOR WINN

DER SALZ PFAD

Das Buch zum Film

Aus dem Englischen von
Heide Horn und Christa Prummer-Lehmair
Kollektiv Druck-Reif

GOLDMANN

Die englische Originalausgabe erschien 2019 unter dem Titel
»The Salt Path« bei Michael Joseph, Penguin Random House, London.

Die Übersetzung des Homer-Zitats S. 14 stammt aus: Homer, »Odyssee«,
übersetzt von Kurt Steinmann, Penguin 2016; die Übersetzung der
Beowulf-Zitate S. 122 und S. 185/186 stammen aus: »Beowulf«,
übersetzt von Johannes Frey, Reclam 2013.

FSC
www.fsc.org
MIX
Papier | Fördert
gute Waldnutzung
FSC® C014496

Penguin Random House Verlagsgruppe FSC® N001967

1. Auflage
Vollständige Taschenbuchausgabe Juni 2025

produktsicherheit@penguinrandomhouse.de
(Vorstehende Angaben sind zugleich Pflichtinformationen nach GPSR)

Redaktion: Katharina Theml, Wiesbaden
Fotos: © British Broadcasting Corporation, Number 9 Films, Steve Tanner, DCM,
außer Foto S. 8/Bildteil: Raynor Winn
Umschlag: UNO Werbeagentur, München
Umschlagmotive: © British Broadcasting Corporation, Number 9 Films,
Steve Tanner, DCM
Satz: inpunkt[w]o, Wilnsdorf (www.inpunktwo.de)
Druck und Bindung: GGP Media GmbH, Pößneck
Printed in Germany
KW · NB
ISBN 978-3-442-14326-9

www.goldmann-verlag.de

INHALT

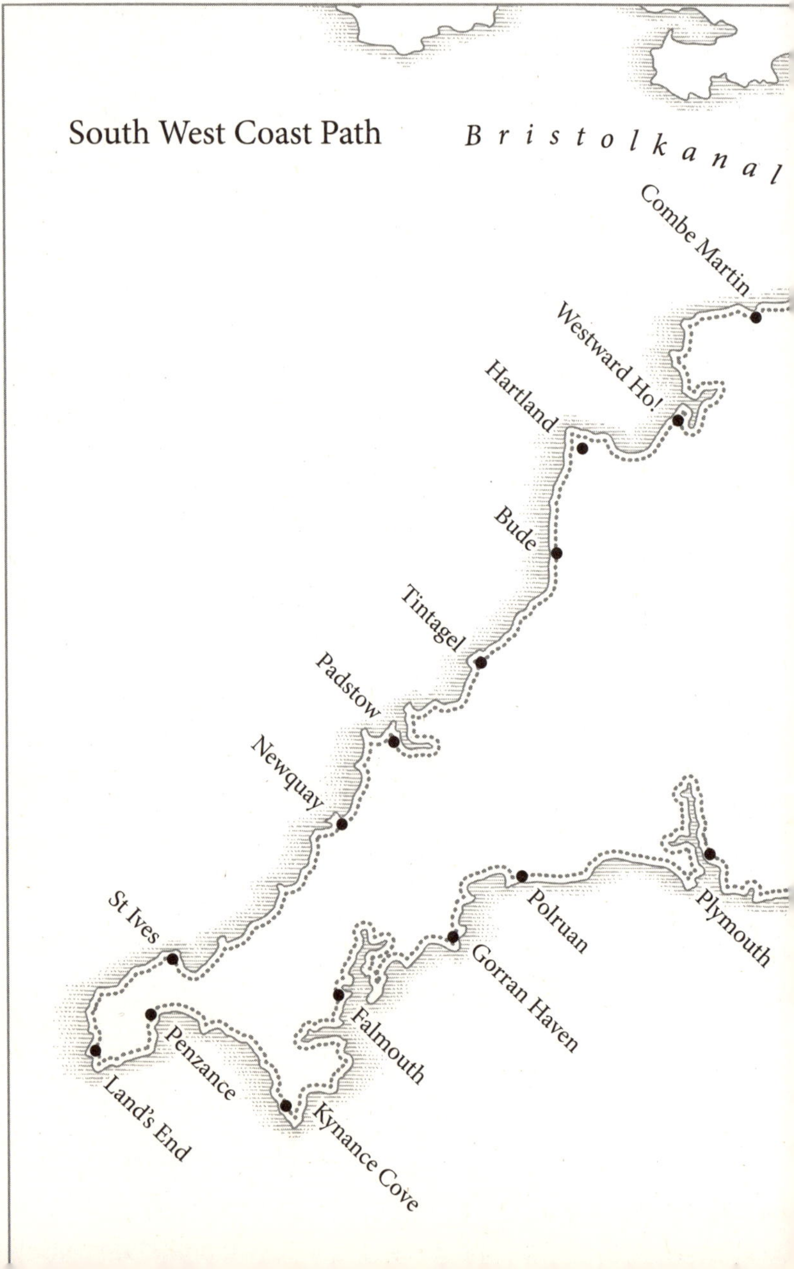
South West Coast Path
Bristolkanal
Combe Martin
Westward Ho!
Hartland
Bude
Tintagel
Padstow
Newquay
St Ives
Penzance
Land's End
Kynance Cove
Falmouth
Gorran Haven
Polruan
Plymouth

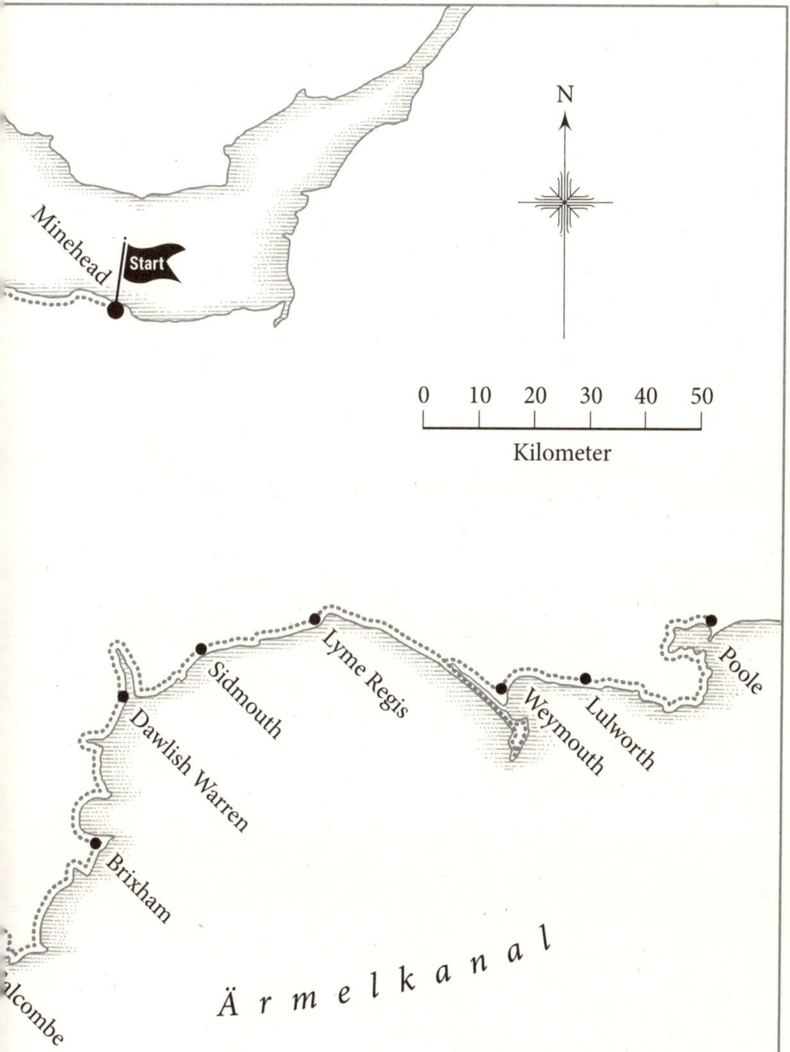

Der ***South West Coast Path*** *wurde ursprünglich angelegt, um Schmuggler aufzuspüren, und ist heute mit über 1014 Kilometern oder 630 Meilen und 35 000 Höhenmetern Großbritanniens längster Fernwanderweg.*

Für das Team

PROLOG

Das Geräusch der Brandung ist unverwechselbar. Im Hintergrund das untrügliche Rauschen, darüber das Klatschen der ankommenden Welle und dann das saugende Geräusch, wenn der Rückstrom einsetzt. Es war stockfinster, kaum ein Fünkchen Licht, doch mir genügte das laute Klatschen, um zu wissen, dass es nah sein musste. Ich versuchte, logisch zu denken. Unser Zelt stand ein gutes Stück über der Flutlinie; unterhalb von uns fiel der Strand ab und dahinter lag der Wasserspiegel. Die Brandung konnte uns nicht erreichen, alles in Ordnung. Ich legte den Kopf zurück auf den zusammengerollten Pullover mit dem Vorsatz, weiterzuschlafen. Nein, gar nichts war in Ordnung, im Gegenteil. Das Geräusch der Wellen kam nicht von weiter unten, sondern von direkt neben uns.

Ich kroch im grünlich-schwarzen Licht durch das Zelt und riss die Zeltklappe auf. Das Mondlicht fiel schräg über die Kliffkante, sodass der Strand vollkommen im Dunkeln lag, während die Wellen, die schäumend ans Ufer schlugen, glitzerten; sie schwappten bereits auf die Sandbank, die nur einen Meter vor dem Zelt endete. Ich schüttelte den Schlafsack neben mir.

»Moth, Moth, das Wasser, es kommt.«

Wir warfen alle schweren Gegenstände in unsere Rucksäcke, schlüpften schnell in die Wanderstiefel, zogen die Stahlheringe heraus und hoben das Zelt hoch, ohne es abzubauen, immer noch mit unseren Schlafsäcken und Kleidern drin, sodass die Bodenplane tief in den Sand hing. Wie ein grüner Riesenkrebs krabbelten wir über den Strand, auf das zu, was noch am Abend ein kleiner Süßwasserbach gewesen war, der ins Meer floss, nun aber ein metertiefer, mit Salzwasser gefüllter Kanal, der sich Richtung Kliff ergoss.

»Ich kann es nicht hoch genug heben. Die Schlafsäcke werden nass werden.«

»Tu doch was, sonst werden nicht nur die Schlaf…!«

Wir brachten uns in Sicherheit. Als sich die Welle zurückzog, sah ich, dass sich der Kanal zu einem breiten Wasserstreifen abflachte, der nur dreißig Zentimeter tief war. Wieder rannten wir los, inzwischen schwappte das Wasser bereits bis weit über die Sandbank hinweg und kam auf uns zu.

»Wir warten, bis das Wasser zurückfließt, dann überqueren wir den Kanal und laufen nach oben.«

Ich war baff vor Staunen. Dieser Mann, der noch vor zwei Monaten kaum ohne Hilfe seine Jacke hatte anziehen können, stand in Unterhosen, den Rucksack geschultert, am Strand, hielt ein aufgeschlagenes Zelt hoch über seinem Kopf und sagte mir, ich solle laufen.

»Lauf, lauf, lauf!«

Das Zelt hoch erhoben platschten wir durch das Wasser und stapften verzweifelt das Ufer hoch, während das Wasser gegen unsere Fersen klatschte und der Rückstrom uns ins Meer zu ziehen drohte. Wir stolperten durch den weichen Sand, die Stiefel randvoll mit Salzwasser, und ließen das Zelt am Fuß des Kliffs fallen.

»Die Felsen hier scheinen mir nicht allzu stabil zu sein. Wir sollten noch ein Stück weitergehen.«

Wie bitte? Wie konnte er um drei Uhr morgens so umsichtig sein?

»Nein.«

Wir waren dreihundertneunzig Kilometer gelaufen, hatten sechsunddreißig Nächte wild gecampt und die meiste Zeit von Trockennahrung gelebt. Der Wanderführer über den South West Coast Path hatte angegeben, wir würden nach achtzehn Tagen hier ankommen, hatte uns Restaurants mit köstlichem Essen und Übernachtungsmöglichkeiten mit weichen Betten und heißem Wasser in Aussicht gestellt. Der Zeitplan und all diese Annehmlichkeiten waren jenseits unserer Möglichkeiten, aber das machte mir nichts. Moth rannte im Mondlicht in einer löchrigen Unterhose, die er seit fünf Tagen ununterbrochen trug, über den Strand und hielt ein aufgeschlagenes Zelt über seinem Kopf. Es war ein Wunder. Besser konnte es gar nicht mehr kommen.

Als wir unsere Rucksäcke packten und Tee kochten, erschien das erste Tageslicht über der Portheras Cove. Ein neuer Tag lag vor uns. Ein ganz normaler Tag zum Wandern. Nur noch 622 Kilometer.

TEIL 1
INS LICHT

Muse, erzähl mir vom Manne,
dem wandlungsreichen,
den oft es abtrieb vom Wege …

Homer, *Die Odyssee*

1 STAUB DES LEBENS

Als ich den Entschluss fasste zu wandern, saß ich unter der Treppe. In jenem Moment hatte ich noch nicht bedacht, was es bedeutete, 630 Meilen – über tausend Kilometer – mit einem Rucksack auf dem Rücken zurückzulegen, hatte mir keine Gedanken darüber gemacht, wie ich das finanzieren sollte und dass ich fast einhundert Nächte wild campen würde, und auch nicht darüber, wie es danach weitergehen sollte. Und ich hatte meinem Lebenspartner, mit dem ich seit zweiunddreißig Jahren zusammen war, noch nicht eröffnet, dass er mitkommen würde.

Nur wenige Minuten zuvor hatte ich mich in meiner Not unter der Treppe versteckt. Die Männer in Schwarz kamen um neun Uhr morgens und hämmerten an unsere Tür, aber wir waren noch nicht bereit. Wir waren noch nicht bereit loszulassen. Ich brauchte noch etwas Zeit: nur eine Stunde, eine Woche, ein ganzes Leben. Es würde nie genug Zeit sein. Also kauerten wir uns unter die Treppe, dicht aneinandergedrängt, flüsternd wie ängstliche Mäuse, wie unartige Kinder, die ihre Entdeckung fürchten.

Die Gerichtsvollzieher gingen zur Rückseite des Hauses und klopften an die Fenster, probierten jeden Fensterriegel aus. Ich hörte, wie einer auf die Gartenbank kletterte, an das Küchenoberlicht drückte und rief. Da fiel mein Blick auf das Buch in einem der Umzugskartons. Ich hatte *Five Hundred Mile Walkies* von Mark Wallington mit Anfang zwanzig gelesen, die Geschichte eines Mannes, der mit seinem Hund den South West Coast Path absolviert. Moth hockte eingequetscht neben mir, den Kopf auf den Knien, die Arme um die angezogenen Beine geschlungen, zum Schutz und vor Schmerz und Angst und Wut. Vor allem Wut. Das Leben hatte ihn in einem nicht enden wollenden, dreijährigen Kampf mit jeder nur erdenklichen Munition beschossen. Er war erschöpft vor Wut. Ich legte meine Hand auf sein Haar. Ich hatte dieses Haar gestreichelt, als es noch lang und blond war, voller Meersalz, Heidekraut und Jugend; als es braun und kürzer war, voller Gips und Knetmasse der Kinder; und ich streichelte es jetzt, da es silbergrau war und dünner, voll vom Staub unseres Lebens.

Ich hatte diesen Mann mit achtzehn kennengelernt; nun war ich fünfzig. Wir hatten diese heruntergekommene Farm zusammen renoviert, jede Mauer, jeden Stein wiederaufgebaut, Gemüse gezüchtet, Hühner gehalten und zwei Kinder großgezogen, und eine Scheune für Feriengäste hergerichtet, die wir in unser Leben einbezogen und die uns ein Auskommen sicherten. Doch sobald wir durch diese Tür traten, würde das alles hinter uns liegen, wäre alles vorbei, zu Ende, erledigt.

»Wir könnten eine Wanderung machen.«

Es war ein absurder Vorschlag, aber ich sagte es trotzdem.

»Eine Wanderung?«

»Ja, eine Wanderung.«

Würde Moth das bewältigen? Es war ja nur ein Küstenwanderweg; so schwierig konnte das nicht sein, und wir konnten langsam gehen, immer einen Fuß vor den anderen setzen, während wir der Karte folgten. Ich brauchte dringend eine Landkarte, etwas, das uns den Weg wies. Warum also nicht? So schwer konnte das nicht sein.

Die gesamte Küste entlangzuwandern, von Minehead in Somerset über Nord-Devon, Cornwall und Süd-Devon bis nach Poole in Dorset, schien einigermaßen machbar. Und dennoch war der Gedanke, über Hügel, Strände, Flüsse und Moore zu streifen, in diesem Augenblick ebenso fern und unwahrscheinlich wie der, dass wir aus unserem Versteck unter der Treppe hervorkrochen und die Tür öffneten. Das war etwas, was andere fertigbrachten, nicht wir.

Andererseits, wir hatten eine Ruine wiederaufgebaut, uns selbst das Klempnern beigebracht, zwei Kinder großgezogen, uns gegen Richter und hochbezahlte Anwälte verteidigt, warum also nicht?

Weil wir verloren hatten. Den Prozess, das Haus und uns selbst.

Ich streckte die Hand aus, um das Buch aus dem Karton zu ziehen, und sah auf den Einband: *Five Hundred Mile Walkies*. Was für eine idyllische Aussicht! Damals hatte ich keine Ahnung, dass der South West Coast Path erbarmungslos war, dass wir fast so viele Höhenmeter bewältigen mussten, als würden wir viermal auf den Mount Everest klettern, dass wir über tausend Kilometer auf einem Weg wandern würden, der zum Teil nur dreißig Zentimeter breit war, dass wir in der freien Natur schlafen und leben und jedes schmerzliche Detail noch einmal durcharbeiten würden, das uns hierher in dieses Versteck geführt hatte. Ich wusste nur, dass wir es tun sollten. Außerdem hatten wir jetzt sowieso keine andere Wahl mehr. Ich hatte die Hand schon zu dem Karton ausgestreckt, und jetzt wussten sie, dass wir zu Hause waren, sie hatten mich gesehen, es gab kein Zurück, wir mussten gehen. Als wir aus dem Dunkel unter der Treppe krochen, drehte sich Moth um.

»Wir beide?«

»Für immer.«

Wir standen an der Haustür, die Gerichtsvollzieher auf der anderen Seite warteten schon ungeduldig darauf, das Schloss auszuwechseln, uns aus unserem alten Leben auszusperren. Gleich würden wir das spärlich beleuchtete, jahrhundertealte Haus verlieren, das zwanzig Jahre lang unser Kokon gewesen war. Wenn wir durch diese Tür traten, würden wir niemals zurückkehren können.

Wir hielten uns an den Händen und gingen ins Licht.

2 DER VERLUST

Begannen wir unsere Wanderung an jenem Tag unter der Treppe oder an dem Tag, als wir in Taunton aus dem Van einer Freundin stiegen, im Regen am Straßenrand abgeladen wurden, die Rucksäcke auf dem Asphalt? Oder waren wir seit Jahren auf diese Wanderung zugesteuert, hatte sie bereits am Horizont auf uns gewartet, auf den Tag, an dem wir absolut nichts mehr zu verlieren hatten?

Der Tag im Gerichtsgebäude markierte das Ende eines dreijährigen Kampfes, aber es geht nie so zu Ende, wie man es erwartet. Als wir auf die Farm in Wales gezogen waren, schien die Sonne, die Kinder liefen zwischen unseren Beinen herum, und das Leben lag vor uns. Ein verfallener Steinhaufen auf einem einsamen Fleckchen Land am Fuß der Berge. Wir machten uns mit vollem Einsatz an die Renovierung, arbeiteten in jeder freien Minute daran, während die Kinder größer wurden. Es war unser Zuhause, unser Betrieb, unser Refugium, und ich hätte nicht erwartet, dass es in einem schmuddeligen grauen Gerichtssaal neben einem Spielsalon zu Ende gehen würde. Ich hätte nicht erwartet, dass es zu Ende gehen würde, während ich vor einem Richter stand und ihm sagte, er habe einen Fehler gemacht. Ich hätte nicht erwartet, dass ich die Lederjacke tragen würde, die mir die Kinder zum fünfzigsten Geburtstag geschenkt hatten. Ich hätte nicht erwartet, dass es jemals zu Ende gehen würde.

Während wir im Gerichtssaal saßen, sah ich zu, wie Moth an einem weißen Fleck auf dem schwarzen Tisch vor ihm herumrieb. Ich wusste, was er dachte: Wie hatte es nur so weit kommen können? Er war mit dem Mann, der die finanziellen Ansprüche gegen uns geltend machte, eng befreundet gewesen. Sie waren zusammen aufgewachsen, gehörten zur selben Clique; sie waren auf ihren Dreirädern herumgeflitzt, hatten Fußball gespielt, die Teenagerjahre miteinander verbracht. Ja, wie hatte es so weit kommen können? Der Kontakt zu den anderen war abgerissen, aber sie waren dicke Kumpel geblieben. Als sie erwachsen wurden, schlugen sie unterschiedliche Wege ein, Cooper stieg in Finanzkreise auf, die kaum einer von uns durchblickte. Moth jedoch hielt die Verbindung zu ihm, blieb mit ihm befreundet. Er vertraute ihm so sehr, dass wir, als sich die Gelegenheit ergab, in eine seiner Firmen investierten, und zwar mit einer erheblichen Summe. Dann ging die betreffende Firma pleite und hinterließ offene Rechnungen. Irgendwann hing die Andeutung im Raum, wir seien Geld schuldig. Zunächst ignorierten wir es, aber Cooper hörte nicht auf zu behaupten, unser Vertrag sei so gestaltet, dass wir für die Begleichung der Schulden hafteten.

Anfänglich war Moth vor allem wegen der zerbrochenen Freundschaft am Boden zerstört und weniger wegen der finanziellen Forderungen, und ihr Streit gärte mehrere Jahre lang. Wir waren überzeugt davon, dass wir nicht für die Schulden haftbar waren, weil es nirgendwo ausdrücklich stand, und Moth glaubte fest daran, dass sie beide das irgendwann zwischen sich ausmachen würden. Bis zu dem Tag, an dem per Post ein gerichtlicher Mahnbescheid kam.

Unsere Ersparnisse waren bald weg, aufgezehrt von Anwaltshonoraren. Von da an vertraten wir uns selbst vor Gericht, wurden einer der vielen Fälle, wie sie die kürzlich verabschiedete Reform der Prozesskostenhilfe der britischen Regierung tausendfach hervorgebracht hatte. Demnach hatten wir kein Anrecht auf einen kostenlosen Rechtsbeistand, weil unser Fall als »zu komplex« eingestuft wurde. Die Reform mag ja 350 Millionen Pfund pro Jahr eingespart haben, aber sie bedeutet, dass wehrlose Menschen keine Möglichkeit mehr haben, zu ihrem Recht zu kommen.

Unsere einzige Taktik war die des Hinauszögerns, wir spielten auf Zeit, während wir im Hintergrund Juristen und Steuerberater kontaktierten und versuchten, irgendeinen schriftlichen Beweis zu finden, der den Richter von der Wahrheit überzeugen würde: dass wir den ursprünglichen Vertrag richtig ausgelegt hatten und für die Schulden nicht haftbar waren. Ohne die Hilfe eines Prozessanwalts wurden wir ständig ausmanövriert, und schließlich wurde die Verpfändung unserer Farm als Sicherheit für die Begleichung von Coopers Forderungen beantragt. Wir warteten voller Anspannung, und dann trudelte sie ein, die gerichtliche Räumungsanordnung für unser Heim, unser Haus und das Land, jeden Stein, den wir sorgfältig auf den anderen gelegt hatten, den Baum, unter dem unsere Kinder gespielt hatten, das Mauerloch, wo die Blaumeisen nisteten, das lose Kaminblech, wo die Fledermäuse wohnten. Eine Anordnung, uns das alles wegzunehmen. Wir zogen es weiter hinaus, reichten Anträge ein, baten um einen Aufschub, bis wir dachten, wir hätten ihn gefunden, den Hoffnungsschimmer in Form eines verheißungsvollen Blattes Papier, das bewies, dass Coopers Forderung an uns gegenstandslos war, weil wir ihm nichts schuldeten. Nach drei Jahren und zehn Gerichtsterminen besaßen wir endlich den Beweis, der unser Zuhause retten konnte. Kopien davon hatten wir dem Richter und dem Anwalt des Klägers geschickt. Wir waren bereit. Ich trug meine Lederjacke und strotzte vor Zuversicht.

Der Richter blätterte sich durch die Akten, als wären wir gar nicht da. Ich warf einen Blick zu Moth, weil ich ein bisschen Unterstützung brauchte, aber er starrte geradeaus. Die letzten Jahre hatten ihren Tribut gefordert: Sein dichtes Haar war spärlich und weiß geworden, und seine Gesichtshaut war wächsern und grau. Er wirkte wie ausgehöhlt; der Verrat durch einen engen Freund hatte diesen vertrauensvollen, ehrlichen, großzügigen Mann bis ins Mark erschüttert. Ein ständiger Schmerz in der Schulter und im Arm zehrte an seiner Kraft und machte es ihm schwer, sich zu konzentrieren. Das musste jetzt endlich ein Ende finden, damit wir unser normales Leben wiederaufnehmen konnten, und dann, da war ich mir sicher, würde es ihm bald bessergehen. Doch normal sollte unser Leben nie wieder werden.

Ich stand auf, mit wackligen Beinen, als wären sie unter Wasser. Ich klammerte mich an das Blatt Papier wie an einen

Anker. Draußen zankten die Möwen, ich hörte ihre lästigen, aufgeregten Schreie.

»Guten Morgen, Sir. Ich hoffe, Sie haben das neue Beweismittel erhalten, das ich Ihnen am Montag zugeschickt habe.«

»Habe ich.«

»Ich möchte mich auf dieses Beweismittel berufen ...«

Coopers Anwalt stand auf und rückte seine Krawatte zurecht, wie immer, wenn er den Richter ansprach. Selbstbewusst. Kontrolliert. Alles, was wir nicht waren. Ich wünschte mir nichts sehnlicher als einen Anwalt.

»Sir, bei dieser Information, die Ihnen und mir zugestellt wurde, handelt es sich um einen neuen Beweis.«

Der Richter sah mich vorwurfsvoll an.

»Ist das ein neuer Beweis?«

»Nun, ja, wir haben ihn erst vor vier Tagen in die Hände bekommen.«

»Zu diesem späten Zeitpunkt dürfen keine neuen Beweise vorgebracht werden. Ich kann ihn nicht akzeptieren.«

»Aber dieses Papier belegt alles, was wir in den letzten drei Jahren behauptet haben. Es belegt, dass wir dem Kläger nichts schulden. Es enthält die Wahrheit.«

Ich wusste, was gleich kommen würde. Ich wollte die Zeit einfrieren, anhalten, die nun folgenden Worte verhindern. Ich wollte Moths Hand nehmen, aufstehen und den Gerichtssaal verlassen, nie wieder an das Ganze denken, nach Hause gehen und Feuer machen, mit den Händen über die Steinmauern streichen, während sich die Katze in der Wärme zusammenrollte. Wieder atmen, ohne dass sich meine

Brust zusammenschnürte, an mein Zuhause denken, ohne die Angst davor, es zu verlieren.

»Sie müssen bei der Vorlage von Beweisen die korrekte Verfahrensweise einhalten. Ich werde jetzt das Urteil verkünden. Hiermit gebe ich dem Räumungsbegehren des Klägers statt. Sie werden das Grundstück innerhalb von sieben Tagen räumen, bis neun Uhr morgens an dem betreffenden Tag. Und nun zu den Kosten. Haben Sie dazu etwas zu sagen?«

»Ja, Sie machen einen großen Fehler, das ist alles falsch. Und nein, zu den Kosten habe ich nichts zu sagen, wir haben sowieso kein Geld, Sie nehmen uns unser Zuhause, unseren Betrieb, unser Einkommen weg, was wollen Sie noch?« Ich klammerte mich an den Tisch, da der Boden unter mir wegsackte. Nicht weinen, nicht weinen, nicht weinen.

»Ich berücksichtige das und weise die Forderung auf Kostenübernahme ab.«

Meine Gedanken drifteten ab, brachten sich in Sicherheit. Als Moth auf seinem Stuhl herumrutschte, war der Geruch der heißen, trockenen Kieselsteine und der frisch gestutzten Buchsbäume förmlich zu greifen, der von seiner Jacke ausging. Die Kinder hatten sich auf den Kieselsteinen die Knie aufgeschürft, als sie Radfahren lernten, hatten die Kiesel spritzen lassen, wenn sie mit dem Auto zur Uni fuhren. Die Rosen standen in voller Blüte, hingen wie Wattebäusche über die Buchsbaumhecke; bald würde ich die welken Blüten abschneiden.

»Ich beantrage die Zulassung der Berufung.«

»Abgelehnt. Dieses Verfahren zieht sich schon viel zu lange hin; sie hatten ausreichend Gelegenheit, Beweise vorzubringen.«

Der Raum begann zu schrumpfen, die Wände rückten näher. Es spielte keine Rolle, dass wir den Beweis gerade erst gefunden hatten, und auch nicht, dass er die Wahrheit enthielt; das Einzige, was zählte, war, dass ich ihn dem Gericht nicht auf die richtige Art und Weise vorgelegt hatte, dass ich nicht die korrekte Verfahrensweise eingehalten hatte. Was sollte ich – was sollten wir – jetzt tun, was sollten wir mit den Hühnern anfangen, wer würde dem alten Schaf morgens eine Scheibe Brot füttern, wie konnten wir in einer Woche eine ganze Farm einpacken, wie sollten wir den Umzugswagen bezahlen, was war mit den Familien, die eine Ferienwohnung bei uns gebucht hatten, den Katzen, den Kindern? Wie sollte ich unseren Kindern erklären, dass wir gerade ihr Zuhause verloren hatten? Unser Zuhause. Und nur, weil ich das Prozedere nicht kannte. Mir war so ein simpler, grundlegender Fehler unterlaufen: Ich hatte es versäumt, einen Antrag auf die Vorlage weiterer Beweismittel einzureichen. Woher hätte ich wissen sollen, dass das notwendig war? Ich war so glücklich gewesen, so sicher, also hatte ich den Beweis einfach hingeschickt. Hatte dieses verheißungsvolle Blatt Papier mit der reinen Wahrheit völlig umsonst vorgelegt. Und nun hatten wir alles verloren. Waren ohne einen Penny, ohne ein Zuhause.

Wir schlossen die Tür des Gerichtssaals hinter uns und gingen den Flur entlang, starr, stumm. Ich hielt nicht an, als ich den Anwalt der Gegenseite im Nebenzimmer sah, aber Moth ging rein. Nein, Moth, nein, schlag ihn nicht. Ich konnte all die Wut, all den Stress der letzten drei Jahre spüren. Doch er streckte dem Anwalt die Hand entgegen.

»Ist schon gut, ich weiß, dass Sie nur Ihren Job erledigen, aber es war die falsche Entscheidung, das wissen Sie, oder?«

Er nahm Moths Hand und schüttelte sie.

»Der Richter hat entschieden, nicht ich.«

Ich weinte immer noch nicht, aber innen drin ergriff mich ein stummes Heulen und drückte zu, sodass mir das Atmen schwerfiel.

***

Ich stand auf der Wiese hinter dem Haus, unter der knorrigen Esche, wo die Kinder in dem schneereichen Winter '96 ein Iglu gebaut hatten. Ich brach eine Scheibe Weißbrot in sechs Teile, ein Ritual, das in den vergangenen neunzehn Jahren den Beginn eines jeden Tages markiert hatte. Das alte Mutterschaf schnüffelte an meiner Hand und nahm mit seinen weichen Lippen das Brot: neunzehn Jahre alt, ohne Zähne, aber immer noch mit großem Appetit gesegnet. Die Kinder hatten es Smotyn getauft, das ist walisisch und heißt »gesprenkelt«. Jetzt war sie ein brummiges altes Schaf mit einem schmuddeligen schwarz-weißen Fell und zwei schiefen Hörnern. Na ja, eigentlich einem Horn, das andere hatte sie sich vor ein paar Jahren abgestoßen in dem verzweifelten Versuch, mit dem Kopf in einen Futtereimer zu gelangen. Tom hatte das Horn aufbewahrt; es lag in seinem Schatzkästchen, das er mitnahm, als er zur Universität ging, zusammen mit seinen Fossilien und den Pokémonkarten. Als Rowan drei war, hatte ich mit ihr eine sechzig Kilometer weite Fahrt in unserem winzigen Lieferwagen unternommen. Auf einer Farm an einer Bergflanke mit Blick auf das

Meer kauften wir drei quirlige, gefleckte kleine Lämmchen. Rowan heulte vor Wut, weil sie nicht bei ihnen sitzen durfte, also gab ich nach und ließ alle vier auf dem Stroh im Laderaum mitfahren. Seitdem waren die Schafe Teil unseres Lebens, Teil unserer Familie gewesen. Im Lauf der Jahre hatten sie viele Lämmer geworfen, aber jetzt war nur noch Smotyn übrig, ihre Schwestern waren gestorben, und die übrigen hatte ich im vorigen Jahr an einen anderen Züchter verkauft, als der Gerichtsprozess einen Punkt erreicht hatte, an dem wir dachten, es könnte nicht mehr weitergehen und wir würden verlieren. Von Smotyn hatte ich mich nicht trennen können. In ihrem Alter würde niemand sie nehmen; im Durchschnitt wird ein Schaf nur sechs oder sieben Jahre alt, bevor man Hundefutter oder Hackbällchen daraus macht. Am Tag nach der Gerichtsverhandlung hatte ich die Hühner zu einem Freund gebracht, aber für Smotyn hatte er keinen Platz. Sie drehte mir den Rücken zu und wanderte über die Wiese, umgeben von Wolken aus Löwenzahnsamen, zu den Buchen, unter deren Kronen das Gras immer trocken war. Wir beide kannten diese Wiese in- und auswendig. Wie sollten wir, das Schaf und ich, ohne sie weiterleben?

In fünf Tagen würden wir beide obdachlos sein; dann würden wir es erfahren.

***

Was ich zu diesem Zeitpunkt nicht wusste – nicht wissen konnte –, war, dass es keine fünf Tage dauern würde, bis sich mein Leben für immer verändern würde, bis sich alles, was mir bisher Halt gegeben hatte, in Treibsand verwandeln würde. Doch es geschah bereits am folgenden Tag.

Wir befanden uns im Zimmer eines Facharztes in einem Liverpooler Krankenhaus. Endlich, nach jahrelangem Herumdoktern, sollten wir die Ursache für Moths Schulterschmerzen erfahren. Er hatte sein Leben lang körperlich gearbeitet, und so hatte einer der Ärzte nur gemeint: »Es ist ganz normal, dass es wehtut, wenn Sie den Arm heben, und dass Sie beim Gehen ein bisschen humpeln.« Anderen hatten das leichte Zittern in seiner Hand und eine gewisse Lähmung im Gesicht Sorge bereitet. Aber dieser Arzt hier war eine Koryphäe, der Beste seines Fachs, das Nonplusultra. Er würde uns etwas von einer Bänderverletzung oder dergleichen erzählen und wie sie sich behandeln ließ; dass es passiert war, als Moth vor Jahren durch das Scheunendach fiel – vielleicht hatte er sich dabei einen Haarriss im Schultergelenk zugezogen. Er würde uns garantiert sagen, wie es sich wieder in Ordnung bringen ließ. Er würde mit seiner ganzen Autorität hinter seinem Schreibtisch sitzen und uns das sagen. Ganz ohne Zweifel.

Auf der langen Fahrt nach Liverpool hatten wir kaum ein Wort gesprochen, jeder war tief in einem Sumpf aus Schock und Erschöpfung versunken. Die Tage seit dem Prozess waren ein einziger Wirbel aus Kisten packen und Gerümpel verbrennen, nervenaufreibenden Telefonaten und Verzweiflung gewesen. Wir hatten realisiert, dass wir nirgendwo hinkonnten. Es war zum Schlimmsten gekommen. Die siebenstündige Fahrt nach Liverpool und wieder zurück hatte uns gerade noch gefehlt. Uns war jede Stunde kostbar, jede Stunde, um fertig zu packen, jede Stunde, die wir geborgen im Schutz unserer eigenen vier Wände verbringen durften.

Unsere Odyssee durch die Wartezimmer von Ärzten hatte sechs Jahre zuvor begonnen. Den lähmenden Schmerz in Moths Schulter und seinem Arm, gefolgt von einem Zittern in seiner Hand, hatten die Ärzte als Parkinson-Krankheit diagnostiziert, aber als sich das als Fehlannahme erwies, ging man von einer Nervenschädigung aus. Das Behandlungszimmer dieses Arztes unterschied sich in nichts von den bisherigen: eine weiße, nüchterne Schuhschachtel mit Blick auf den Parkplatz. Doch dieser Arzt thronte nicht hinter seinem Schreibtisch; er kam dahinter hervor und setzte sich vor Moth auf die Schreibtischkante, legte die Hand auf seinen Arm und fragte ihn, wie es ihm gehe. Da stimmte etwas nicht. So etwas machen Ärzte normalerweise nicht. Keiner der bisherigen Ärzte, und wir waren bei vielen gewesen, hatte das jemals gemacht.

»Das Beste, was ich für Sie tun kann, Moth, ist, Ihnen eine Diagnose zu geben.«

Nein, nein, nein, nein, nein. Sagen Sie nichts mehr, sprechen Sie nicht weiter, es wird etwas Schreckliches über Ihre selbstgefälligen, aufeinandergepressten Lippen kommen, öffnen Sie sie nicht, sagen Sie nichts.

»Ich glaube, Sie leiden an kortikobasaler Degeneration, CBD. Die Diagnose lässt sich nicht mit letzter Sicherheit stellen. Es gibt keinen Test, daher können wir es erst post mortem verifizieren.«

»Post mortem? Wann, glauben Sie, wird das sein?« Moths Hände spreizten sich weit über seine Oberschenkel, als wollte er so viel wie möglich von sich selbst zwischen seinen breiten Fingern halten.

»Also, normalerweise würde ich sagen, sechs bis acht Jahre nach dem Ausbruch. Aber in Ihrem Fall scheint die Krankheit sehr langsam fortzuschreiten, da Ihre ersten Probleme bereits vor sechs Jahren auftraten.«

»Das heißt, Sie müssen sich geirrt haben. Es ist etwas anderes.« Ich spürte, wie Übelkeit in mir aufstieg und der Raum vor mir unscharf wurde.

Der Arzt sah mich an, als würde er mit einem Kind reden; dann fuhr er fort, uns eine seltene degenerative Gehirnerkrankung zu erklären, die mir den wundervollen Mann wegnehmen würde, den ich schon liebte, seit ich ein Teenager war. Die Krankheit würde erst seinen Körper und dann sein Gehirn zerstören, er würde wirr und dement werden, bis er zuletzt nicht mehr in der Lage sein würde, den eigenen Speichel zu schlucken, und folglich ersticken würde. Und es gab nichts, absolut nichts, was man dagegen tun konnte. Ich hatte Mühe zu atmen; der Raum verschwamm. Nein, nicht Moth, nehmen Sie ihn mir nicht weg, Sie können ihn nicht haben, er bedeutet mir alles, er ist alles für mich, alles von mir. Nein. Nach außen hin versuchte ich, ruhig zu wirken, doch innerlich schrie ich, verfiel in Panik, wie eine Biene, die gegen eine Glasscheibe anfliegt. Die reale Welt war noch da, aber auf einmal unerreichbar.

»Aber Sie können sich auch irren.«

Wovon redete er überhaupt? So würden wir nicht sterben. Es ging hier nicht um Moths Leben, sondern um unseres. Wir waren eins, miteinander verschmolzen, verwoben, auf molekularer Ebene. Es war nicht sein Leben und nicht mein Leben, es war unser Leben. Wir hatten einen Plan, wie wir einmal sterben würden. Mit fünfundneunzig, auf dem Gipfel eines Berges, nachdem wir uns den Sonnenaufgang angesehen hatten, würden wir einfach einschlafen. Nicht in einem Krankenhausbett ersticken. Nicht voneinander getrennt, auseinandergerissen, allein.

»Sie haben sich geirrt.«

***

Zurück auf dem Krankenhausparkplatz klammerten wir uns im Auto aneinander, als würde das alles aufhören, wenn wir nur unsere Körper ganz eng aneinanderpressten. Als könnte uns nichts mehr trennen, wenn zwischen uns kein Lichtstrahl hindurchpasste, als wäre das dann alles nicht wahr und wir müssten es nicht durchmachen. Stumme Tränen liefen über Moths Gesicht, aber ich weinte nicht, konnte nicht weinen. Wenn ich es täte, würde der ganze Schmerz mich in einem einzigen Sturzbach mit sich reißen. Wir hatten unser ganzes Erwachsenenleben miteinander verbracht. Jeden Traum oder Plan, jeden Erfolg oder Misserfolg miteinander geteilt, als zwei Hälften eines gemeinsamen Lebens. Niemals getrennt, niemals allein, ein Ganzes.

Es gab keine Medikamente, um das Fortschreiten der Krankheit zu stoppen, keine Therapien, um sie in Schach zu halten. Die einzige Hilfe, die man uns bot, war ein Medikament mit dem Wirkstoff Pregabalin gegen die Schmerzen, aber das nahm Moth bereits. Etwas anderes gab es nicht. Wie gerne wäre ich in die Apotheke gegangen und hätte einen Zaubertrank besorgt, irgendein Mittel gegen die Schneise der Zerstörung, die sich in unser Leben fraß.

»Physiotherapie hilft gegen die Steifheit«, hatte der Arzt gemeint. Aber Moth absolvierte bereits ein tägliches Krankengymnastikprogramm. Vielleicht konnte er noch mehr tun; vielleicht konnten wir so die Verschlechterung aufhalten. Ich klammerte mich an jeden Strohhalm, jeden noch so dünnen Faden, an dem ich mich aus diesem erstickenden Nebel des Schocks heraushangeln konnte. Doch es gab keinen Faden, keine Hand, die sich mir entgegenstreckte, um mich in Sicherheit zu bringen, keine beruhigende Stimme, die mir sagte, alles sei gut, das sei nur ein böser Traum. Es gab nur uns beide, die wir uns auf einem Krankenhausparkplatz an die einzige Wirklichkeit klammerten, die zählte, nämlich uns.

»Du kannst nicht krank sein, ich liebe dich doch.«

Als wäre es genug, ihn zu lieben. Es hatte immer genügt, mehr hatte ich nie gebraucht, aber jetzt würde es uns nicht retten. Als Moth mir das erste Mal seine Liebe gestand, hatte ich diese Worte überhaupt zum ersten Mal gehört. Noch nie hatte mir jemand gesagt, dass er mich liebte, weder meine Eltern noch meine Freunde noch sonst jemand, und diese Worte hatten mich mit ihrem Glanz und ihrem Funkeln in die nächsten zweiunddreißig Jahre meines Lebens getragen. Aber Worte waren machtlos dagegen, dass Moths Gehirn auf Selbstzerstörungsmodus schaltete, gegen ein Protein namens Tau, das sich in den Nervenzellen ablagerte und die Verbindungen blockierte.

»Er hat sich geirrt. Das weiß ich einfach, er irrt sich.« Er musste sich täuschen. Der Richter hatte falsch gelegen, warum nicht auch der Arzt?

»Ich kann nicht mehr denken, nichts mehr fühlen …«

»Dann lass uns annehmen, dass er sich irrt. Wenn wir uns weigern, ihm zu glauben, können wir einfach weitermachen und so tun, als wäre das alles nicht wahr.« Ich konnte es nicht an mich heranlassen. Das ergab alles keinen Sinn, nichts davon war real.

»Vielleicht irrt er sich. Aber was, wenn nicht? Was, wenn es so wird, wie er gesagt hat? Daran darf ich gar nicht denken …«

»So weit wird es nicht kommen; wir werden dagegen kämpfen, irgendwie.«

Ich glaube nicht an Gott oder an irgendein höheres Wesen. Wir leben, wir sterben; der Kohlenstoffkreislauf setzt sich endlos fort. Aber bitte, Gott, bitte mach, dass es nicht so weit kommt. Wenn Er existierte, hatte Er gerade die Wurzeln meines Lebens gepackt und ausgerissen, meine ganze Existenz auf den Kopf gestellt. Auf der Heimfahrt drehten wir den CD-Player auf volle Lautstärke, versteckten uns hinter dem Lärm. Unter mir ragten die Berge auf, und über meinem Kopf krachten die Wellen zusammen, meine Welt hatte sich einmal um einhundertachtzig Grad gedreht. Als wir ankamen, lief ich auf den Händen.

***

Gedanken ans Ersticken quälten mich. Noch Wochen nach der Diagnose wachte ich Nacht für Nacht schweißgebadet auf, mit dröhnendem Kopf, angsterfüllt durch die Schreckensvision, an meinem eigenen Schleim zu ertrinken. Albträume davon, wie Moths Hals zuschwoll und er qualvoll nach Luft rang, bis er am Ende erstickte, während die Kinder und ich hilflos zusehen mussten.

***

Die Schwalben waren spät gekommen, einzeln und zu zweit, hatten nach einer gewaltigen Reise den Weg nach Hause gefunden, um von den Buchen herabzuschießen und sich an Insekten zu laben. Könnte ich doch nur eine Schwalbe sein, frei umherfliegen und nach Hause kommen, wenn mir der Sinn danach stünde. Ich brach das Brot für Smotyn und ging hinaus in den frischen Junimorgen. Die Luft war weich und mild, strich über mein Gesicht mit der Verheißung eines wunderschönen Tages. Zwischen den Ästen der Wildbirnenhecke quetschte ich mich über den Zauntritt. Diese Hecke hatte ich als Sonderangebot bei einer Baumschule gekauft; eigentlich sollte es Buche sein, hatte sich aber zu einem kleinblättrigen, stacheligen Gewächs ohne Birnen entwickelt, das mich ärgerte, wann immer ich über den Zaun klettern wollte. Ich rieb mir die Kratzer auf dem Arm, zu den alten Narben waren frische hinzugekommen. Es machte keinen Sinn mehr, die Hecke jetzt noch zurückzuschneiden. Die Wiese war warm und von Honigduft erfüllt, der Klee begann gerade zu blühen. Über Nacht waren die Maulwürfe wieder aktiv gewesen, in der Mitte der Wiese erhoben sich feinkrümelige Erdhaufen. Ich trat sie flach, ganz automatisch, das Wohlergehen des Bodens, unseres Bodens, lag mir immer noch am Herzen. Moth hatte diese Wiese einem unkrautüberwucherten Fleck Erde abgerungen. Ohne Pestizide und damals auch noch ohne Maschinen hatte er das achttausend Quadratmeter große Stück Land eigenhändig mit der Sense gemäht. Hatte alles zusammengerecht und Nesseln herausgezogen. Er hatte die Umfriedung ausgebessert, sorgfältig Hunderte Steine in der Mauer ersetzt, die seit Jahrzehnten verfallen war. Es war die Wiese, auf der die Kinder der Feriengäste Eier sammelten, die noch warm vom Nest waren, und im Frühling die Lämmchen fütterten. Hier hatten wir mit der ganzen Familie endlose Cricket-Partien ausgetragen, im hohen Gras gelegen, bevor es gemäht wurde, um Heu zu machen, und die Sternschnuppen am sommerlichen Nachthimmel betrachtet. Unser Land.

Smotyn blieb aus. Sie kam immer zum Zauntritt, um sich ihre Scheibe Brot zu holen. Immer. Als ich die Wiese nach ihr absuchte, wusste ich bereits, was ich vorfinden würde. An ihrem Lieblingsplatz unter den Buchen lag sie mit dem Kopf im Gras, als ob sie schliefe. Sie hatte es gewusst. Sie hatte gewusst, dass sie ihre Wiese nicht verlassen konnte, ihr Zuhause, und war einfach gestorben. Hatte den Kopf ins Gras gelegt, die Augen geschlossen und war gestorben. Als ich ihr Fellgesicht streichelte, mit der Hand ein letztes Mal über ihr schiefes Horn strich, überkam es mich wie eine Wehe. Überwältigend und unkontrollierbar. Ich rollte mich auf dem Gras neben ihr zusammen und schluchzte. Ich weinte, bis mein Körper nicht mehr konnte, erschöpft, tränenleer, ausgedörrt durch den Verlust. Das Gras umhüllte mein Gesicht, und ich lag unter den Buchen und wollte sterben, loslassen und wie Smotyn frei sein, frei mit den Schwalben umherfliegen und nicht erdulden müssen, dass ich von hier wegmusste und dass Moth ganz allmählich immer weniger wurde. Lass mich jetzt sterben, lass mich diejenige sein, die geht, lass nicht zu, dass ich allein zurückbleibe, lass mich sterben.

Ich holte den Spaten und fing an zu graben, um Smotyn neben ihren Schwestern zu beerdigen, in ihrer Wiese. Moth kam heraus, und schweigend hoben wir zusammen die Grube aus, weigerten uns zu sprechen, weigerten uns, das immer größer werdende Loch zu akzeptieren. Die Schwärze, in die wir am Tag zuvor geblickt hatten, war immer noch zu schockierend, zu neu für uns, um ihre Existenz anzuerkennen, und sei es nur als Gedanke. Ich legte ein Geschirrtuch über Smotyns Kopf; wir ertrugen es nicht mitanzusehen, wie die Erde auf ihr Gesicht fiel. Sie war von uns gegangen. Es war alles vorbei. Der Traum, der unsere Farm gewesen war, wurde mit ihr begraben.

3 EINE SEISMISCHE VERSCHIEBUNG

Nachdem wir die Tür zum letzten Mal hinter uns zugemacht hatten, blieben uns zwei Wochen, um unsere wenigen Besitztümer in der Scheune eines Freundes unterzubringen und uns zu überlegen, wie es jetzt weitergehen sollte. Die Kinder konnten uns nicht helfen; sie studierten beide noch und hatten selbst kaum genug Geld, um sich über Wasser zu halten. Moths Bruder war gerade in Urlaub und hatte uns sein Haus zur Verfügung gestellt, aber in nur zwei Wochen würde er mit seiner Familie zurückkehren, und dann würde es zu eng für alle werden, und wir mussten gehen. Obwohl unser Zuhause nur dreißig Kilometer entfernt lag, konnten wir nicht zurück. Es war die Hölle. Der Schock, unser Haus verlassen und mit der Diagnose des Arztes fertigwerden zu müssen, war noch ganz frisch, und so vergingen die ersten Tage in einem benommenen, nahezu katatonischen Zustand.

Der Logik nach sollten wir uns eine Arbeit und etwas zum Wohnen suchen. Man hatte uns ja nicht nur unser Haus weggenommen, sondern auch unseren Ferienwohnungsbetrieb und damit unser Einkommen. Wir mussten einen Job finden, der es uns ermöglichte, uns ein neues Leben aufzubauen. Aber wir waren auch mit der Tatsache konfrontiert, dass unser gemeinsames Leben vielleicht nur noch auf eine kurze Periode bei einigermaßen guter Gesundheit beschränkt sein würde, gefolgt von lähmendem Verfall und Tod. Ich konnte Moth nicht allein lassen und zur Arbeit gehen – ich musste jede kostbare Minute, in der er noch halbwegs gesund war, mit ihm verbringen. Jede Erinnerung bewahren, um sie in meine einsame Zukunft mitzunehmen.

Wie ich den Arzt hasste, der auf der Schreibtischkante gesessen und ihm seine Diagnose mitgeteilt hatte, als würde er ein Geschenk überreichen. *Das Beste, was ich für Sie tun kann, Moth, ist, Ihnen eine Diagnose zu geben.* Etwas Schlimmeres hätte er gar nicht tun können. Ich wünschte, er könnte es rückgängig machen und mich ohne dieses Wissen leben lassen. Ich wollte nicht jedes Mal, wenn ich Moth ansah, die schwarze Leere meiner Zukunft vor mir sehen. Wir stolperten durch jene Tage, als wären wir gerade von einem Schlachtfeld gekommen, verwundet, traumatisiert und verloren.

Dauercampen war eine Option, bis wir etwas Besseres fänden, aber das günstigste Angebot eines Campingplatzes lag bei achtzig Pfund die Woche, weit mehr, als wir uns leisten konnten, und Campinggebühren wurden nicht mit Wohngeld bezuschusst. Keiner unserer Bekannten hatte ein Zimmer übrig, oder einen Garten, den er mehr als ein paar Wochen opfern wollte. Und wir brauchten einen Ort, wo wir uns sammeln und das, was passiert war, verarbeiten konnten. Im

Hochsommer gab es in den Urlaubszentren ohnehin keine verfügbaren Caravans, weil alle natürlich an zahlungskräftige Feriengäste und nicht etwa an Wohngeldempfänger vermietet wurden.

In einer idealen Welt hätten wir etwas zu mieten gefunden, aber es stellte sich schnell heraus, dass es nahezu unmöglich ist, ein Mietobjekt zu finden, wenn man gerade zwangsgeräumt wurde. Unsere Kreditwürdigkeit war im Keller. Das Wohnungsamt konnte uns auf die Warteliste setzen, wenn wir das wollten, aber unserem Fall wurde keine hohe Dringlichkeit eingeräumt, und die einzige Unterkunft, die man uns momentan anbieten konnte, war ein Zimmer in einem Bed and Breakfast, in dem hauptsächlich Menschen mit Drogen- oder Alkoholproblemen lebten. Eine junge Frau mit straff zum Pferdeschwanz zurückgebundenen dunklen Haaren saß in ihrem Büro hinter dem Schreibtisch und meinte mit starkem walisischem Akzent: »Na ja, wenn Sie nicht bald sterben, also nächstes Jahr oder so, sind Sie wohl nicht so furchtbar krank, oder? Also ist es wohl nicht so furchtbar dringend, oder?« In diesem Moment wussten wir eins sicher: Wir würden lieber ins Zelt ziehen.

Zurück im Haus von Moths Bruder spähte ich benommen aus dem Fenster, unfähig, über unser weiteres Vorgehen nachzudenken.

»Eigentlich bin ich ganz froh. Ich kann mir nicht vorstellen, in einer Sozialwohnung in der Nähe unserer Farm zu leben. Das würde uns einfach kaputtmachen.« Und nicht nur das, in dieser ländlichen Gegend wären wir monatelang eine Quelle für Klatsch und Tratsch.

»Ich weiß. Auf der Farm konnten wir immer für uns sein. Auf unserer Insel.«

Das war die Farm für uns gewesen: eine Insel. Sobald wir von der Straße in den Wald abbogen, ließen wir den Rest der Welt hinter uns. Jenseits der Bäume boten sich uns Aussichten, als hätten wir eine völlig andere Welt betreten. Nach allen Seiten hin alte Feldsysteme, die Äcker durch heckenbesetzte Böschungen voneinander getrennt. Im Westen hoch aufragende Berge, die sich gen Osten erstreckten, umspielt von zarten, weichen Wolken. Ein mächtiger Bussard, der mit ausgebreiteten Schwingen in den blauen Himmel stieg und irgendwo zwischen den Baumwipfeln und den Bergen schwebte. Wenn der Wald hinter uns seine Pforte schloss, ließen wir die Straße, die Dörfer und den Lärm der Menschen zurück. Aber jetzt hatte man uns ausgesetzt, wir hatten keinen sicheren Hafen mehr, in den wir zurückkehren konnten, trieben auf einem Floß der Verzweiflung durch den Nebel, ohne zu wissen, wo wir ans Ufer kommen würden oder ob es überhaupt ein Ufer gab.

Moth stand am Fenster, ließ den Blick über den mit Ginster und Heidekraut bewachsenen Hügel schweifen. Zu Hause und doch nicht zu Hause.

»Ich glaube nicht, dass ich es ertragen kann, hier in der Gegend zu bleiben. Ich muss etwas Abstand zu Wales bekommen; es tut zu sehr weh, hierzubleiben. Wie es auf lange Sicht ist, weiß ich nicht, ich weiß ja nicht einmal, wie viel Zeit mir noch bleibt, aber im Augenblick muss ich weg. Mich woanders nach einem neuen Zuhause umsehen.«

Ich holte tief Luft.

»Dann lass uns die Rucksäcke packen und unterwegs darüber nachdenken.«

»Ja, gehen wir den South West Coast Path.«

***

Mit fünfzig einen Rucksack zu packen ist nicht ganz dasselbe wie mit zwanzig. Als wir uns das letzte Mal für einen Trail gerüstet hatten, waren die Kinder noch nicht auf der Welt, Moth hatte noch lange Haare, und ich war noch gut sechs Kilo leichter. Damals hatten wir alles in die Rucksäcke gestopft, was wir glaubten, brauchen zu können, und es unbekümmert herumgeschleppt, unsere jungen Körper erholten sich schnell von der Anstrengung und von Verletzungen. Wir waren im Lake District und in Schottland wandern gegangen und hatten täglich viele Kilometer zurückgelegt, aber fast immer auf Campingplätzen übernachtet und sehr selten wild gecampt. Dreißig Jahre später hatte ich nach zwanzig Jahren körperlicher Arbeit allerlei Wehwehchen, die nie mehr ganz weggingen, sondern heimtückisch im Hintergrund lauerten. Und auch die Jahre des Kampfes in einem Gerichtsverfahren, zusammengekauert vor dem Laptop, um unsere Verteidigung auszuarbeiten, hatten mich steif werden lassen und anfällig für Muskelprobleme. Und Moth? Wie sollte er jetzt noch so viel schleppen können wie früher? Wir packten den Rucksack wie damals und luden ihn behutsam auf seinen Rücken. Ein Sechzig-Liter-Rucksack, vollgestopft mit unserem alten orangefarbenen Segeltuchzelt und zwei leicht rostigen Campingtöpfen. Zweimal um das Zimmer herum, und er sank vor Schmerz auf die Knie.

»Tu das runter. Ich schaffe es nicht.«

»Dann müssen wir uns nach einer anderen Ausrüstung umsehen. Als Erstes nach einem leichteren Zelt.«

»Das können wir uns nicht leisten.« Das meiste von dem, was wir im vergangenen Jahr verdient hatten, war in den Prozess geflossen, beziehungsweise in unseren Lebensunterhalt, während wir ihn ausfochten. Dazu zwei studierende Kinder. Ich hatte allen Feriengästen, die unsere Scheune diesen Sommer gebucht hatten, die Miete zurückerstattet, und so hatten wir nur noch dreihundertzwanzig Pfund übrig. Allerdings bekamen wir achtundvierzig Pfund die Woche in Form einer Steuergutschrift für Geringverdiener. Da Moth immer weniger in der Lage gewesen war zu arbeiten, hatten wir nur noch Einkünfte aus der Vermietung der Scheune bezogen, wodurch wir Anspruch auf eine wöchentliche staatliche Zuwendung erhielten. Selbst diese kleine Beihilfe brauchte eine Adresse, was bedeutete, dass wir in der Gegend bleiben mussten. Hierbleiben ging nicht, deshalb ließen wir die Steuergutschrift unter unserer alten Adresse laufen und die Post zu Moths Bruder nachschicken. Achtundvierzig Pfund pro Woche. Davon würden wir leben können, ganz bestimmt.

Ich las *Five Hundred Mile Walkies* noch einmal und überzeugte mich erneut davon, dass wir das schaffen konnten. Wenn Mark Wallington mit einem geliehenen Rucksack und einem struppigen Hund den South West Coast Path bewältigt hatte, konnten wir das auch, kein Problem. Aber es lag auf der Hand, dass wir die umgekehrte Route nehmen mussten, von Poole nach Minehead. Der erste Abschnitt von

Minehead nach Padstow schien der bei Weitem anspruchsvollste zu sein, und das letzte Stück von Plymouth nach Poole das leichteste. Daher war es nur sinnvoll, es andersherum anzupacken, damit wir uns daran gewöhnen konnten, bevor die schwierigeren Abschnitte anstanden. Wir brauchten nur einen Wanderführer. Es musste einer sein, der die gesamte Strecke abdeckte, doch schnell stellte sich heraus, dass es keinen gab, der dem Weg von Süden nach Norden folgte, alle gingen von Norden nach Süden. Ich durchstöberte die Regale bei Cotswold Outdoors, aber in dem riesigen Angebot an Wanderführern gab es keinen einzigen, der die entgegengesetzte Richtung einschlug. Der arme, spindeldürre Verkäufer bekam die ganze Wucht meiner Enttäuschung ab.

»Wissen Sie, ich muss den Weg andersherum laufen, der Anfang muss leicht sein, wegen Moth. Mark Wallington war Anfang zwanzig, und sein größtes Problem war, dass von seinem Rucksack vielleicht mal eine Niete absprang.« Ich sah schon rot vor Wut und Panik und Selbstmitleid und befürchtete, dass bei mir auch gleich ein paar Nieten abspringen würden.

»Tut mir wirklich leid, Ma'am, aber es gibt keinen.« Der Verkäufer verzog sich, und ich saß da und schmollte. Wenn wir mit dem schwierigsten Stück anfangen mussten, würde Moth vielleicht nicht einmal die erste Woche überstehen. Was dann? Ich war nicht bereit, mich dem »was dann?« zu stellen; mein Verstand lief nur noch im Selbstverteidigungsmodus. Es gab nur diese Wanderung; an mehr konnte ich nicht denken, weiter als bis zu diesem Horizont konnte ich nicht blicken. Wir schauten uns Landkarten des Ordnance Survey an, aber für den gesamten Küstenpfad würden wir mehr davon brauchen, als wir uns leisten – oder tragen – konnten.

»Ray, ich werde nicht 800 Kilometer laufen und dabei einen Wanderführer rückwärts lesen. Wir fangen einfach in Minehead an, und ich gehe ganz, ganz langsam.« Moth strich mir übers Haar, aber ich wollte mich nur noch in einen Schlafsack verziehen und heulen. Jetzt bloß nicht zusammenbrechen. Du musst die Starke sein, du bist nicht diejenige, die ersticken wird. Mit den Nerven am Ende riss ich mich gerade so zusammen.

Wir mussten uns für irgendein Buch entscheiden, und bei näherer Betrachtung gab es nur eine Wahl: Paddy Dillons kleines braunes *The South West Coast Path: From Minehead to South Haven Point* mit seinem praktischen, wasserbeständigen Einband und einer amtlichen Karte des gesamten Pfades. Es passte so gut in meine Hand und in Moths Tasche, dass kein anderes infrage kam. Aber als wir das Buch bei einer Tasse Tee näher inspizierten, wunderten wir uns: Entweder hatte Mark sich bei seiner Wanderung mit dem Hund verzählt oder ein Stück übersehen, oder in den Jahrzehnten zwischen dem Schreiben des Buches und jetzt hatte es eine seismische Verschiebung gegeben und Cornwall reichte nun weiter in den Atlantik hinaus. Der Coast Path war nicht 500 Meilen – 800 Kilometer – lang, sondern 630, also über tausend.

***

Einen Teil der Ausrüstung mussten wir neu kaufen; das ließ sich nicht vermeiden. Die massiven Metallschnallen an Moths altem Rucksack waren verrostet, und an meinem Rucksack war die Innenbeschichtung verschlissen, sodass er nicht mehr wasserdicht war. Sie durch neue, gleich gute zu ersetzen, würde Unsummen verschlingen, mindestens 250 Pfund. Wir suchten nach einer billigeren Lösung und entschieden uns für zwei Modelle von Mountain Warehouse, die zusammen weniger kosteten als ein Rucksack einer großen Marke. Sie waren nicht mit sämtlichen Schikanen ausgerüstet, aber funktional. Um die Rucksäcke drehte sich in den folgenden Tagen alles. Wir räumten sie endlos ein und wieder aus, packten sie immer wieder neu und liefen damit im Haus herum. Es half nichts. Die Sachen, die wir mitnehmen wollten, passten nicht in die kleinen Rucksäcke.

»Nein, Ray, einen größeren kann ich nicht tragen. Probieren wir es so, wie wir es gemacht haben, als wir die Farm räumen mussten. Packen wir noch einmal neu und nehmen nur das absolut Lebensnotwendige mit. Sonst nichts. Dann schaffe ich es vielleicht.«

»Das Zelt ist zu schwer, aber wir können uns kein besseres leisten, eins, das Monate auf einer Felsklippe übersteht. Das war's dann wohl.«

»Ebay?«

Auf das Ende einer Ebay-Auktion zu warten, um ein Zuhause für den Rest des Sommers und eventuell darüber hinaus zu erwerben, war nervenaufreibend. Drei Sekunden, zwei, eine, und es gehörte uns. Ein einmal benutztes Vango-Zelt, das drei Kilo wog, ein Viertel unseres alten Vango-Zelts, und einen Bruchteil so groß war. Wir tanzten um den Küchentisch herum; soeben hatten wir für achtunddreißig Pfund ein neues Zuhause gekauft.

Ich rief unsere Tochter Rowan an, schrecklich aufgeregt, weil ich diese kleine gute Nachricht unbedingt loswerden und die Atmosphäre zwischen uns nach zwei Wochen Trübsinn auflockern wollte. Ich wollte ihre Mum sein und alles wiedergutmachen. Ich musste wieder diese Mum werden, aber kaum ließ ich es läuten, bereute ich es bereits. Die Kinder mochten erwachsen geworden und ausgezogen sein, aber das Haus, das wir verloren hatten, war auch ihr Heim. Moth war ihr Dad, und seine Krankheit war für sie genauso schwer zu akzeptieren wie für mich. Diese Wochen veränderten das Wesen meiner Beziehung zu ihnen. Es passierten Dinge, vor denen ich sie nicht mehr beschützen konnte. Die Balance verschob sich, und das fand ich furchtbar. Ich war noch nicht bereit. Aber sie waren zwei überraschend anpassungsfähige Erwachsene – wir hatten bei ihrer Erziehung großartige Arbeit geleistet –, und sie waren bereit. Ich war diejenige, die sie immer noch vor der bösen Welt beschützen und dafür sorgen wollte, dass sie in einer Blase lebten, in der alles perfekt war. Wenn ich für sie nicht mehr diese schützende Hand war, was war ich dann? Es war das letzte Fitzelchen, das ich tief im Innern als mein »Ich« erkannte. Was war ich ohne das noch? Nichts.

»Was denkt ihr euch dabei, Mum, seid ihr verrückt? Und wenn er irgendwo abstürzt?« Rowans Stimme riss mich in die Realität zurück. »Ihr habt kein Geld, was wollt ihr essen?

Habt ihr tatsächlich vor, den Rest des Sommers in einem Zelt zu verbringen? Wie soll das gehen? Dad wird irgendwann kaum noch vom Sessel hochkommen; was passiert, wenn er auf einer Klippe einen Krampfanfall hat? Wisst ihr eigentlich, was Campingplätze kosten? Habt ihr es Tom schon erzählt?«

»Ich weiß, Row. Es ist total verrückt, aber was sollen wir sonst anfangen? Wir können nicht einfach herumsitzen und auf eine Sozialwohnung warten, das sind wir nicht. Wir brauchen das; solange wir zusammen sind, geht es uns gut, mach dir keine Sorgen.«

In der stillen Leitung knisterte es.

»Ich schicke euch ein neues Handy mit einem neuen Akku. Ruft mich jeden Tag an und geht bitte immer ran, wenn ich anrufe. Und sagt es Tom.«

***

»Hallo, Tom. Dad und ich haben beschlossen, den South West Coast Path zu gehen. Es dauert mindestens zwei Monate, vielleicht auch drei.«

»Okay.«

»Es sind über tausend Kilometer, und wir werden die ganze Zeit campen müssen.«

»Wie cool.«

Unser quirliger, quicklebendiger Kleiner war inzwischen viel gechillter, als gut für ihn war, während die glitzernde Disco-Queen zu meiner Mum mutiert war.

Aber wer war ich jetzt? Wer war Moth? Würden tausend Kilometer reichen, um die Antwort darauf zu finden?

***

Drei Tage später kam das Zelt, und wir bauten es im Wohnzimmer auf: eine breite, flache grüne Kuppel, die sich auf unserem Boden wölbte wie eine Mooskappe auf einem Granitfelsen. Wir rollten unsere selbstaufblasbaren Isomatten aus und schlüpften in unsere superleichten Schlafsäcke, die wir für fünf Pfund das Stück bei Tesco gekauft hatten. Ich kochte auf dem winzigen Campingkocher eine Tasse Tee, und wir saßen im Zelteingang und sahen uns im Fernsehen eine Gartensendung an. Als wir herauswollten, konnte Moth sich nicht mehr bewegen. So sehr er sich auch anstrengte, er konnte nicht aufstehen. Ich zerrte ihn aus seinem Schlafsack und hievte ihn hoch.

»Glaubst du, Rowan hat recht? Es ist wahrscheinlich nicht das Klügste, was wir je gemacht haben.«

»Aber wann haben wir uns je für den leichten Weg entschieden?«

***

Wir packten die Rucksäcke ein allerletztes Mal, wohl wissend, dass wir, sollten wir etwas vergessen haben oder sollte etwas nicht hineinpassen, den ganzen Sommer ohne es auskommen mussten. Etwas neu zu kaufen, war nicht möglich; wir würden kein Geld erübrigen können, um unsere Ausrüstung unterwegs zu ersetzen. Wir konnten froh sein, wenn es fürs Essen reichte, zumal wir uns an der Süd- und Westküste zur Hauptferienzeit mit Lebensmitteln versorgen mussten. Neben den Rucksäcken wuchs der Stapel der Dinge, die wir mitnehmen wollten. Nie im Leben würde das alles reinpassen, aber wir versuchten es trotzdem. Nachdem ich meine Wechselkleidung eingepackt hatte, das absolute Minimum für mehrere Monate, war der Rucksack bereits zur Hälfte gefüllt. Es half alles nichts, hier konnte ich Platz sparen. Ich warf die Kleider aufs Sofa und fing noch einmal mit dem an, was ich absolut nicht entbehren konnte. Ein alter Baumwollbadeanzug, drei Schlüpfer, ein Paar Socken, ein Baumwollunterhemd, ein Paar Leggings und ein langärmeliges T-Shirt zum Schlafen. Alles, was ich gleich tragen würde, legte ich beiseite: ein zweites Paar Baumwoll-Leggings, ein kurzes Blümchenkleid aus Viskose, ein Baumwollunterhemd, ein rotes Paar Wandersocken und eine billige Fleecejacke mit Reißverschluss. Das war alles.

Ich rollte die Kleider zu einem Ball zusammen und stopfte sie in einem wasserdichten Packbeutel ganz unten in den Rucksack. Darauf kam alles andere. Eine selbstaufblasbare Isomatte, der kleine Campingkocher, eine Gaskartusche, ein Edelstahltopf, mit dessen Griff man den Deckel verschließen konnte, Streichhölzer, ein Teller und eine Tasse aus Emaille, ein Teelöffel und eine Kombination aus Löffel und Gabel, ein winziges zusammenknautschbares Kissen, der Schlafsack, den ich so klein zusammengeschnürt hatte, dass er in eine Seitentasche passte, wasserdichte Jacke und Hose. Dann der ganze Kleinkram: eine Minitaschenlampe, ein DIN-A5-Notizbuch, ein Stift, eine Klappzahnbürste und eine Reisetube Zahnpasta, ein Reiseshampoo, ein schnell trocknendes blaues Handtuch, ein Lippenpflegestift, Papiertücher, feuchte Kosmetiktücher, ein Handy, ein Ladegerät, eine Zweiliter-Plastikflasche Volvic, die ich unter die kleinen Riemen ganz oben am Rucksack klemmte. Zuletzt eine Geldbörse mit hundertfünfzehn Pfund, unser gesamtes Vermögen, und eine Bankkarte. Außerdem würde ich die Lebensmittel tragen. Das meiste würden wir unterwegs besorgen, aber für den Anfang hatten wir eine kleine Dose konzentrierten kalorienreduzierten Zucker, der nur halb so viel Platz einnahm wie normaler, fünfzig Teebeutel, zwei Päckchen Reis und zwei Päckchen Nudeln, merkwürdig orangefarbene, lang haltbare Fleischbällchen im Beutel, eine Dose Makrelen, ein paar Müsliriegel und zwei Mars-Riegel. Das war unser Vorratsschrank, den wir als Notration behalten und unterwegs immer wieder aufstocken wollten.

Mit aller Kraft schloss ich den Rucksack und zog ihn mit den Riemen fest. Er war so vollgestopft und prall wie ein Fußball. Und selbst als ich mich draufsetzte, gab er überhaupt nicht nach.

Bei Moth sah es ziemlich ähnlich aus, auch wenn er statt des Blümchenkleids eine Armeehose tragen würde, die man hochkrempeln konnte. Er übernahm den Verbandskasten, ein Taschenmesser und ein kleines Fernglas. In die Innentasche des Rucksacks hatte er eine dünne Ausgabe von Seamus Heaneys Übersetzung des *Beowulf* gestopft, die seit Jahren auf keinem seiner Trips und auf keiner Reise fehlen durfte. Statt der Lebensmittel und der Kochausrüstung würde er das Zelt auf seinen Schultern tragen, außen an den Rucksack geschnallt. Er steckte noch den Paddy Dillon in die Außentasche seiner Armeehose, und dann waren wir bereit.

Wir stellten die Rucksäcke auf die Badezimmerwaage, sie wogen ungefähr gleich viel: nur acht Kilo. Ich hatte immer noch das Gefühl, dass es für Moth zu viel war, aber er hob den Rucksack hoch und schob einen Arm durch den Schulterriemen. Als er versuchte, den Riemen über seine schmerzende Schulter zu legen, hatte er Schwierigkeiten, daher stützte ich seinen Rucksack von unten, um ihn leichter zu machen, und manövrierte ihn vorsichtig über seine Schulter. Das musste ich tun, bevor ich selbst meinen Rucksack aufsetzte, denn danach kam ich mit den Armen nicht mehr bis zu seinen Schulterriemen hoch.

Wir standen nebeneinander wie zwei gestrandete Schildkröten.

»Das ist verrückt.«

Das war es vielleicht, aber wir mussten es tun. Wenn nicht, würden wir uns damit auseinandersetzen müssen, was uns nach diesem Sommer erwartete. Keiner von uns war dafür bereit.

»Es lässt sich nicht leugnen, wir sind nicht mehr solche Ninjas wie früher.«

Wir legten die Rucksäcke in den Lieferwagen und fuhren los, Richtung Süden, um alles hinter uns zu lassen. Wir bewegten uns wie in einem Traum. Nichts war real. Wir fuhren davon, verabschiedeten uns von zwanzig Jahren Familienleben, unserem Arbeitsleben, von allem, was wir besessen hatten, unseren Hoffnungen, Träumen, der Zukunft und der Vergangenheit. Wir waren nicht auf dem Weg zu einem Neuanfang, bei dem uns das Leben mit all seinen Verheißungen offen stand. Die Erde hatte einen Riss bekommen; wir flohen vor dem Riss, hatten uns eine fremde Haut übergestreift. Fuhren einfach davon. Was vor uns lag? Der Weg, nur der Weg.

4 SCHURKEN UND VAGABUNDEN

EINE KLEINE ANMERKUNG ZUR OBDACHLOSIGKEIT

Wenn man jemanden bittet, einen Obdachlosen zu beschreiben, schildern die meisten Leute jemanden, der unter freiem Himmel schläft, auf der Straße sein Lager aufschlägt, vielleicht mit einem Hund, und um Geld für Drogen oder Alkohol bettelt. Aufgrund dieses Klischees ruft ein Obdachloser, der in einem Hauseingang nächtigt, bei den Passanten eine ganze Palette von Emotionen hervor, von leichtem Unbehagen bis hin zu aggressiver Ablehnung.

Untersuchungen von Crisis, einer Hilfsorganisation für Obdachlose, in Zusammenarbeit mit der Joseph Rowntree Foundation, einem Institut für Armutsforschung, haben ergeben, dass 2013 – dem Jahr, in dem wir unser Haus verloren – mindestens 280 000 Haushalte im Vereinigten Königreich angaben, obdachlos oder von Obdachlosigkeit bedroht zu sein. Und das waren nur diejenigen, die sich bei den Behörden als obdachlos gemeldet hatten. Lediglich 52 000 davon wurden offiziell anerkannt, da sie weder eine Familie noch Freunde hatten, wo sie unterkommen konnten. Von den übrigen 228 000 erhielten viele Unterstützungsleistungen durch die lokalen Behörden. Insgesamt ersuchten also 280 000 Haushalte um Hilfe wegen Obdachlosigkeit. Und hier sind die Haushalte gemeint, nicht die tatsächliche Zahl der Personen.

Leider sind die Daten ausgesprochen widersprüchlich. Untersuchungen des Combined Homelessness and Information Network (Chain), finanziert durch die Greater London Authority (GLA), beziffern die Zahl der 2013 in London lebenden obdachlosen Personen auf 6508, während amtliche Statistiken für denselben Zeitraum nur von 543 Personen ausgehen.

Und was geschieht nun mit diesen Menschen, den amtlich anerkannten Obdachlosen sowie den Hausbesetzern, den Couchsurfern, den unsichtbaren Straßenschläfern und den inoffiziellen, die in keiner Obdachlosenstatistik auftauchen? Die statistisch Erfassten waren ja nur diejenigen, die ermittelt werden konnten oder die eine Spur in amtlichen Akten hinterlassen hatten. 2013 schliefen in London 6508 Personen unter freiem Himmel oder 543, je nachdem, welche Statistik man heranzieht.

Die Polizei verfügt über eine Reihe von rechtlichen Instrumenten, um die Bevölkerung vor den Obdachlosen zu schützen – in erster Linie den Vagrancy Act (Gesetz gegen Landstreicherei) von 1824. Als dieses Gesetz in Kraft trat, waren die Behörden bereits seit Hunderten von Jahren mit gesetzlichen Maßnahmen gegen Menschen, die ihnen an öffentlichen Plätzen verdächtig waren, vorgegangen. Der Anwalt Alan Murdie, der in einem Artikel für das Obdachlosenmagazin *The Pavement* die jahrhundertelange diskriminierende Gesetzgebung mit all ihren Auswirkungen dargelegt hat, zählt unter anderem Zigeuner, Schauspieler, Prostituierte, mutmaßliche Hexen, Künstler und Bettler bis hin zu Obdachlosen zum Personenkreis der Verdächtigen.

Der Bauernaufstand von 1381 führte zum ersten Gesetz gegen Bettelei, auf das erst 1547, nach der Auflösung der Klöster, weitere Maßnahmen gegen Landstreicherei folgten. Mit dem Anstieg der Obdachlosigkeit aufgrund der Enclosure Acts (Gesetze für die Einhegung des Gemeindelands) und der Industriellen Revolution nahm auch die Zahl der Gesetze zu. Der Vagrancy Act von 1744 schließlich wurde zur Blaupause für alle nachfolgenden Gesetze. Er kategorisierte obdachlose Menschen als »Bettler, Faulenzer, Vagabunden und Schurken« und jene, die sich dieser Vergehen wiederholt schuldig machten, als »unverbesserliche Schurken«. Das gab den Behörden das Recht, jeden festzunehmen, der ihnen nicht passte oder der seinen Lebensunterhalt nicht bestreiten konnte. Unglücklicherweise waren die Gemeinden seit 1713 gezwungen, jedem, der eine »faule oder verrufene Person« aufgriff, fünf Shilling zu bezahlen, was einen immensen Missbrauch mit über fünfhundert Inhaftierten in nur einem Jahr nach sich zog.

Als die Obdachlosenzahlen nach den Napoleonischen Kriegen erneut stiegen, wurden Rufe nach strengeren Gesetzen zur Bekämpfung der Landstreicherei laut. Das führte zum Vagrancy Act von 1824, der, wenngleich im Lauf der Jahre abgeändert und ergänzt, zum Teil noch heute in Kraft ist. Abschnitt 1 wird neben dem Criminal Justice Act

(Strafrechtsgesetz) von 1982 nach wie vor im Kampf gegen Bettler eingesetzt und definiert »jede Person, die über Land wandert oder sich an einem öffentlichen Ort, auf einer Stadt- oder Landstraße, in einem Hof oder Durchgang aufhält, um zu betteln oder Almosen zu sammeln« als »arbeitsscheu und liederlich«. Laut Abschnitt 4 fällt »jede Person, die über Land wandert und in einer Scheune oder einem Nebengebäude oder in einem verlassenen oder unbewohnten Gebäude oder unter freiem Himmel, in einem Zelt, einem Karren oder Wagen nächtigt und keine erkennbare Lebensgrundlage hat und kein gutes Bild von sich abgibt«, in die Kategorie der »Schurken und Vagabunden«.

2014, ein Jahr, nachdem wir den South West Coast Path in Angriff genommen hatten, trat der Anti-social Behaviour, Crime and Policing Act (Gesetz gegen asoziales Verhalten, Kriminalität und zur Regelung der Polizeibefugnisse) in Kraft, der es erlaubt, Anordnungen zum Schutz von öffentlichen Plätzen zu erlassen, die sogenannten Public Space Protection Orders oder PSPOs. Was bedeutet, dass jeder, der anderen lästig wird, von den Behörden festgenommen und dauerhaft des Ortes verwiesen werden kann. Die Gründe für solche PSPOs sind vielfältig: Zum Beispiel gibt es im Forest of Dean das merkwürdig formulierte Verbot von störenden Schafen, oder es gibt das Verbot, auf öffentlichen Plätzen einen Golfschläger bei sich zu tragen. Einfach gesagt, wenn eine Gemeinde jemanden für verdächtig hält, kann sie die betreffende Person festnehmen oder zwingen, weiterzuziehen. Dadurch konnten viele Gemeinden jedes Verhalten, das direkt mit der Obdachlosigkeit verbunden ist, per Dekret illegal machen: unter freiem Himmel zu schlafen, zu betteln, sich irgendwo aufzuhalten und dergleichen mehr. Verstöße können mit einer Strafe von hundert Pfund geahndet werden, und wenn man diese nicht bezahlen kann, folgen tausend Pfund Geldstrafe und ein Eintrag ins Vorstrafenregister. Und kommen Sie bloß nicht auf die Idee, um Geld zu betteln oder sich mit einem störrischen Schaf im falschen Teil der Stadt sehen zu lassen!

Die Angst vor Obdachlosen ist heute so verbreitet wie eh und je, und es hält sich die Meinung, dass solche Menschen automatisch alkoholsüchtig, drogenabhängig oder psychisch krank sein müssen. Obwohl diese Probleme bei Obdachlosen häufig vorkommen, sind sie ebenso die Folge der Obdachlosigkeit wie deren Ursache. Die generelle Angst vor Obdachlosen und die befürchteten negativen Auswirkungen auf den Tourismus haben die Londoner Stadtverwaltung auf die Idee gebracht, das Schlafen unter freiem Himmel und auch Suppenküchen zu verbieten. Kann es wirklich die Antwort sein, diese Menschen von den Straßen zu verbannen? Schurken, Vagabunden oder Landstreicher: Wie auch immer man die Obdachlosen bezeichnet, im Sommer 2013 wurden wir zwei von ihnen.

TEIL 2

DER SOUTH WEST COAST PATH

Auch wenn manche vielleicht von der Aussicht abgeschreckt werden, wochenlang zu Fuß unterwegs zu sein, jede Nacht woanders zu schlafen und sich dabei selbst zu verpflegen, ist es eigentlich nur eine Frage sorgfältiger Planung.

Paddy Dillon, *The South West Coast Path: From Minehead to South Haven Point*

5 OBDACHLOS

Schon zwei Tage später hätten wir in Taunton sein können. Wenn wir es geschafft hätten, wären wir vielleicht der schlimmsten Hitze entkommen. Und wir hätten es auch geschafft, wären da nicht die Engel gewesen.

Wir waren schon zigmal auf der M 5 gefahren, immer mit einem Ziel, das wir zu erreichen, oder einem Termin, den wir einzuhalten hatten. Aber wenn der einzige Termin die nächste Mahlzeit ist, lässt man sich leicht ablenken.

»Wie oft sind wir schon am Wegweiser nach Glastonbury vorbeigefahren und haben uns gesagt: ›Nächstes Mal?‹ Machen wir doch einen Abstecher, nur eine Stunde; wir könnten trotzdem bis heute Abend bei Jan in Yeovil sein, wie vereinbart dort den Wagen abstellen und in zwei Tagen aufbrechen.«

Moths Freundin Jan hatte uns gern das wenige an Hilfe angeboten, das sie leisten konnte. Wir hatten es nicht eilig, bei ihr anzukommen; wir konnten uns die Zeit nehmen, den Hügel namens Glastonbury Tor unweit von Glastonbury zu erklimmen und die Aussicht auf der anderen Seite zu bewundern. Und dann weiterziehen.

»Ja, warum nicht?«

Viel keltische Mythologie umrankt diesen Hügel, wo die Spuren menschlicher Besiedlung bis zur Eisenzeit zurückreichen. Wie jedes dritte Dorf im Westen Großbritanniens rühmt sich Glastonbury seiner Verbindungen zur Artussage. Erst kürzlich waren wir an einem See in Wales vorbeigekommen, in dem König Artus angeblich sein Schwert versenkt hatte, daher erschien dieser Abstecher ganz passend. Ich verstehe immer noch nicht, warum der König Britanniens das sagenumwobene Schwert in einen trüben grauen See neben der A5 geworfen haben sollte – oder warum er ausgerechnet in Glastonbury Energie aus Kraftlinien tankte und die Gründung einer Vielzahl von Läden für Heilsteine beflügelte. Vielleicht würden wir durch unseren Besuch dort Erleuchtung finden, oder durch den Besuch von Tintagel, das auf unserem Weg in Cornwall lag – falls wir so weit kämen.

Es fühlte sich herrlich an, nach einer langen, deprimierenden Fahrt aus dem Lieferwagen zu steigen und sich zu strecken. Wir machten mit dem Handy Fotos von den Somerset Levels und von Amerikanern und Chinesen, die uns dabei bewunderten, wie wir sie fotografierten und die Somerset Levels bewunderten, und gingen dann zurück in die Stadt. Ein kristallglänzendes Paradies für Hippies und New-Age-Jünger. Und hier tummelten sich überraschend viele Obdachlose. Sie kauerten in Eingängen und Nischen, gehüllt in Decken und Schlafsäcke, viele mit Bettelschalen. Ein junger Mann Anfang zwanzig saß eingeklemmt zwischen einem Abfalleimer und dem Regenrohr vor einem Laden für weiße Magie und Heilsteine. Trotz der schäbigen Klamotten, der struppigen Haare und der zerrissenen Mütze wirkte er unter seiner rauen Schale wie ein Privatschüler mit glatter Haut, perfekten Zähnen und einem klaren Blick. Wir saßen auf der gegenüberliegenden Straßenseite, aßen eine kristallgesegnete Pastete und beobachteten, wie er eine erstklassige Bettelvorstellung abzog. Die finanzstarken Passanten fühlten sich von seinem strahlenden Zahnpastalächeln und seiner kultivierten Sprechweise offensichtlich angezogen, zum Leidwesen seiner weniger glücklichen Kollegen.

»Schau mal, da.« Ich hatte das Plakat schon in der ganzen Stadt gesehen. »Heilen mit Engeln bei Heavenly End. Drei Pfund pro Person. Sollen wir hingehen? Das scheint hier einfach dazuzugehören. Es fängt in zwanzig Minuten an, und danach fahren wir. Nur ein kleiner Jux, bevor wir aufbrechen.« Und vielleicht war es ja nicht bloß Hokuspokus, sondern half ihm wirklich.

»Nein.«

»Ach, komm schon, ist doch lustig.«

Während wir auf der Suche nach der Pforte des Heavenly End über den Parkplatz streiften, steuerte der bettelnde Eton-Schüler gerade die öffentliche Toilette an. Als er herauskam, hatte er seinen schäbigen Mantel gegen das Skateboard in seinem Rucksack getauscht und wirkte wie ein ganz normaler Skater. Dann fuhr er mit seinem Board zur nächsten Bank. Auf einer Parkbank sitzend sahen wir zu, wie er das Geldinstitut verließ, erneut die Toilette ansteuerte und in seinem zerfledderten Mantel wieder seinen Platz neben der Mülltonne einnahm. In Glastonbury ist Betteln offenbar ein ganz normaler Beruf.

Eine weiß gekleidete Frau öffnete uns.

»Hallo, ich bin Michelle, willkommen bei Heavenly End. Ich werde euch nicht erklären, was passiert, lasst euch einfach von den Engeln leiten.« Sie führte uns durch das Haus zu ihrem Wohnzimmer.

»Hier sind Decken und Kissen, sucht euch einen Platz und entspannt euch. Alle anderen sind schon da.« Der Raum war voller Menschen, die wie die Ölsardinen auf dem Boden, auf dem Sofa und auf Sesseln lagen, alle brav zugedeckt und die Augen geschlossen. Ich bahnte mir einen Weg zwischen den Körpern hindurch und drehte mich zu Moth um, der skeptisch eine Augenbraue hob.

»Ich lege jetzt die Musik auf, die uns hilft, die Engel zu rufen.« Michelle stimmte uns mit Panflötenklängen und Walgesängen ein und zündete etwas in einer Räucherschale an, was den Raum mit »Himmelsatem« erfüllte. Dann rief sie ihre Engel.

»Gabriel aus dem Süden ist hier; er bringt ein blaues Licht. Nehmt dieses blaue Licht durch eure Zehen auf.« Daraufhin brachten ihr alle anderen Engel viele weitere Farben, und wir lagen als bunt gestreifte Sardinen und erfüllt von ihren Engelskräften in dem stickigen Raum. Wenn das der Duft von Engeln ist, bin ich im Himmel am richtigen Ort. Ich weiß noch, wie wir es auf dem College genannt haben, und zwar nicht »Himmelsatem«.

»Atmet tief ein, leitet die Engelskraft zu eurem Schmerzpunkt, zu euren Armen und Beinen, zu eurem Herzen und eurem Verstand, zu eurer Leber, zu eurer, zu eurer, ähm, Niere. Und entspannt euch.«

Die Musik hörte auf, und der Raum atmete leise. Ein vertrautes Schnarchen durchbrach die Stille, erst ganz leise, wie immer, dann zunehmend lauter. Ich stützte mich auf den Ellbogen; die anderen Sardinen lagen widerspruchslos da und atmeten ein und aus. Nur Moth nicht, er war im Tiefschlaf und schnarchte mit Hingabe.

»Verabschiedet euch nun von den Engeln und kehrt in euren Körper und in die Welt zurück.«

Alle setzten sich auf und verglichen leise ihre Engel-Trips: Sie waren mit Walen geschwommen, mit Vögeln geflogen, auf dem Wasser gelaufen. Ich war ganz zufrieden mit einer Dosis »Himmelsatem« für drei Pfund. Moth hingegen schnarchte einfach weiter.

Ich stupste ihn wach.

»Moth, steh auf.«

»Ich kann nicht.«

»Ich weiß, hier ist es gemütlich, aber steh jetzt auf.«

»Nein, ich kann nicht, ich kann mich nicht bewegen. Scheiße, glaubst du, das ist es jetzt? Bin ich gelähmt? Ich kann mich nicht bewegen.«

Michelle blieb auf Distanz, bot uns nur ein Glas Wasser an und zog sich dann zurück. Glaubte sie etwa, sie habe die falschen Engel herbeigerufen oder wir könnten sie verklagen?

»Ich spüre meine Beine nicht mehr. Wird es so sein? Was ist, wenn ich auf einmal nicht mehr laufen kann, ganz plötzlich?«

Irgendwann schaffte er es auf die Knie und dann auf einen Sessel.

»Das kommt davon, dass du eine Stunde lang flach auf dem Rücken gelegen hast. Du weißt doch, dass du dich nicht mehr bewegen kannst, wenn du so lange auf dem Rücken liegst.«

»Ich wollte von vornherein nicht mitkommen.«

»Das wird schon wieder; das Schnarchen ist schuld, du hast einfach zu viel ›Himmelsatem‹ erwischt.« Oh, Mist, was, wenn das auf dem Küstenpfad passierte? Sofern wir überhaupt so weit kämen.

Als wir aus der Stadt fuhren, saß der Eton-Schüler auf einer Bank und telefonierte mit seinem Handy. Er wirkte ausgesprochen sauber und wohlgenährt.

***

Wir schliefen dann nicht zwei Tage, sondern fast zwei Wochen bei Jan auf dem Boden. So lange dauerte es, bis Moths Rückenschmerzen und die Steifheit, die er sich bei den Engeln aus Glastonbury eingehandelt hatte, sich gelegt hatten. Es war höchste Zeit weiterzuziehen. Wir mussten gehen, bevor sie unserer überdrüssig wurde; niemand möchte auf unbestimmte Zeit sein Badezimmer teilen. Den kleinen Lieferwagen ließen wir bei Jan, wobei wir uns inständig wünschten, er wäre nur ein klein wenig größer, sodass wir darin übernachten könnten, und Jan brachte uns nach Taunton, froh, ihre Hausbesetzer loszuwerden. Wir verabschiedeten uns und versprachen, nicht wieder so lange still liegenzubleiben und uns von Engeln fernzuhalten.

Als wir dann Anfang August in Taunton am Straßenrand standen, die Rucksäcke zu unseren Füßen, waren wir wirklich endgültig obdachlos. Ich war noch nie zuvor ohne Dach über dem Kopf gewesen. Auf meinen Reisen hatte ich wochenlang in einem Minibus geschlafen, aber das war etwas anderes. Das Wissen, dass man einen Ort hat, an den man heimkehren kann, gibt einem den Mut, sich auf die Reise zu begeben. Es wartet ja eine Tür, hinter der man seinen Koffer fallen lassen kann, selbst wenn man vor genau dieser Tür einst geflüchtet ist. An jenem Tag jedoch war unsere Gefühlslage vollkommen anders. Für uns gab es keine Tür. Der Platz, den ich just in diesem Moment einnahm, war der sicherste, geschützteste Ort, den ich hatte, und ich wollte nicht weg.

»Sollen wir schauen, wo der Bus nach Minehead abfährt?«

Wir hatten nichts anderes vor. Deshalb waren wir hier, um uns einen Grund zum Weitermachen zu geben, um einen Weg zu finden, wie wir unsere Zukunft gestalten wollten. Allerdings hatte ich nicht erwartet, dass das Ticket nach Minehead zehn Pfund pro Nase kosten würde. Dazu der Diesel für die Fahrt nach Somerset, etwas zu essen in einer Raststätte und ein paar Flaschen Wein als Dankeschön dafür, dass wir den Lieferwagen bei Jan abstellen durften, und meine kleine rote Geldbörse sah schon schlanker aus. Viel schlanker. Wir hatten noch fünfzig Pfund übrig. Aber das würde reichen; auf unser Bankkonto würden ja jede Woche achtundvierzig Pfund überwiesen werden. Es war genug.

Als ich auf der Rückbank des Busses saß, wurde ich allmählich ruhiger. Ich verspürte sogar einen Hauch von Vorfreude. Wir fuhren in nördlicher Richtung durch Somerset und konnten uns vormachen, wir befänden uns auf einem Tagesausflug ans Meer und würden gleich unsere Schokolade und die Bananen auspacken.

»Wo wollen Sie denn hin? Bestimmt auf den South West Coast Path. Wir auch. Und wo übernachten Sie? Ist das Ihr erster Abend? Bei uns auch.« Eine unglaublich laute amerikanische Stimme erfüllte den Bus, sie stammte von einer kleinen adretten Frau mit kurzen braunen Locken und einer durch und durch soliden Jacke mit ziemlich vielen praktischen Taschen.

»Stimmt, wir starten heute.«

Sie trippelte mit ihrem ebenso kleinen Partner nach hinten. Er zog offenbar auf Safari, in einer identischen Jacke und einer Hose mit noch mehr Taschen, die sich vor lauter bestimmt sehr wichtigen Dingen beulten.

»Nein, um diese Tageszeit können Sie nicht starten. Sie müssen frühmorgens aufbrechen. Von Minehead aus ist es ein Tagesmarsch bis zur nächsten Unterkunft. Wo übernachten Sie denn heute? Kommen Sie doch und trinken Sie etwas mit uns.«

»Wir sind Backpacker.« Ich warf einen Blick zu unseren vollgestopften Rucksäcken, die wie Schildkrötenpanzer auf dem Sitz neben uns thronten, eigentlich nicht zu übersehen. »Wir campen, also gehen wir einfach los und suchen uns später einen Platz für unser Zelt.«

»Was? Da drin haben Sie ein Zelt? Und die Kochsachen auch? Unsere Rucksäcke sind genauso groß, und wir übernachten mit Bed and Breakfast und Gepäcktransfer.«

»Was ist Gepäcktransfer?«

»Na ja, wir wandern los, und ein netter junger Mann bringt unser Gepäck zum nächsten Bed and Breakfast. Wir gehen direkt bis nach Westward Ho!. Wohin wollen Sie?«

»Wenn wir es bis Land's End schaffen, werden wir wahrscheinlich nach Poole weiterlaufen, aber wir haben keine Eile, wir lassen es auf uns zukommen.« Moth sah mich mit hochgezogener Augenbraue an, während er sich stillschweigend unsere Geschichte ausdachte. Es gab genügend Dinge, die wir ihnen nicht zu erzählen brauchten.

»Land's End! Sie können doch nicht die ganze Zeit campen, dafür sind Sie doch, äh, also, zu alt.«

»Wir lassen es auf uns zukommen. Wahrscheinlich werden Sie uns sowieso in den nächsten Tagen überholen, wir sind ziemlich langsam.« Ich bin gerade mal fünfzig. Für wie alt haben die uns gehalten?

***

Wir hatten uns nicht einmal den Stadtplan von Minehead angesehen, weshalb wir keine Ahnung hatten, wie wir den Startpunkt des Küstenpfades finden sollten; wir wussten nur, dass wir uns an der nördlichen Küste befanden und Richtung Westen gehen mussten, irgendwie nach links. Durch eine Kulisse aus Eimern, Sandschaufeln und Flipflops hindurch liefen wir bergab, vorbei an Eis essenden Rentnern, bis wir endlich den Strand erreichten. Erleichtert ließen wir die Rucksäcke fallen und setzten uns zu Tee und Schokoriegeln an die Uferpromenade. Links von uns erhob sich nahezu senkrecht zur Promenade ein riesiger Hügel. Das konnte doch wohl nicht der Hügel am Anfang des Weges sein ... Paddy Dillon spricht davon, dass der Pfad »sich nach oben zieht«, davon, dass man auf einen Berg klettern muss, hat er nichts erwähnt. Das fing nicht gut an.

»Nein, es heißt definitiv von der Promenade zum Denkmal.« Moth fuhr mit dem Finger die orangefarbene Linie des Küstenpfades nach, die in *The South West Coast Path* fein säuberlich auf der Karte des Ordnance Survey eingezeichnet war. »Das passt schon. Wahrscheinlich führt er unten entlang und geht dann irgendwo hinter der Biegung nach oben. Na denn.« Er steckte die Karte und seine Lesebrille zurück in seine Hosentasche. »Bist du bereit?« Er wirkte müde, schien jedoch nicht allzu schlimme Schmerzen zu haben.

»Hab nichts Besseres vor.«

Der Strand begann sich bereits zu leeren, als wir auf das Denkmal zustrebten, das den Startpunkt des Pfades markiert – zwei riesige Hände, die eine Wanderkarte halten. Wir trödelten davor herum, machten Fotos, hantierten an unseren Rucksäcken herum, versuchten uns dazu durchzuringen, den ersten Schritt zu tun. Wir waren aufgeregt, ängstlich, obdachlos, dick, und wir starben, aber wenn wir den ersten Schritt taten, hatten wir einen Anlaufpunkt, ein Ziel. Und außerdem hatten wir an diesem Donnerstagnachmittag um halb vier wirklich nichts Besseres zu tun, als eine Wanderung von über tausend Kilometern in Angriff zu nehmen.

***

Auf halber Strecke des quälend steilen Zickzackwegs durch den Wald oberhalb von Minehead wurde uns klar, dass Paddy Dillon ein Meister der Untertreibung war. Wir setzten uns auf eine Bank mit Blick durch die Äste auf das Meer, versuchten, wieder zu Atem zu kommen, und lasen noch einmal den Wanderführer.

»Nein, er sagt definitiv: ›zieht sich ein wenig landeinwärts und nach oben‹.«

»Wenn er das hier mit ›sich nach oben ziehen‹ meint, stecken wir schwer in der Scheiße, sollte er einmal von ›ziemlich steil‹ sprechen.«

Wir waren knapp einen Kilometer gelaufen, hatten einen halben Liter Wasser getrunken, und mein Kopf fühlte sich an, als würde er gleich explodieren. Eine Großfamilie kam uns von oben entgegen.

»Ihre Rucksäcke sehen ziemlich voll aus; wohin wollen Sie?«

»Land's End, hoffentlich.«

»Oh, ja, klar – tja, dann viel Glück!«

Lachend sprang die Sippe weiter bergab. Meine Hüfte schrie vor Schmerz, und meine Fußsohle war wund. Sie lachten zu Recht; ich hätte an ihrer Stelle auch gelacht.

»Glaubst du, sie haben recht? Sind wir im Grunde ein Witz?«

»Klar haben sie recht, dabei wissen sie noch nicht mal alles. Ich traue mich nicht, den Leuten zu sagen, dass wir nach Poole wollen.«

»Poole? Wir können froh sein, wenn wir jemals Porlock sehen werden.«

***

Gefühlte Stunden später verließen wir den Wald und erreichten das Hochmoor darüber, wo das Gelände ebener wurde, Ponys grasten und sich Aussichten nach Südwales öffneten.

»Wir können Wales wohl einfach nicht entkommen.«

Der Tag ging rasch in den Abend über, und wir realisierten, dass wir uns am Rand von Exmoor befanden, oberhalb des Bristolkanals, und dass es bald dunkel sein würde. Wir mussten uns einen Platz suchen, um das Zelt aufzuschlagen. Inzwischen lagen die offenen, abgegrasten Weideflächen hinter uns, und es gab nur noch auf dem Weg selbst kleinere Stellen mit kurzem Gras, umgeben von Heidekraut und Ginster. Für mich lag es auf der Hand, dass das Zelt nur dorthin konnte.

»Nicht auf den Weg, das geht nicht. Was ist morgen früh? Bestimmt kommt jemand vorbei und sagt uns, wir sollen verschwinden.«

Wir gingen weiter, meine Hüfte brannte.

»Vielleicht ist es Arthritis.«

»Vielleicht hast du zu viel Zeit vor dem Computer verbracht. Da drüben ist eine flache Stelle.«

Beim bloßen Gedanken daran, hierzubleiben, hatte ich schon den Rucksack von den Schultern gestreift, aber binnen Sekunden waren meine Füße übersät von Ameisen, Tausende krabbelten und flogen über die abgegraste Heidefläche.

»Lass uns lieber ein Stück weitergehen.«

Bei näherer Betrachtung wimmelte es allerdings an jedem Grasflecken von Ameisen, krabbelnden, fliegenden Ameisen. Auch in der Luft schwirrten sie herum, wir gingen durch Wolken fliegender schwarzer Körper, Ameisen in den Kleidern und in den Haaren. Ich flüchtete vor dieser schwarzen Masse, um sie nicht auch noch einzuatmen, und als ich mitten im Heidekraut anhielt, um mich zu kratzen, waren sie weg, ich hatte sie abgeschüttelt.

Es ist nicht leicht, ein Zelt auf Heidekraut zu errichten. Unsere einzige Möglichkeit war eine Stelle mit jungem Bewuchs, wo die Stängel noch nicht so hoch waren. Trotzdem war es ein großes Risiko für den dünnen Boden unseres Leichtgewichtzelts; er könnte schon in der ersten Nacht Risse bekommen. Wir taten es trotzdem. Nachdem wir eine halbe Stunde mit den unvertrauten Stangen und Schnüren gekämpft hatten, stand das Zelt. Der Boden wölbte sich wie ein Federbett, aber wir hatten das Gefühl, in der Besteckschublade zu liegen.

»Haben wir Klebeband eingepackt?«

»Nö.«

Als das Licht schwand, durchbohrten die Leuchttürme von Südwales mit ihren Strahlen die Dunkelheit. So fern waren die Lichter und dennoch in Reichweite, greifbar, während das Land, auf dem sie standen, uns bereits entglitt. Ich schloss fest die Augen und ging in Gedanken den Weg entlang zur Farm, strich mit der Hand über die Steinmauern, spürte die Hitze des Kaminfeuers. Ich durfte dieses Gefühl nicht verlieren, musste es immer bei mir tragen, das Gefühl von Sicherheit und Heimat.

»Ich glaube, ich weiß jetzt, wie es sich anfühlt, obdachlos zu sein, als wäre man ein Ballon, der sich losgerissen hat und im Wind treibt. Ich habe Angst.«

»Ich würde dich gern in die Arme nehmen, Ray, aber ich kann mich nicht aufsetzen.«

»Sollen wir die Fleischbällchen essen? Die wiegen wahrscheinlich am meisten.«

***

Kälte von oben, Kälte von der Seite, Kälte von unten. Was macht einen Schlafsack leicht? Weniger Isolierung, sehr viel weniger Isolierung. Das wurde um vier Uhr morgens offensichtlich, im grüngrauen Licht des Zelts, als die Kälte hindurchsickerte. Wenn ich auf dem Rücken lag, wurde die schlimmste Kälte von der Isomatte abgehalten. Aber in dieser Lage hatte ich zu große Schmerzen. In der Seitenlage fühlte sich mein Rücken wie in Eiswasser getaucht an, der bis in die Knochen dringenden Kälte ausgesetzt. Und als ich mich mit dem Rücken an Moth schmiegte, um ein wenig Wärme abzubekommen, drehte er sich um und schnarchte. Ich häufte alles, was mir in die Hände fiel, auf mich, legte ein müffelndes Unterhemd auf meinen Kopf und bettete meine Füße auf den Rucksack. Fast erträglich. Warum hatte ich keine Mütze mitgenommen?

Ich döste unruhig und träumte von leeren Häusern und davon, dass Moth erstickte. Schwitzend und mit klopfendem Herzen und dröhnendem Kopf wachte ich auf. Ich hatte eine fürchterliche Nacht überstanden. Obwohl es bei Sonnenaufgang endlich warm wurde, konnte ich nicht mehr einschlafen, wollte raus aus dem Schlafsack. Weil ich dringend pinkeln musste, krabbelte ich durch die Zeltklappe und fiel in meiner Hast über den Campingkocher und den Topf. Ich hockte mich mitten in die Heide, wo bis zum Meer hin der Ginster wuchs und unter einem sanften gelben Licht zu Wales wurde, die Luft so klar und rein, als wäre sie gar nicht da.

»Guten Morgen. Schön heute, was?«

Ich kauerte im Gestrüpp, die Leggings zu den Knöcheln hinuntergezogen, den Hintern im Wind.

»Der Morgen heute, ja, wunderschön.«

Warum sind Hundebesitzer schon so früh unterwegs?

Um halb neun wachte Moth endlich auf, angeschlagen, mit seiner Steifheit kämpfend. Er hasste den Morgen, weil er wusste, dass mit dem Aufwachen die Schmerzen kamen. Es war ihm zur Gewohnheit geworden, sich an die letzten Augenblicke der Schläfrigkeit zu klammern, bevor er aufstehen und sich dem Tag stellen musste. Schmerztabletten, dann eine Tasse Tee und eine zweite. Um halb elf schaffte er es aus dem Zelt. Gusseiserne Blase. CBD führte angeblich zu Inkontinenz, aber anscheinend war das bei ihm noch nicht der Fall.

»Wie geht's? Kannst du weiter?«

»Es geht mir schrecklich, aber was sollen wir sonst machen?«

Um halb zwölf hatten wir alles gepackt, luden die Rucksäcke auf unsere wunden Schultern und kletterten aus dem Heidekraut heraus. In sämtlichen Artikeln über wildes Campen wird nicht nur darauf hingewiesen, dass es in England und Wales eigentlich unzulässig ist, sondern auch, dass man darauf achten sollte, öffentliche Plätze zu meiden, das Zelt spät aufzuschlagen und früh wieder abzubrechen und keine Spuren zu hinterlassen. Ich warf einen Blick zurück; das Heidekraut war eingedrückt. Wir hatten also in allen Punkten versagt. Vielleicht würden wir mit der Zeit besser werden.

Auf dem Weg hinunter nach Bossington konnte ich mich nicht entscheiden, was schlimmer war, mit einem schweren Rucksack auf den Schultern bergauf oder bergab zu gehen. Im Geiste machte ich eine Bestandsaufnahme all meiner schmerzenden Stellen – Fußsohle, Hüfte, Schultern und vieles mehr –, und unten angekommen konnte ich nicht mehr sagen, was mir am meisten wehtat. Ich musste verrückt gewesen sein zu glauben, dass wir das schaffen würden.

Als wir das idyllische Dörfchen erreichten und das Schild einer Teestube sahen, konnten wir nicht widerstehen. Wir wussten, dass wir uns Teestuben, Cafés und dergleichen eigentlich nicht leisten konnten, aber wir setzten uns trotzdem in den Garten und bestellten unseren ersten und letzten Cream Tea des ganzen Sommers. Ich zog meine Stiefel aus. Nach nur dreizehn Kilometern in Stiefeln, die ich schon seit über zehn Jahren besaß, war mein gesamter Fußballen eine einzige, fünf Zentimeter große Blase. War der schwere Rucksack daran schuld? Ich legte mir noch zusätzliches Gewicht zu, indem ich mir hungrig den Scone mit der Clotted Cream in den Mund stopfte. Wenn ich gewusst hätte, dass es auf absehbare Zeit mein letzter Cream Tea sein würde, hätte ich mir mehr Zeit gelassen. Ich beklebte meinen Fuß mit einem Flickenteppich aus Blasenpflastern und zog die Socken wieder an.

»Dann laufen Sie also den Coast Path?« Ein großer Mann saß mit seiner sehr kleinen Frau und seinem Kind am Nebentisch, verdeckt von den wuchernden Büschen.

»Ja.«

»Da können Sie sich auf was freuen. Das ist der beste Abschnitt des ganzen Pfades. Wenn man durch das Exmoor wandert, sollte man allerdings schwindelfrei sein.«

»Dann ist es also steil?«

»Ob es steil ist?« Er fing zu lachen an. Was war so witzig an uns? Moth wirkte nicht gerade begeistert; seit er durch das Scheunendach gefallen war, hatte er Probleme mit der Höhe.

»Wie kommt es, dass Sie so viel Zeit haben? Ich wünschte, ich könnte mir das leisten.«

»Wir sind obdachlos. Wir haben unser Haus verloren und können nirgendwohin, daher schien uns das Wandern eine gute Idee zu sein.«

Es kam ohne nachzudenken aus meinem Mund. Die Wahrheit. Aber als der Mann sein Kind zu sich zog und die Frau betroffen wegsah, wusste ich, dass ich es nicht noch einmal sagen würde. Er bat um die Rechnung, und kurz darauf waren sie verschwunden.

***

Wir durchquerten das Marschland, wo das Meer den kiesigen Uferstreifen durchbrochen und das Ackerland in eine Salzmarsch verwandelt hatte. Weiße, salzverbrannte Baumskelette hoben sich scharf vom grauen Himmel ab. Tot, aber immer noch Leben in sich bergend.

Als wir durch die Ansammlung von Häusern gingen, die den Weiler Porlock Weir bilden, kam eine Stimme aus einem Loch in einer Mauer.

»Unterwegs auf dem Coast Path? Vor dem Wald müssen Sie sich mit Pommes stärken.« Zwei Männer guckten aus einem ungefähr ein mal ein Meter großen Loch hervor, das sich als Verkaufsfenster eines winzigen Pommesladens entpuppte.

»Die besten Pommes, die Sie jemals gegessen haben.«

Wir knickten sofort ein.

»Na gut.«

Der rundgesichtige Mann erklärte uns das Geheimnis dreifach frittierter Pommes, und es waren wirklich die besten, die wir jemals gegessen hatten. Und die teuersten. Drei Kilometer hatten uns sechzehn Pfund gekostet. So konnte das nicht weitergehen. Aber in unserer lädierten, mutlosen Verfassung nahmen wir jedes bisschen Trost, das unseren Weg kreuzte, bereitwillig an. Das musste aufhören, sonst würden wir ziemlich bald kein Geld mehr haben.

***

Von Porlock Weir aus kletterten wir hinauf in den Wald, Moth wurde müde und empfand jeden Schritt als Kampf. Ich fühlte mich bleischwer, und mir tat alles weh. Es mag an unserer mangelnden Fitness gelegen haben, an der emotionalen Erschöpfung, der CBD oder einfach nur an den Pommes. Nach Paddys Angaben hätten wir bereits am Ende des ersten Tages hier ankommen sollen, aber wir hatten es gerade mal am späten Nachmittag des zweiten Tages geschafft.

Vor uns öffnete sich das Gelände, und auf der Lichtung stand ein Mann auf dem Weg, der offenbar Yogaübungen vollführte. Wir blieben stehen, um ihn nicht zu stören, und dachten, er würde uns schon bemerken und passieren lassen. Aber er nahm keine Notiz von uns, sondern blickte auf ein bewaldetes Tal. Eine große, ausgemergelte, spindeldürre Gestalt. Er wirkte krank, jedenfalls stimmte irgendetwas nicht mit ihm, als litte er an einer selbstverschuldeten emotionalen Qual. Mit gebeugten Knien streckte er die Hände zum Tal aus und holte dann etwas Unsichtbares zu sich heran, irgendeine Essenz, ich weiß nicht wovon. Er zog das unsichtbare Etwas in seinen Körper, presste es in sein Inneres und die Beine hinab. Wieder und wieder, die ganze Zeit, hüllte er sich in das

Unbekannte. Schließlich gaben wir es auf und gingen einfach an ihm vorbei. Er fuhr fort, vollkommen vertieft in seine Bewegungen und ohne uns wahrzunehmen. Der Weg führte hinunter ins Tal zur uralten Culbone Church, der kleinsten Kirche Englands, bei der sich einst eine Leprakolonie befand. Glaubte der Mann, dass von diesem Ort irgendeine Kraft ausging? Ich setzte mich auf den Friedhof und ließ den absoluten Frieden dieses Ortes auf mich wirken. Es war eine spirituelle Erfahrung, die jedoch nichts mit Gott oder Religion zu tun hatte, sondern eine menschliche Qualität besaß. Der Knoten, den ich schon die ganze Zeit mit mir herumgetragen hatte, begann sich ein bisschen zu lösen. Vielleicht war das hier wirklich ein Kraftort. Ich fügte die Hände zu einer Schale und warf ein bisschen Luft auf Moth, nur sicherheitshalber.

Während wir dasaßen und das grüne Licht in unsere schmerzenden Gelenke sickern ließen, kam der Yogamann mit langsamen, wohlgesetzten Schritten den Hügel herab. Ohne uns anzusehen, blieb er stehen. Durften wir nicht hier sein? Würde er uns gleich sagen, dass wir verschwinden sollten?

»Hallo. Wir haben nur die Kirche besichtigt. Hier ist es sehr friedlich.«

»Ich weiß. Sie sind auf dem Weg an mir vorbeigegangen.«

»Oh, wir dachten, Sie hätten uns nicht gesehen. Wir wollten Sie nicht stören.«

»Ich habe Sie nicht gesehen; ich kann nicht sehen. Ich habe Sie gehört.« Er war blind. Warum war uns das nicht aufgefallen?

»Wir sind auf dem Coast Path unterwegs.«

»Das sind Sie, und Sie werden viele Kilometer zurücklegen.«

»Tja, vierhundert bis Land's –«

»Sie werden viele Dinge sehen, erstaunliche Dinge, und viele Rückschläge erleiden, Problemen begegnen, die Ihnen unüberwindlich erscheinen.« Er streckte die Hand aus und legte sie auf Moth. »Aber Sie werden sie überwinden, Sie werden überleben, und das wird Sie stark machen.«

Wir sahen uns mit großen Augen an und formten mit dem Mund »wie bitte?«.

»Und Sie werden mit einer Schildkröte wandern.«

Wir setzten unseren Weg hügelaufwärts fort und kampierten auf einer Wiese oberhalb der Straße, durch eine hohe Hecke vor einem Bauernhaus verborgen.

»Im Südwesten sieht man nicht so oft Schildkröten in freier Wildbahn, oder?«

»Nein, normalerweise nicht.«

***

Endlich wurde es Morgen, nach einer Nacht auf kaltem, unebenem Grund. Um elf Uhr saßen die Rucksäcke wieder auf unseren Schultern, und wir krochen hinter der Hecke hervor und spähten nach links und rechts, ob uns jemand sah, bevor wir wie türmende Häftlinge durch das Tor schlüpften. Der Weg führte auf und ab, durch Wiesen und entlang schmaler grüner Feldwege, die von so hohen Hecken gesäumt waren, dass kein Wind hindurchdrang. Im normalen Leben war kaum ein Tag ohne Bad oder Dusche vergangen, aber jetzt waren wir schon den dritten Tag unterwegs, wanderten und schliefen im Zelt. Ohne ein Lüftchen herrschte auf dem Feldweg ein würziger Geruch, und der kam nicht von den Kühen. Ich hatte gedacht, es wäre nicht so schlimm, dass wir uns keinen Campingplatz leisten konnten und somit keine Möglichkeit hatten, uns zu waschen, wir könnten ja täglich schwimmen. Damit, dass wir uns kaum jemals auf Meereshöhe befinden würden, hatte ich nicht gerechnet. Bisher waren wir nur in Minehead und in Porlock mit seinem ziemlich steinigen Strand direkt am Meer gewesen. Wir stanken. Es war eine Erleichterung, als wir die baumbestandenen Klippen erreichten, wo sich Eichenwälder an die steilen Abhänge schmiegten und der Wind durch die Blätter fuhr.

Die Eichen wichen Rhododendren, und wir hielten erschöpft an. Ohne es zu merken, hatten wir die Grenze zu Nord-Devon passiert, unser erster Meilenstein war geschafft. Zwei Tage lagen hinter uns, und wir waren immer noch dabei. Rhododendren umschlossen uns von allen Seiten, sie wuchsen oberhalb und unterhalb von uns, breiteten sich über die gesamte Klippenflanke aus. Diese unverwüstlichen und bekämpften Pflanzen gab es entgegen der landläufigen Meinung schon vor Jahrtausenden im Vereinigten Königreich. Fossilienfunde belegen, dass sie vor der letzten Eiszeit hier wuchsen, aber als einheimisch gelten nur jene Pflanzen, die seit dem Ende der Eiszeit hier gedeihen. Mitte des achtzehnten Jahrhunderts wieder in das Vereinigte Königreich eingeführt, haben sie rasch die Landschaft erobert, Einwanderer mit saftigen, glänzenden immergrünen Blättern, die Farbe und Struktur in die tristen, grauen, blattlosen britischen

Winter bringen, und deren üppige purpur- und rosafarbene Blüten im Frühjahr mit atemberaubender Pracht die Hügel und das Waldesdickicht bedecken. In einem beliebten Tal in Wales war der Mai ein einziges Feuerwerk der Schönheit in einem Meer der Düsternis gewesen, bis der National Trust entschied, die eingewanderten Arten müssten weg. Es folgte ein monatelanges Pflanzengemetzel, und danach ähnelten die Hügel einem Schlachtfeld. Noch Jahre später sind die Spuren des Massakers sichtbar, zögerlich versuchen einheimische Pflanzen, ihren Platz zu behaupten, da und dort sprießen Birken und Heidekraut. Doch die Rhododendronstümpfe erholen sich zusehends, kämpfen sich beharrlich zurück. Irgendwann wird eine Seite gewinnen, aber was nun das Bessere ist, sei dahingestellt.

Auf einer Seite ging es steil nach oben, auf der anderen tief nach unten, und dazwischen lag kaum ein Meter ebener Boden. Wir holten trotzdem den Campingkocher raus und machten uns Tee, setzten uns dazu mitten auf den flachen Weg. Die Amerikaner hörten wir schon von Weitem, der Tonfall war unverkennbar. Die Frau redete über Probleme bei der Arbeit, die sie nicht hatte hinter sich lassen können. Ich rührte mit der merkwürdigen Erkenntnis in meiner Tasse, dass ich weder eine Arbeit hatte, die mir Sorgen bereiten konnte, noch häusliche Probleme, die es zu lösen galt; im Grunde hatte ich überhaupt keine Probleme. Bis auf die Tatsache, dass wir obdachlos waren und Moth starb. Sie blieben vor uns stehen, leicht pikiert. Erst dachte ich, es läge an unserem Geruch, aber dann merkte ich, dass sie nicht an uns vorbeikamen.

»Wir sind schon spät dran heute, wir sollten eigentlich um vier in Lynmouth sein, aber wir hinken dem Zeitplan hinterher.«

Unter Entschuldigungen drängten sie sich an uns vorbei. Er schwitzte enorm, der Schweiß tropfte von seinem Kinn und seinen Ellbogen.

»Sind Sie sicher, dass Sie nicht eine Tasse Tee haben und sich kurz ausruhen möchten?«

Die Frau sah mich an, als hätte ich einen Frevel begangen.

»Nein, keine Zeit; wir müssen im Plan bleiben. Sie haben wohl keinen Plan, was?«

Und weg waren sie, aber während sich die Stimme der Frau allmählich in der Ferne verlor, hörten wir noch minutenlang, wie froh der Mann sein könne, dass sie überhaupt mitgekommen sei, bei ihrem vollen Terminkalender, und dass er »einfach nur dankbar sein« sollte.

»Haben wir einen Plan?«

»Natürlich. Wir wandern, bis wir aufhören zu wandern, und vielleicht finden wir unterwegs so etwas wie eine Zukunft.«

»Das ist ein guter Plan.«

Wir trotteten weiter durch den Wald, und es fing leicht zu regnen an, doch unter dem dichten Blätterdach der Rhododendren blieben wir trocken. Sobald wir den Schutz der Bäume verließen, peitschten vom Bristolkanal Wind und Wetter herein, der leichte Regen entwickelte sich zu einem heulenden Sturm. Mit flatternden Regenjacken kämpften wir uns vorwärts, und wegen des Wassers, das mir übers Gesicht lief, konnte ich kaum etwas sehen. Als wir auf den Klippenweg einbogen, wankte Moth von der Höhe und dem Wind und vor Erschöpfung. In dieser exponierten Lage hoch oben zerrte der Wind an unseren schweren Rucksäcken, was uns aus dem Gleichgewicht brachte und nervös machte. Über Foreland Point vor uns bildete sich ein prächtiger Regenbogen, er nahm die Farben des Hügels auf und fügte seinem Farbspektrum ein schlammiges Grün, Braun und Violett hinzu. Moth klammerte sich an das hohe Gras, um Halt zu finden in dem immer dichter werdenden Wirbel aus schwarzem und grauem Dunst, dort, wo zuvor das Meer gewesen war. Ein Weg von gut einem halben Meter Breite und dann ein wolkiges Nichts. Befanden wir uns neben einem grasbewachsenen Hügel oder am Rand einer Steilklippe? Es ließ sich nicht sagen. Auf einmal tauchte aus dem Nebel ein Kirchturm auf.

»Wie wär's mit diesem Plan? Wir bleiben erst mal hier.« In der Kirche sank Moth auf eine der Bänke. Seine Schulter tat höllisch weh, weil er sich gegen den Wind hatte stemmen müssen, und sein Bein war immer wieder weggeknickt, sodass er stolperte. Wir überlegten, die Nacht in St John the Baptist zu verbringen, bis uns die hellen Lichter des Pubs Blue Ball ins Auge sprangen. Wir wankten die kurze Entfernung von der Kirche zum Pub, traten triefend durch die Tür und gossen einen Schwall Wasser auf den Boden und einen Hund, der an der Tür saß.

Ein kahler Mann hinter dem Tresen starrte uns mit ausdrucksloser Miene an. Dann sah er auf die dampfenden Rucksäcke und die Wasserpfützen auf dem Boden. Moth nahm seinen Rucksack ab, immer bemüht, entgegenkommend zu sein.

»Tut mir wirklich leid, dass wir hier so eine Sauerei gemacht haben, Kumpel, wir sind auf dem Coast Path unterwegs, und das Wetter hat uns einen Strich durch die Rechnung gemacht. Soll ich den Rucksack draußen lassen?«

»Auf dem Coast Path? Auf gar keinen Fall, legt euer Zeug da hin.« Der Barkeeper überschüttete uns mit einem Begrüßungswortschwall in australischem Englisch, und wir ließen uns auf ein weiches Sofa vor dem Kaminfeuer fallen. Als ich meine Socken zum Abtropfen über einen Stuhl hängte, wurde mir bewusst, dass wir in einem Pub gelandet waren, es uns aber eigentlich nicht leisten konnten, etwas zu verzehren. Ein Hund von der Größe eines kleinen Esels kam aus dem Speiseraum, schnüffelte an den Socken, nahm eine in sein großes Sabbermaul und ging damit zur Bar. Ich folgte ihm und zog an der Socke, um ihn dazu zu bringen, sie fallen zu lassen, und bestellte dabei eine Kanne Tee, was mir als die billigste Lösung erschien.

»Bob, lass die Socke fallen. Okay, Tee, sehr englisch. Ich dachte, wie ihr ausseht, könnt ihr heute Abend bestimmt einen Single Malt vertragen.«

»Schön wär's.« Ich nahm die Socke, in der jetzt ein großes Loch prangte, und begab mich zurück zum Kamin. Single Malt, Kaminfeuer, heißes Bad, bequemes Bett. Whisky kann ich nicht ausstehen, aber mit Geld würde unsere Reise ganz anders aussehen. Stattdessen nippten wir eine Ewigkeit an unserem Tee und dösten vor dem Feuer, bis die Socken trockneten und der Regen aufhörte.

Es war stockdunkel, als wir uns um elf Uhr schließlich bereit fühlten, die Wärme des Pubs zu verlassen, in einer leidlich windgeschützten Nische an der Felsklippe unser Zelt aufzubauen und einzuschlafen, während der Wind über unser Zeltdach hinwegfegte.

***

Ich wusste, dass dieser Augenblick kommen würde. Das eine, das ich ausgeblendet hatte, als ich auf die idiotische Idee kam, auf dem South West Coast Path wild zu campen. Der Augenblick, in dem ich mich der großen unbeantworteten Frage stellen musste: Scheißt der Bär in den Wald? Jetzt kannte ich die Antwort. Ich war kein Bär, und hier gab es keinen Wald, aber die Antwort lautete definitiv ja. Es war halb sieben Uhr morgens, ich hörte die Schreie der Möwen über dem Kliff, und der inzwischen vertraute frühmorgendliche Kampf mit den Stiefeln und der Zeltklappe dauerte viel zu lange. Als ich aufstand, war ich überwältigt. Nicht nur von dem Drang, auf einer weißen, glänzenden Spültoilette zu sitzen, sondern hauptsächlich von Schwindel. Irgendwie hatten wir es im Dunkel und im Nebel der Nacht geschafft, das Zelt zwei Meter von der Felskante entfernt aufzustellen. Erst kam das Zelt, dann der Weg, dann ein Streifen Gras und dann ging es hundert Meter weit abwärts. Ich fand mein Gleichgewicht wieder und sah mich nach einer etwas versteckten Stelle um. Weit und breit nur ein freier Hang mit einer kleinen Ansammlung von Ginsterbüschen. Ich konnte nicht warten; es würde genügen müssen. Hektisch versuchte ich mit dem Stiefelabsatz ein Loch in den Boden zu graben – wir hatten dafür keine Schaufel mitgenommen, die hätte viel zu viel gewogen, und außerdem würden wir ja an jeder Ecke eine öffentliche Toilette finden. Vor Eile zerrte ich so heftig an meiner Leggings, dass ich mit dem Daumen den Bund aufschlitzte, als ich mich hinter die stacheligen Ginsterbüsche hockte, mit einer Erleichterung wie Renton in der Kloszene von *Trainspotting*.

Hundebesitzer. Was ist das nur mit den Hundebesitzern?

»Morgen. Dann habt ihr also einen Platz zum Campen gefunden?«

Der Australier aus dem Pub kam den Weg herauf zum Zelt. Ich konnte nicht aufstehen, so hoch war der Ginster nicht, deshalb blieb ich hocken und flüsterte verlegen: »Morgen.«

»Also, ich pack's dann mal wieder. Noch eine schöne Wanderung.«

»Danke.«

Der Hund zog ihn auf dem Weg zurück, den er gekommen war, während ich aus welken Ginsterzweigen einen kunstvollen Wigwam baute und die Schamröte aus meinem Gesicht wich. Ich sah zu, wie der Australier von den gewaltigen, durchscheinenden Wolken verschluckt wurde, die aus der Bucht von Lynmouth aufstiegen und über die Landspitze zogen, den Sturm einzuholen versuchten, der bereits kilometerweit voraus war. Durch die Wolken hindurch tauchte eine große Grasfläche auf; in dem Sturm in der Nacht zuvor waren wir direkt daran vorbeigelaufen. Egal, wir waren in unserer Nische ja nicht von der Klippe gefallen, alles bestens. Ich kroch zurück ins Zelt, als Moth aufwachte.

»Du bist ja schon früh auf.«

»Aber nicht so früh wie die Hundebesitzer. Ich dachte, *du* würdest die Kontrolle über deinen Darm verlieren und nicht ich?«

***

Angeblich wurde der Coast Path einst von der Küstenwache angelegt, die bei ihren Patrouillen gegen Schmuggler in der Lage sein musste, in jede der unzähligen Buchten zu sehen. Doch die vielen prähistorischen Stätten, die in sämtlichen Reiseführern und Touristenbroschüren beschrieben werden, deuten darauf hin, dass schon die Urmenschen diesen Pfad ausgetreten haben. Die Naturschutzorganisation Natural England hat die Verbindung der einzelnen Punkte zu einem durchgehenden Wanderweg finanziert und somit unseren längsten National Trail geschaffen. Der letzte Abschnitt in Nord-Devon wurde 1978 fertiggestellt, ein Jahr, bevor ich die Schule beendete. Damals strebten wir mit üppigen Haarmähnen und breiten Krawatten frei und ungebunden der Zukunft entgegen, ohne zu wissen, was auf uns zukommen würde. Der Trail und wir, gemeinsam in die Welt hinausgeworfen. War es schon immer unser Schicksal, dass wir uns einmal begegnen würden?

***

Der South West Coast Path soll jährlich rund drei Millionen Pfund erwirtschaften. Wir verfügten über achtundvierzig Pfund die Woche, was bestimmt nicht viel zur lokalen Wirtschaft beitrug. Ich öffnete meine Geldbörse nur noch widerwillig, aber nachdem wir in die steile, kurvige Straße nach Lynton abgebogen waren, ging es nicht mehr anders: Wir brauchten neuen Proviant.

Wir standen vor einem Lebensmittelgeschäft, und ich überlegte, während ich die Münzen in meiner Hand zählte, wie viel wir ausgeben konnten. Im selben Moment bog eine

Frau in einer knalligen gelb-blauen Segeljacke um die Ecke, zusammen mit einem großen, weißen, aggressiv aussehenden Hund. Ich hätte nicht dort stehen sollen, zwischen der Ladentür und dem Geländer, an dem ein schwarzer Labrador angebunden war und auf seinen Besitzer wartete. Der große weiße Hund hatte offensichtlich etwas gegen seinen Artgenossen. Er stürzte sich auf den Labrador, der friedlich vor sich hin gedöst und wahrscheinlich von der Dose Hundefutter geträumt hatte, die auf dem Weg zu ihm war. Bei seinem Satz nach vorn streifte der weiße Hund den Rucksack auf meinem Rücken, sodass ich gegen die Wand geschleudert wurde. Die Münzen fielen mir aus der Hand und kullerten den Hügel hinab. Ich warf mich auf den Boden und hätte fast eine Pfundmünze erwischt, doch sie schlüpfte mir durch die Finger und verschwand im Drainagegitter. Moth schlängelte sich auf der Jagd nach einer davonrollenden Zweipfundmünze zwischen den Urlaubern hindurch. Auf dem Asphalt liegend konnte ich beobachten, wie er sich zu bücken versuchte, um sie zu fangen, da schnappte sie ihm ein kleiner Junge voller Schadenfreude vor der Nase weg.

»Ich habe Geld gefunden, ich habe Geld gefunden.« Nein, nein, das brauchen wir doch.

»Gut gemacht, Kleiner, der Eiswagen ist oben auf dem Hügel.« O Moth, wie gern hätte ich ein Eis gegessen.

Die Frau mit dem weißen Hund stupste mich mit dem Fuß an. Ich lag immer noch auf dem Boden, die Hand im Drainagegitter.

»Was ist mit Ihnen los, sind Sie betrunken?«

Ihre Annahme brachte mich kurzzeitig aus dem Konzept.

»Mir geht's gut, ich glaube, Ihr Hund hat ein Problem.«

»Mit meinem Hund ist alles in Ordnung. Ihr Penner solltet wirklich lernen, euch zu beherrschen. Sich auf der Straße herumzuwälzen – das ist widerlich.«

Ich zog die Hand aus dem Gitter und stand auf, während der schwarze Labrador aufsprang und an seiner zum Zerreißen gespannten Leine zerrte. Eine Pennerin. Eine obdachlose Pennerin. Noch wenige Wochen zuvor hatte ich ein Haus mein Eigen genannt, ein Gewerbe, eine Schafherde, einen Garten, Land, einen AGA-Herd, Waschmaschinen, einen Rasenmäher; ich trug Verantwortung, genoss Respekt, empfand Stolz. Meine Illusionen hatten sich so schnell verflüchtigt wie die Pfundmünzen.

Inzwischen war Moth wieder bei mir angekommen und hatte unterwegs ein paar Kupfermünzen aufgesammelt.

»Also, wie viel haben wir noch übrig?«

»Neun Pfund und dreiundzwanzig Pence.«

»Und wann wird das nächste Geld überwiesen?«

»Übermorgen, glaube ich. Zwei Päckchen Reis mit etwas dazu, was meinst du? Oder Instant-Nudeln?«

»Nein, alles, bloß keine Instant-Nudeln.«

Als wir das Geschäft verließen, war mein Rucksack ein bisschen schwerer, und unsere Barschaft betrug zwei Pfund siebzig. Und wir hatten jeder einen Mars-Riegel.

Zum ersten Mal hatte ich Moth mit achtzehn im College gesehen, auf der anderen Seite der Kantine. Er trug ein weißes kragenloses Hemd und tunkte einen Mars-Riegel in eine Tasse Tee. Ich war fasziniert. Danach steckten meine Freundinnen und ich die Köpfe aus dem Fenster im dritten Stock und sahen zu, wie er über das Gelände ging: alter Armee-Trenchcoat, der im Wind flatterte, kniehohe Reitstiefel. Ich bekam ihn nicht mehr aus dem Kopf. Wochen vergingen, bevor er mich ansprach, Wochen, in denen ich mich versteckte, ihn aus der Ferne beobachtete, hinter Bücherregalen, in Ladeneingängen, im Gebüsch. Ich dachte nur noch an ihn. Und an Sex. Dann sprach er mich an, und offenbar erging es ihm genauso wie mir.

Aus einer Teenagerliebe wurde eine Beziehung voller Leidenschaft, die uns das ganze Erwachsenenleben lang fest im Griff hatte. Ein Leben, das ich nie für möglich gehalten hätte, auf Wegen, die ich allein niemals gegangen wäre, durch Tage in windumtosten Mooren, Wochen in lautstarkem Protest bei Demos gegen Atomwaffen, auf Musik-Festivals und bei Pizzas im Park. Er riss mich mit in sein Ökokriegerleben, und wir redeten, redeten, redeten ohne Ende. Die Beine ineinander verschlungen, unaufhörlich plaudernd und lachend, verbrachten wir ein Jahr ums andere miteinander. Während unsere Freunde ihre Partner wechselten wie die Kleider, brauchten wir nichts außer uns. In unseren Dreißigern und Vierzigern sahen wir, wie ringsum aus Liebespaaren Kameraden wurden, zusammengehalten allein durch den gemeinsamen Einkaufsbummel oder das gemeinsam verfolgte Fußballspiel am Samstag, sodass die Trennung nur noch eine Frage der Zeit war. Bei uns hingegen flaute die Leidenschaft nie ab.

Während wir obdachlos durch Lynton humpelten, war da immer noch etwas an der Art, wie er seinen Mars-Riegel aß, das mir sofort ein wohliges Prickeln verursachte. Aber vor einigen Monaten hatte ihm der Arzt Pregabalin gegen den Schmerz in der Schulter verschrieben, und das hatte alles geändert. Noch ein Verlust. Moth war immer noch der engste Freund, den man haben konnte, doch zwischen uns tat sich eine unüberbrückbare körperliche Kluft auf.

»Gibt nichts Besseres als einen Mars-Riegel.«

»Das ist wahr.« Die schokogefärbten Erinnerungen ließen mich den Vorfall mit dem Hund vergessen.

***

Außerhalb Lyntons führte der Pfad am Rand des Hügels entlang und wurde dabei immer schmaler, bis er an einer Felskante scharf abknickte. Das war die bisher exponierteste Stelle, und als wir nervös um die Ecke bogen, kam uns ein weiterer Australier entgegen, der furchtlos ausschritt.

»Hallo ihr zwei, ihr seid ja voll bepackt, wohin wollt ihr?«

»Land's End, wenn wir es schaffen.« Wir hatten immer noch nicht genug Zuversicht, um unser eigentliches Ziel zu nennen.

»Wow, weiter so. Man ist immer so alt, wie man sich fühlt. Viel Glück.«

Dabei hatte ich immer gedacht, ich hätte mich gut gehalten. Mit meinen fünfzig Jahren hatte ich kaum graue Haare und Falten.

»Wie alt dachte der, dass wir sind?«

»Egal, offensichtlich sind wir so alt, wie wir uns fühlen.«

»Ja, stimmt.«

»Scheiße, an manchen Tagen fühle ich mich wie achtzig, so verdammt müde bin ich. Mir tut alles weh.« Moth warf seinen Rucksack ab und kauerte sich an die Felsen. »Ich kann nicht mal sagen, ob ich schlafe oder hellwach bin. Mein Kopf ist wie benebelt, und es kommt mir vor, als würde ich durch Sirup waten. Das ist das Hirnverbrannteste, was wir je gemacht haben. Ich möchte mich nur noch hinlegen.«

Sprachlos setzte ich mich neben ihn auf den schmalen Pfad. Er hatte sich ganz allmählich an seine Erkrankung gewöhnen können, da sie schleichend gekommen war, namenlos. Er hatte nicht mit einem plötzlich auftretenden schweren Leiden fertigwerden müssen. Seit dem Termin im Krankenhaus hatte es Momente gegeben, in denen er total schwarzsah, aber nicht viele, und auf das jetzt war ich nicht vorbereitet. Im Lauf der Jahre hatten wir uns jeweils mit den praktischen Folgen jedes neu auftretenden Symptoms auseinandergesetzt, aber was diese Diagnose bedeutete und wie psychisch belastend chronische Schmerzen waren, hatten wir bewusst unter den Teppich gekehrt. Und jetzt saßen wir mit unseren Wanderrucksäcken im Valley of Rocks, ganz ohne Teppich. Das Meer brach sich am Fuß der Klippen unterhalb des Castle Rock. Wir sahen schweigend zu. Rhythmisch, immer wieder, weiß gegen schwarz, weiß gegen schwarz, weiß gegen schwarz. Eine Schar wilder Ziegen, kaum zu sehen im Gebüsch und Fels, sprang direkt vor uns über den Weg; ihr langes Fell wehte im Wind, als sie unter uns verschwanden, ungestüm, geschwind; im Fluss ihrer Bewegungen schien die Landschaft selbst in Bewegung zu geraten.

Ich war fasziniert.

»Wow, hast du diese Ziegen gesehen? Mit den aufgerichteten Hörnern.«

»Du denkst doch wohl nicht immer noch an den Mars-Riegel? Was sitzt du eigentlich hier herum? Gehen wir. Allerdings werden wir bald eine Pause einlegen müssen, ich bin todmüde.«

Ich zog ihn hoch, und wir machten uns wieder auf den Weg.

***

Wir ließen das geschäftige Valley of Rocks hinter uns und folgten einer Teerstraße durch eine offene Parklandschaft zu einem riesigen Landhaus, ringsum von grünem Rasen umgeben.

»Ich weiß, es ist noch früh, aber wir müssen uns allmählich nach einem Zeltplatz umsehen. Ich bin so müde.«

Eine Anschlagtafel wies das Gebäude als christliches Gästehaus aus. Jeder konnte hier übernachten und sich von Gott »erneuern und erfrischen« lassen, von hundertzwanzig Pfund aufwärts, Camping, offenes Feuer und Aufenthalt auf dem Gelände strengstens verboten, Hunde sind an der Leine zu führen, Landstreicher definitiv unerwünscht.

Wir verließen den Park und erreichten ein Tal, aus dem wir Rufe und Gelächter hörten. Unten in der Senke bereitete ein christliches Jugendzeltlager einen bunten Abend vor. Ein DJ in einem offenen Zelt versuchte, eine Gruppe von Teenagern für ein Quiz zu begeistern. Christen oder nicht, sie waren Teenager und eher daran interessiert, sich ins Farnkraut zu verziehen. Der Rauch des Grillfeuers trug den Duft von Würstchen zu uns herüber, und zum ersten Mal bekamen wir eine richtige Hungerattacke.

»Was gibt es bei uns heute?«

»Reis und eine Dose Makrelen.«

»Glaubst du, die merken es, wenn wir einfach da reinspazieren und einen Burger essen?«

Wir gingen weiter durch das Farnkraut, bis wir es aufgaben, nach einer freien Stelle zu suchen, die Rucksäcke über einen Zaun warfen und das Zelt auf einer abgegrasten Wiese aufstellten. Von Crock Point aus konnten wir sehen, wie das letzte Licht des Tages in Rosa und Blau Duty Point streifte. Unter uns brach sich das Meer an den Felsen, während wir den Reis und die Makrele aufaßen.

»Brot wäre gut dazu gewesen. Pst, was war das?«

»Mist, das ist bestimmt der Bauer, der uns wegjagen will.«

Das Geraschel kam näher, während wir uns bereit machten, das Zelt wegzupacken und weiterzuziehen. Das Farnkraut teilte sich, und zwei Teenager zwängten sich durch die Hecke, Zweige in den Haaren.

»Ähm, hi, wir waren nur gerade … am Strand, aber wir gehen jetzt zurück zum Camp.«

»Gut, beeilt euch lieber, sonst sind die Burger alle.«

6 DER WEG

Wir hatten uns während der Wanderung auf extremes Wetter eingestellt, auf britisches Wetter mit Wind, Regen, Nebel und sogar gelegentlich Hagel. Aber nicht auf Hitze, auf diese brennende, drückende Hitze. Als wir um die Mittagszeit aus der schattigen Woody Bay heraustraten, stand uns ein glühend heißer Nachmittag bevor. Wir teilten uns einen Müsliriegel und eine Banane, während wir nach Westen auf einige der höchsten Steilklippen Englands blickten. Senkrechte, über zweihundert Meter hohe Felswände erstrecken sich bis zum Great Hangman, mit 318 Metern der höchste Punkt des South West Coast Path. Doch zwischen uns und dem Hangman befand sich eine Reihe brutaler An- und Abstiege. Selbst Paddy gibt zu, dass sie steil sind. Von der Spitze einer Klippe bis fast hinunter auf Meereshöhe, von dort wieder hinauf auf eine Klippe. Und so weiter. Das war der Grund, warum ich eigentlich in Poole hatte starten wollen. Und es wurde immer heißer.

»Haben wir Sonnencreme dabei?« Meine Nase pochte vor Hitze.

»Nö.«

»Sollen wir abwarten, bis es ein wenig kühler wird?«

»Nein, dann sitzen wir beim Dunkelwerden oben auf einer Klippe fest. Und wir können von Glück sagen, wenn wir hier irgendwo ein flaches Plätzchen für unser Zelt finden.«

»Oh je. Als wir dreißig waren, hätte uns das gefallen.«

»Immer so alt, wie man sich fühlt?«

»Okay.«

Mit protestierenden Beinen, Hüften und Schultern erreichten wir die Anhöhe auf der anderen Seite des Tals und wandten uns Richtung Klippenrand. Die Hitze, die von dem felsigen Weg abstrahlte, waberte in Wellen in unsere brennenden Gesichter. Eine frische Brise fuhr unter meinen Rucksack, und ich breitete die Arme aus und stellte mir vor, ich würde fliegen; das Gefühl der Freiheit in dieser Höhe war geradezu atemberaubend. Meine Augen tränten, meine Haut brannte, und die Küste von Wales schien weiter in die Ferne zu rücken. Bei jeder Biegung erfasste mich ein Schwindelgefühl gemischt mit freudiger Erregung. Moth ging leicht zum Felsen hin geneigt, weg vom Abgrund, aber ich spürte das Heidekraut und die Seeluft in meinen Adern und flog mit den Möwen um die Wette.

Auf einem glatten Felsvorsprung, kurz bevor es wieder in die nächste Schlucht hinabging, trafen wir auf unsere ersten Backpacker. Sie wirkten unglaublich jung, frisch und effizient in ihren identischen blauen Wandershorts und mit den schicken, nagelneuen Rucksäcken. Trotzdem, es waren Backpacker: Ich fühlte mich mit ihnen verbunden, wollte alles über sie wissen.

»Wo zeltet ihr? Auf Campingplätzen oder wild?«

»Wir campen wild, aber es ist der Wahnsinn. So ab sechs Uhr ist unsere einzige Sorge, irgendwo eine flache Stelle für das Zelt zu finden. Letzte Nacht hatten wir Pech und mussten schließlich auf dem Rasen vor dem Pub in Lynmouth kampieren.«

»Wo wollt ihr hin?«

»Combe Martin, wir sind schon fast da. Wir haben nur das Wochenende, und ich habe noch nie zuvor wild gecampt. Ich brauche dringend eine Dusche.« Die braunen Locken des Mädchens wippten, auf mich wirkte sie quietschsauber. Plötzlich fühlte ich mich befangen und stellte mich so hin, dass der Wind aus ihrer Richtung kam. »Was ist mit euch, wohin geht ihr?«

Ich sah Moth an; wohin gingen wir? Nach gestern war ich mir nicht mehr so sicher, aber er antwortete ohne Zögern, als wüsste er es immer noch.

»Nach Land's End. Und danach, mal sehen, das hängt ganz vom Wetter ab.«

»Toll, habt ihr ein Glück, dass ihr so viel Zeit habt.«

Wir sahen ihnen nach, wie sie über die Klippen davonmarschierten, und winkten ihnen zu, als sie die Landspitze umrundeten. *Ein Glück, dass ihr so viel Zeit habt.* Ich legte meine Hand auf Moths Arm. Unterhalb seines T-Shirt-Ärmels war die Haut gerötet und fühlte sich heiß an; dieselbe Haut wie immer, aber da waren Falten über seinem Ellbogen, die mir vorher noch nicht aufgefallen waren. Hatten wir noch genug Zeit?

***

Moth hatte einen Hut, einen grünen Hut aus Segeltuch, der wie eine Kuchenform auf seinem Kopf saß, aber immerhin ein Hut. Warum nur hatte ich keinen mitgenommen? Meine Kopfhaut brannte, und ich sah meine Nase aus dem Augenwinkel leuchten. Wir hatten erwartet, den Great Hangman bis zum Abend zu schaffen, doch er war immer noch ziemlich weit entfernt. Die Küstenlinie ist trügerisch. Ein Punkt in der Ferne scheint gleich hinter der nächsten Biegung zu liegen, aber hinter einer Landzunge können sich Täler, Buchten und bisweilen ganze Moorgebiete verbergen.

»Mein Kopf glüht. Hast du ein Tuch oder so was?« Wir waren auf dem Weg nach Holdstone Down; obwohl es schon später Nachmittag war, knallte die Sonne erbarmungslos herab.

»Du hättest was sagen sollen – mit deinem dichten Haar vergesse ich immer, dass du eine Kopfbedeckung brauchen könntest. In meinem Rucksack ist der alte Hanfhut.«

Ich setzte den zerbeulten Hut mit der schmalen Krempe auf, den wir vor langer Zeit auf einem Hippie-Markt auf Ibiza gekauft hatten. Doch er staute die Hitze auf meinem siedenden Kopf, und bald war mir zehnmal so heiß wie zuvor.

Auf einem krummen Weißdornast sitzend sah ich zu, wie im Westen die Sonne hinter dem Hangman unterging. Moth hockte vor dem Zelt, das wir zwischen Ginster und Heidekraut aufgebaut hatten, und kritzelte etwas in ein Notizbuch. Wir hatten Reis und Erbsen aus der Dose gegessen, aber ich bekam schon wieder Hunger. Ich ließ die Beine über der nackten, trockenen Erde unter dem Ast hin und her baumeln, als ich plötzlich eine Eingebung hatte. Ein zerbrochener Stein ergab ein ausgezeichnetes Werkzeug, und ich grub und grub. Perfekt.

»Moth, Moth, komm her und schau, was ich gemacht habe.«

Er rollte sich auf die Knie und stand langsam auf.

»Was denn? Ich sehe nichts.«

»Schau doch, du Dummer, es ist ein Plumpsklo.«

»Ach Gott, ja, ha, ich geh zuerst.«

Ich machte den letzten Beutel der orangefarbenen Fleischbällchen warm. Morgen würden wir wieder Geld abheben und in Combe Martin neue Marschverpflegung einkaufen können.

»Unser zweites Abendessen, wir werden noch richtige Hobbits.«

Es war schon beinahe dunkel, als sich aus östlicher Richtung Schritte näherten. Vier junge Männer stürmten mit riesigen, vollgestopften Rucksäcken zackig an uns vorbei.

»Es gibt hier draußen also noch mehr von uns. Hast du die Ausrüstung gesehen? Ich wette, sie machen den gesamten Küstenpfad.« Moth blickte ihnen nach. Ich wusste, was er dachte: dass er früher genauso gewesen war.

»Bestimmt wollen sie Combe Martin erreichen, bevor der Pub zumacht.«

»Nein, erinnere mich bloß nicht an Bier, wir haben gerade noch genug Wasser für den Tee morgen früh.«

***

Es ging stetig bergab nach Combe Martin, einem hübschen kleinen Badeort in Nord-Devon mit vermutlich der längsten Dorfstraße des Landes, die sich drei Kilometer durch das schmale Tal landeinwärts schlängelt. Auf der Suche nach einem Geldautomaten spazierten wir in der Nähe des Strandes umher. Da wir nur Souvenirshops und ein Café fanden, versuchten wir unser Glück bei der Touristeninformation, in der Hoffnung, man würde uns dort den richtigen Weg weisen. Drinnen saßen drei ältere Frauen aufgereiht hinter dem Empfangstresen; als sie uns sahen, flüsterten sie miteinander und nickten uns lächelnd zu.

»Moth, rede du mit ihnen, du kannst doch so gut mit älteren Damen.«

»Das klingt irgendwie unanständig.«

Wir stellten unsere Rucksäcke an der Tür ab.

»Ladies, könnten Sie uns vielleicht helfen? Wir sind auf der Suche nach einem Geldautomaten, hatten aber bisher kein Glück. Könnten Sie uns sagen, wo einer ist?«

Die Frauen scharrten mit den Füßen, stießen sich an, kicherten.

»Natürlich, es ist uns ein Vergnügen, Ihnen zu helfen. Gehen Sie doch einfach zum Lebensmittelladen auf der linken Seite. Dort können Sie Geld abheben, Mr Armitage, aber man hat Sie nicht so früh erwartet.«

»Tut mir leid, aber ich bin nicht Mr Armitage.«

Die Damen tauschten verschwörerische Blicke.

»Nein, natürlich nicht, ist in Ordnung, es bleibt unser Geheimnis, wir werden kein Wort sagen.«

Moth sah verwirrt über die Schulter, während ihm die drei nachwinkten. Wir schnallten die Rucksäcke um und gingen.

Mit frischen Vorräten bepackt, fünfundzwanzig Pfund in der Tasche und einer Tüte Pommes in der Hand saßen wir gegen die Felsen gelehnt in der Sonne, und die verbrannte Haut auf meiner Nase begann sich zu schälen. Es hätte ein ganz normaler Tag am Strand sein können. In Wales, wo wir nicht weit vom Meer gelebt hatten, hatte es viele davon gegeben. Lange Tage mit sandbedeckten Kindern, Schlauchbootfahrten, Thunfischsandwiches, Löcherbuddeln, Felstümpeln. Die Kinder waren immer frei im Wald, in den Bergen und am Strand umhergestreift. Sogar jetzt noch, obwohl sie schon vor einigen Jahren ausgezogen waren, überkam mich, wenn ich Sand unter den Füßen spürte, ein Gefühl des Verlusts. Darüber musste ich hinwegkommen, sonst würde es ein trübseliger Sommer werden.

Ein kleiner Junge rannte mit einem Eimerchen Wasser für den Graben seiner Sandburg über den Strand; seine Schwester griff nach dem Henkel, wollte unbedingt diejenige sein, die den Graben befüllte. Plötzlich sprang der Vater auf, packte den Jungen und gab ihm eine schallende Ohrfeige.

»Ich hab dir doch gesagt, du sollst nicht mit deiner Schwester streiten!«

Der Junge riss sich los und versteckte sich hinter einem Felsen. Die Mutter stand auf.

»Musste das denn unbedingt sein?«

»Er muss es lernen.« Ein zorniger Vater, der sein Kind zu einem zornigen Jungen erzieht. Seltsam, wie der Strand das Beste und das Schlechteste im Menschen zum Vorschein bringt.

»Ich wollte eigentlich vorschlagen, schwimmen zu gehen, aber ich glaube, wir sollten weiter.« Moth rappelte sich auf und fegte den Sand von seinem Rucksack.

»Okay, Zeit zum Aufbruch, Mr Armitage.«

Während wir die steilen An- und Abstiege hinter dem Dorf in Angriff nahmen, wurde es immer heißer und heißer. Durch den neuen Proviant war der Rucksack viel schwerer geworden, und ich schleppte mich hinter Moth durch den Staub. Auch er schien nur mit Mühe die Füße vom Boden zu heben. Die Hitze war unerträglich. Da tauchte plötzlich im Dunst vor uns ein Campingplatz auf, wie eine Oase. Der Coast Path führte direkt hindurch.

»Was meinst du, sollen wir mal schauen, wie teuer es ist? Wir könnten uns ein bisschen ausruhen, müssten nicht nach einer Stelle für unser Zelt suchen, könnten duschen.« Moths flehentlicher Gesichtsausdruck besagte: Das ist keine Frage, sondern eine Bitte.

»Wir können uns ja mal erkundigen.«

Auf dem Zeltplatz tummelten sich Familien, Kinder, Radfahrer, ältere Ehepaare und Hunde, viele Hunde.

»Das macht fünfzehn Pfund für ein Zelt.«

»Fünfzehn Pfund? Es ist ein kleines Zelt, wir könnten uns irgendwo in ein Eckchen quetschen.«

»Fünfzehn Pfund, die Zeltgröße spielt keine Rolle.«

»Aber wir haben kein Auto, wir gehen den Coast Path.«

»Ach, das hätten Sie gleich sagen sollen.« Der Platzwart deutete auf ein Pappschild bei der Tür. »Für Backpacker sind es fünf Pfund pro Person.«

Zehn Pfund. Unsere Fertignahrung würde für fast eine Woche reichen. Moth saß auf dem Plastikstuhl und wischte sich mit einem fleckigen blauen Tuch übers Gesicht.

»Okay, nur eine Nacht.«

Die Duschen hatten heißes Wasser, und es gab kein Zeitlimit. Ich entspannte mich in der Wärme, und vielleicht lag es an der Erschöpfung oder vielleicht hatte ich mich einen Moment gehen lassen, jedenfalls fing ich an zu weinen und konnte einfach nicht mehr aufhören. Schluchzend stand ich unter dem Wasserstrahl, der eine Schicht Haut, Schweiß, Bitterkeit, Trauer, Verlustgefühle und Angst wegspülte. Aber nur eine Schicht. Ich durfte jetzt nicht jammern und mich in Selbstmitleid suhlen.

So gut es ging trocknete ich mich mit dem superdünnen, schnell trocknenden Reisehandtuch ab und kramte in dem winzigen Waschbeutel nach der Zahnbürste. Dabei fielen die Zahnpasta, ein Haargummi und ein Tampon heraus. Ein Tampon? Bestürzt hob ich ihn auf. Ich hatte ein paar eingepackt, in der Annahme, dass ich sie bald brauchen würde, doch als ich den Tampon jetzt in der Hand hielt, wurde mir plötzlich bewusst, dass ich das letzte Mal vor über drei Monaten einen verwendet hatte. Echt? Bei all dem, was in der letzten Zeit auf uns eingestürmt war, hatte ich nicht darauf geachtet. Was für eine Agenda für die Wechseljahre: obdachlos werden und über tausend Kilometer mit einem Rucksack auf dem Rücken wandern. Ideal. Viel Bewegung und Krafttraining. Zumindest wegen der Osteoporose brauchte ich mir keine Sorgen zu machen.

***

Sauber und ausgeruht verließen wir den Campingplatz, aber der Weg nach Ilfracombe führte unbarmherzig auf und ab und war immer wieder der Sonne ausgesetzt, sodass wir bald ebenso müde und schmutzig waren wie am Vortag. Mitten in der Hochsaison wimmelte es in der Stadt von Kinderwagen, Menschen in Polyesterkleidung und Rollatoren. Die Essensdüfte waren die reinste Folter, an jeder Ecke lockte eine neue Köstlichkeit, doch der Luxus einer Nacht auf dem Campingplatz bedeutete, dass wir nur schauen durften.

Ein älteres Ehepaar mit einem King Charles Spaniel ging an uns vorüber, die strohhutbewehrten Köpfe entrüstet zusammengesteckt.

»Nun fahren wir schon so lange hierher, aber so etwas Unanständiges ist mir noch nicht untergekommen. Das kann doch nicht sein.«

An der Hafeneinfahrt standen die Leute und fotografierten. Das Schöne daran, unvorbereitet auf Reisen zu gehen und vorher nichts über die Orte zu lesen, die man besucht, ist, dass man immer noch überrascht werden kann.

»Meine Güte, ist die riesig.« Eine gewaltige, den Hafen dominierende Statue aus Bronze und Stahl erhob sich zwanzig Meter hoch vor uns. Noch mehr Menschen in Polyester eilten kopfschüttelnd davon. Moth hob einen Flyer auf.

»Hier steht, ihr Name ist Verity, und sie ist von Damien Hirst. Wie hat er das nur durchgekriegt? Na ja, immerhin soll er hier bereits ein Atelier und ein Haus besitzen.«

»Was soll das überhaupt symbolisieren?«

»Anscheinend Wahrheit und Gerechtigkeit.«

»Gerechtigkeit? Davon können wir ja ein Lied singen.« Die Statue stellt eine schwangere Frau dar. Die eine Körperhälfte ist unversehrt, die andere Hälfte ist aufgeschnitten und zeigt das Baby in ihrem Bauch. Mit der einen Hand streckt sie ein

Schwert in den Himmel, mit der anderen verbirgt sie die Waage der Justitia hinter ihrem Rücken. »Kein Wunder, dass sie die Waage versteckt. Die Wahrheit ist hinter einer Fassade verborgen, die das Auge vom Eigentlichen ablenkt. Das ist ein genaues Abbild der britischen Justiz. Jeder kann Gerechtigkeit erwarten, wenn er es sich leisten kann, die Waage zu seinen Gunsten zu beeinflussen.«

»Wie wahr.« Auf einer Bank in unserer Nähe saß ein elegant gekleideter älterer Herr mit auf Hochglanz polierten Schuhen. Wir blieben einen Moment stehen und plauderten. Er war ein Gurkha-Soldat im Ruhestand, der in Großbritannien geblieben war, nachdem er unserem Land und der Königin ein Leben lang gedient hatte. »Aber jetzt weiß ich nicht mehr so recht. Wir wohnen hier in der Nähe, und unsere Tochter wollte in unserem Garten ein kleines Häuschen als Alterswohnsitz für uns bauen. Sie hätte dann in unser Haus ziehen und für uns sorgen können. Leider meint der Stadtrat, dass so etwas nicht zum Stadtbild passt. Ein Freund hat mir erzählt, dass Hirst eine Wohnsiedlung mit Hunderten von Häusern auf dem Gelände seiner Farm am Stadtrand plant. Sollte er die Häuser in einem ähnlichen Stil bauen wie die Statue, werden es wohl kaum viktorianische Villen werden. Aber falls die Geschichte stimmt, wird er vermutlich kein Problem mit der Genehmigung haben.«

»Vermutlich nicht.«

Wir teilten uns eine Portion Pommes, verließen Ilfracombe zügig und schlugen auf einem Hügel unser Zelt auf, unter uns die hellen Lichter der Stadt. Der nächste Tag zog sich endlos hin und erschöpfte uns. Wären wir nicht so müde gewesen, hätten wir unzählige Fotos geschossen und die fantastischen Ausblicke bewundert, aber wir mussten uns ganz darauf konzentrieren, einen Fuß vor den anderen zu setzen.

»Was ist das für ein Fleck da draußen?« Auf dem Meer war etwas aus dem Dunst aufgetaucht.

»Welcher Fleck?«

»Richtung Westen, die Küste lang, da, wo das Land aufhört.«

»Sieht aus wie eine Insel.«

»Könnte das schon Lundy sein? Ja, bestimmt. Wir entfernen uns immer weiter von Wales, das heißt, da, wo die Küste aufhört, muss sie eine Biegung nach Süden machen.«

»Ganz schön weit weg.«

Auf den Klippen dahinzuwandern, bis zu den Knöcheln in Wildblumen versunken, hätte ein pures Vergnügen sein können, aber als wir Bull Point passierten, wurde Moth langsamer und begann zu hinken. Der Weg zog sich. Ich pflückte wilden Thymian und Löwenzahnblätter und gab sie bei Sonnenuntergang zu unserem Reis. Am nächsten Vormittag erreichten wir Woolacombe; es war bereits der neunte Tag unserer Wanderung. Laut Paddy Dillon hätten wir schon vor vier Tagen hier sein sollen. Sein Zeitplan schien in keinem Verhältnis zu dem zu stehen, was wir schafften. Nachdem uns die Flut auf den weichen Sand des oberen Strandabschnitts gescheucht hatte, wo wir tief einsanken, war es eine Erleichterung, auf den Klippen, die zum Baggy Point führten, wieder festen Boden unter den Füßen zu haben. Selbst in unserem benebelten, erschöpften Zustand raubte uns der Ausblick den Atem. Lundy, obwohl weit draußen, war nun gut zu erkennen, und dahinter verlief die Küste von Wales nach Norden und verschwand aus unserem Blickfeld. War ich erleichtert, dass sie sich am Horizont verlor, oder brauchte ich sie noch, immer noch greifbar, immer noch real? Ich konnte es nicht sagen. Und weit, weit entfernt im Westen, mehr als sechzig Kilometer von hier, dort, wo die Küste ihre zweite dramatische Biegung nach Süden machte, lag Hartland Point. Während die Sonne allmählich versank, bauten wir das Zelt zwischen den Wildblumen auf und aßen noch etwas Löwenzahn.

»Als ich klein war, hat Mum mir verboten, den zu essen, sie sagte, davon würde ich ins Bett machen.«

»So oft wie du jede Nacht aufstehst, glaube ich nicht, dass dir das passiert.«

»Sollen wir für den Weg um die Taw-Mündung den Bus nehmen und Barnstaple und Bideford auslassen?«

»Könnten wir schon, aber es wird noch ein paar Tage dauern, bis unser Geld da ist, und die Braunton Burrows würden mich interessieren – diese riesigen Sanddünen aus Muschelschalen.«

»Okay, aber falls du zu große Schmerzen hast oder dein Bein wehtut oder du zu müde bist, brechen wir ab und nehmen den Bus, okay?«

»Okay.« Unter dem Sonnenbrand zeichneten sich schwarze Ringe unter seinen Augen ab.

***

Weiße, grobkörnige Dünen fielen sanft zur Taw-Mündung hin ab, sie bestanden aus einer Art feinem, rutschigem Kies, der eher an gemahlene Korallen als an Sand erinnerte, und schienen sich endlos hinzuziehen. Die größte Sanddünenlandschaft Großbritanniens ist mit einem Pflanzenteppich überzogen und ein Paradies für Insekten. Während wir durch die Burrows wanderten, bekam ich leider nicht viel von der Gegend mit; große Hautfetzen, die sich von meiner Nase lösten, beanspruchten meine gesamte Aufmerksamkeit, und über zwei Kilometer lang ging ich schielend und versuchte, die Haut stückchenweise abzupellen. Moth stapfte auf seine Schritte achtend durch den Muschelsand, als wir plötzlich einem waschechten, komplett ausgerüsteten und bewaffneten Kommandosoldaten in Tarnkleidung gegenüberstanden, der wie eine Fata Morgana vor uns aufgetaucht war. Noch nie hatte ich so viel Tarnbemalung aus der Nähe gesehen, und ich wusste nicht, wie ich reagieren sollte: mich mit den Händen hinterm Kopf auf die Knie fallen lassen, Habachtstellung einnehmen oder fliehen? Was denn nun?

»Ich fürchte, Sie kommen hier heute nicht weiter, Sie müssen umkehren und zurückgehen.«

»Wir können nicht zurück, wir gehen nur in eine Richtung.« Was für eine dumme Antwort. Aber Moth wirkte völlig unbeeindruckt.

»Hallo, mein Freund, was machen Sie hier? Halten Sie ein Manöver ab oder so?«

»Richtig, Sir, und Sie können hier nicht durch.«

Eine Gruppe von zwanzig Soldaten kämpfte sich über den Dünenkamm und ließ sich in den Sand fallen, als ein Armeelaster heranfuhr.

»Wir können nicht zurück. Moth ist krank, wir wollen zum Bus nach Braunton. Das werden wir nicht schaffen, wenn wir umkehren müssen.« Sah ich verzweifelt genug aus?

»Warten Sie hier, ich will sehen, was ich tun kann.« Sekunden später kam der Soldat mit einer Feldflasche Wasser zurück.

»Rühren Sie sich nicht vom Fleck. Wir nehmen Sie mit, sobald wir fertig sind. Haben Sie denn das Schild nicht gesehen, auf dem steht, dass die Düne gesperrt ist?«

»Nein.«

»Dann warten Sie.« Die Soldaten luden ihre Ausrüstung in den Laster, hoben die riesigen Tornister und Koppel auf, als wären sie federleicht; dann nahmen sie meinen Rucksack und warfen ihn ebenfalls auf den Haufen. Von Nahem wirkte der Soldat unglaublich jung.

»Was ist das denn? Das soll ein Rucksack sein? Fühlt sich an wie eine Handtasche.« Alle lachten. Dann griffen sie sich den von Moth.

»Kinderkram. Da haben wir ja unter der Dusche mehr Gewicht dabei.« Unter dröhnendem Gelächter wurden wir auf die Ladefläche des Armeelasters verfrachtet und quetschten uns zwischen die Soldaten. Die Plane wurde herabgerollt, und wir rumpelten davon. Sie mochten disziplinierter und sportlicher sein als der Durchschnitt, aber ganz offensichtlich waren sie einfach junge Männer, die sich prächtig amüsierten. Auf der stickigen Ladefläche wurde mir bewusst, dass diese Jungs jederzeit in ein Kriegsgebiet geschickt werden konnten, innerhalb weniger Wochen könnte jeder von ihnen verwundet oder tot sein. Ihr Leben würde ausgelöscht sein, bevor es richtig begonnen hatte. Und wofür?

»Wo fahren wir hin?«

»Das darf ich nicht sagen, Sir. Und am besten erzählen Sie niemandem etwas von dieser Sache.« Der Wagen holperte dahin, traf schließlich auf Asphalt und kam kurz darauf zum Stehen. »Okay, bitte hier aussteigen.«

Als der Laster hinter der Kurve verschwand, drückte ich unseren edlen Helfern die Daumen, dass sie immer so quicklebendig sein würden wie in diesem Moment.

Mit dem Bus fuhren wir nach Barnstaple, wo wir in einen anderen nach Westward Ho! umstiegen. Ich fühlte mich, als würde ich schummeln, obwohl ich nicht wusste, warum.

Als wir Westward Ho! erreichten, waren wir ein wenig desorientiert, weil wir so plötzlich da waren, und überrascht, weil es so grau wirkte. Das Ausrufezeichen hatte mich etwas Spektakuläres erwarten lassen, aber nichts, was ich sah, passte zu dem glanzvollen Namen. Laut Paddy ist die Stadt nach einem Roman von Charles Kingsley benannt, inklusive Ausrufezeichen. Vielleicht ist ja das Buch spannender.

Durch die Unterbrechung unserer Wanderung fühlten wir uns aus dem Takt gebracht und ein bisschen verloren. Moth war gereizt, und ungeachtet unserer schnell schwindenden Pfundmünzen brauchte er dringend ein Bier. Wir fanden uns in einer trostlosen Bar mit Blick auf einen Betonweg wieder, wo sich Kinder kreischend vor den über den Uferdamm brandenden Wellen in Sicherheit brachten. Schweigend trank Moth sein Bier, während ich ein Glas eisgekühltes Wasser gegen die Schläfe presste.

»Pub-Quiz, Leute, macht doch mit! Es ist ein Heidenspaß, und es gibt auch was zu gewinnen.« Ein kleiner, rundlicher Mann mit Weste drängte uns Stift und Papier auf. »Es kostet nur fünfzig Pence pro Teilnehmer, und der erste Preis beträgt zehn Pfund. Da kann nichts schiefgehen.«

»Okay.«

»Moth, es sind fünfzig Pence.«

»Was kann man schon mit fünfzig Pence kaufen? Und vielleicht gewinnen wir ja.«

Der kleine Mann schaffte es gerade mal, drei Teams aufzustellen, er würde also erheblichen Verlust machen.

»Gut, fangen wir mit einer Fernsehfrage an.«

»Ich hab dir doch gesagt, das ist reine Geldverschwendung.«

»Und weiter zum Sport; beim Formel-1-Rennen ...«

Was taten wir hier eigentlich?

»Wer war der Kapitän der *Black Pig*?«

Moth lebte auf und kritzelte auf das Papier: Captain Pugwash.

»Und nun zur letzten Frage: Was wurde 1961 erbaut und 1990 abgerissen?«

Ich hab's, ich hab's: die Berliner Mauer. Vielleicht hätte ich mich doch nicht so aufregen sollen wegen der fünfzig Pence.

»Der Gewinner der zehn Pfund ist ... die Familie am Tresen!«

Die Leute nahmen ihre zehn Pfund in Empfang und setzten sie sofort in eine weitere Getränkerunde um.

»Und auf dem zweiten Platz mit einem Gewinn von fünf Pfund: die Backpacker.«

Eilig schulterten wir unsere Rucksäcke und holten unseren Gewinn ab.

»Noch etwas zu trinken für die Gewinner?«

Ich gab Moth unter dem Tresen einen Tritt, und er sah mich mit zusammengekniffenen Augen an.

»Nein, tut uns leid, wir müssen los.«

Dideldidam di dideldidam! Auf unserem Weg zurück zum Coast Path tänzelten wir ausgelassen. Vor und hinter uns schwappten die Wellen über den Uferdamm, erwischten uns jedoch nie. Unser Gewinn und der eigentlich völlig unbegründete Gedanke, dass sich von nun an die Dinge zu unserem Vorteil entwickeln würden, hatten uns optimistisch gestimmt. Die Titelmelodie von *Captain Pugwash* singend ließen wir Westward Ho! hinter uns. Dideldidam di dideldidam!

Doch das Hochgefühl war natürlich nicht von Dauer. Wir fanden keinen geeigneten Platz für unser Zelt, daher blieb uns nichts anderes übrig, als im Dunkeln Farngestrüpp und Disteln an einem Abhang niederzutreten. Unsere Synthetikschlafsäcke gaben der Schwerkraft nach, und mitten in der Nacht wachten wir auf, weil wir ineinander verknäult zum Zelteingang gerutscht waren. Das Meer war sehr nah und schlug dröhnend gegen die Küste; wir spürten es mehr, als dass wir es hörten. Wir stopften die Rucksäcke in den Eingang und stemmten unsere Beine dagegen, sodass wir praktisch im Stehen schliefen.

Als wir im grauen Morgenlicht mit steifen Knien zwischen den Disteln herumhumpelten, sahen wir, dass wir auf einem Überhang aus Fels und Lehm gezeltet hatten, der von unten vom Wasser ausgehöhlt wurde. Ein Stück Land, das dem Untergang geweiht war und bald in Vergessenheit geraten würde.

***

Die Hitze kroch über die Klippen, als wir uns Richtung Greencliff aufmachten. Dunkler Fels bis zum Meer hinab, dazwischen freiliegende schwarze Schichten. Diese tiefschwarze Ader zieht sich von Bideford bis zum Rand der Steilküste und greift wie steinerne Finger ins Meer. Früher wurde das Bideford-Schwarz hier als Brennmaterial für die Kalkbrennereien abgebaut, die walisischen Kalkstein zu Dünger und Baustoffen verarbeiteten. Heutzutage nutzen Künstler das Schwarz als Pigment, und es lässt die Kassen der trendigen Kunstgalerien klingeln.

Es wurde immer heißer. Meine Nase war puterrot, die neue Haut bereits sonnenverbrannt, bevor sich die alte Haut ganz abgeschält hatte. Moth stolperte nun häufiger, und zum ersten Mal rutschte er aus und stürzte. Er hatte sich den Arm aufgeschürft und zitterte.

»Ich muss eine Pause machen. Kannst du mir das Wasser geben?« Er trank, schien einen wahnsinnigen Durst stillen zu müssen, bis nur noch ein Fingerbreit Wasser übrig war. Wir hatten unsere Flaschen in der Bar in Westward Ho! aufgefüllt und das meiste letzte Nacht verbraucht, aber jetzt waren wir weit entfernt vom nächsten Wasserhahn, es sei denn, wir machten einen Umweg landeinwärts, in der Hoffnung, dort bei jemandem anklopfen und um Wasser bitten zu können.

»Sollen wir weitergehen? Sieht so aus, als würden wir in der Nähe von Babbacombe Cliff einen Bach überqueren.«

»Ich versuch's.«

Wir trotteten weiter, doch Moth wurde immer langsamer, und meine Nervosität wuchs. Als wir das trockene Bachbett überquerten, war es Nachmittag, und die Luft flimmerte vor glühender Hitze. Kein Schatten, keine Bäume, nur die Klippen, das Meer und der Himmel. Um drei Uhr ließ Moth seinen Rucksack fallen und legte sich der Länge nach auf den Boden.

»Ich bin fertig, ich bin einfach total fertig. Ich schaffe das nicht. Mir ist kalt.«

»Meinst du, du hast vielleicht einen Sonnenstich, oder bist du einfach erschöpft?«

»Ich will nach Hause, mich in mein Bett verkriechen und nie wieder aufwachen.«

Ich legte mich neben ihn ins Gras und starrte in den Himmel. Nicht daran denken. Den Gedanken gar nicht erst zulassen. Ich setzte mich auf, suchte nach meiner Brille und sah mir Paddys Karte genau an.

»Wir sind in der Nähe einer kleinen Schlucht, ich glaube, Peppercombe. Dort gibt es einen Bach und Bäume, dann wären wir aus der Hitze raus. Wenn du dich ein bisschen abkühlen kannst, geht es dir bestimmt bald besser.« Inzwischen war es so heiß, dass ich förmlich spüren konnte, wie alle Feuchtigkeit aus meinem Körper wich und ich mich in ein Stück Pergament verwandelte. Hier konnten wir auf keinen Fall bleiben.

»Ich kann nicht.«

»Gut, dann lasse ich meinen Rucksack hier und gehe schon mal vor und schaue es mir an.« Ich zog los; ohne das Gewicht des Rucksacks war es, als hätte ich Sprungfedern in den Wanderstiefeln und Luftballons an den Schultern, aber meine Sorge verhinderte, dass ich es genießen konnte. Bitte lass das nicht wahr sein. Bitte lass nicht zu, dass es ihm schlechter geht, bitte nicht. Lass es nur die Sonne sein.

Ein grüner Streifen aus Bäumen und Büschen zog sich durch das schmale Tal Richtung Meer, und ich hörte das

Murmeln von Wasser. Ich kauerte mich an den kristallklaren rettenden Bach und goss mir die eiskalte Erfrischung über meine brennende Haut, fast konnte ich es zischen hören. Immer und immer wieder schöpfte ich mit beiden Händen Wasser und trank, bevor ich die Zweiliterflasche bis zum Rand füllte und wieder den Hügel hinaufkletterte.

»Du musst mit runterkommen. Unter den Bäumen ist es schön kühl, da wirst du dich besser fühlen. Ich hab eine Reinigungstablette ins Wasser reingetan, in einer halben Stunde kannst du das hier trinken.« Ich erwähnte nicht, dass ich bereits einen halben Liter hinuntergekippt hatte, bevor ich überhaupt einen Gedanken an Bakterien verschwendet hatte.

Den Nachmittag verbrachten wir dösend unter dem grünen Baldachin der Bäume, bis ein schwarzes Fellknäuel in den Bach sprang, gefolgt von fünf anderen.

»So ist's gut, Jungs, springt rein und kühlt euch ab.« Die Besitzer der Spanielmeute standen auf der Brücke, zweckmäßig gekleidet in Hosen und Jacken mit vielen Taschen, mit Hüten und Wanderstöcken. Ich war froh, dass ich unsere Wasserflaschen schon gefüllt hatte.

»Oh, hallo. Was für ein angenehmer Nachmittag. Sind Sie schon weit gewandert?«

»Heute nicht, es war sehr heiß.«

»Ja, ziemlich warm. Wo wollen Sie hin?«

»Land's End.« Poole wollte mir immer noch nicht über die Lippen. Allein der Gedanke daran erschien lächerlich.

»Land's End? Ah, Land's End.« Der lebhafte, hochgewachsene Mann wandte sich mit einem Nicken an die Frau. »Ich habe schon gehört, dass Sie dort wohl entlangkommen. Wir sind aus Süd-Devon, morgen fahren wir nach Hause, also werden wir Sie leider nicht mehr sehen. Wirklich schade. Nun, wir müssen los, ich wünsche Ihnen eine einträgliche Reise. Auf geht's, Jungs.« Eine schwarze Flutwelle wälzte sich aus dem Bach auf die Straße.

»Wie meint er das, er hätte von uns gehört? Und eine einträgliche Reise? Man trifft schon komische Leute.«

»Wirklich wahr. Gehen wir runter zum Strand – langsam wird es kalt unter den Bäumen.« Postwendend bereute ich, den Coast Path verlassen zu haben, denn der Weg zum Strand führte steil bergab, und später würden wir das alles wieder hochklettern müssen.

Es herrschte Ebbe, und auf dem schwarzen, felsigen Untergrund, der bis ins Meer hineinragte, befand sich ein Strand aus rundgewaschenen Steinen. Warm von der Sonne waren sie eine Wohltat für unsere schmerzenden Muskeln. Wir ließen uns im Schatten eines kümmerlichen Gestrüpps nieder, da die Abendsonne unvermindert auf unsere gerötete Haut herunterbrannte. Das Meer wogte sanft, zäh wie Sirup, als wäre es noch unentschlossen, ob es wirklich zurückkehren sollte. Moth zitterte, war aber gleichzeitig glühend heiß, seine Gelenke schmerzten, und ihm war übel.

»Was ist, wenn es das jetzt war, was ist, wenn ich jetzt sterbe?«

»Du stirbst nicht, wahrscheinlich hast du einen Sonnenstich. Außerdem, bei dem, was du hast, ist es nicht so, dass du dich am Nachmittag schlecht fühlst und dann zum Abendessen tot umfällst.«

Das Wissen, dass die Dunkelheit kommen würde, dass sie im Hintergrund lauerte, versetzte ihn in einen permanenten Alarmzustand; jedes Rascheln im Gras konnte der nahende Untergang sein. Wir wussten, sein Zustand würde sich nicht plötzlich verschlechtern, sondern es würde langsam bergab gehen, und der Tiefpunkt lag noch in weiter Ferne. Trotzdem waren wir beide nervös. In den Tagen nach dem Verlassen der Farm, als wir unsere Rucksäcke gepackt und Vorbereitungen getroffen hatten, dachte ich, die lange gemeinsame Wanderung würde uns Gelegenheit geben, über alles gründlich nachzudenken. Würde uns Zeit geben, über unsere Trauer angesichts des gewaltigen Verlusts zu sprechen, und uns die Gelassenheit schenken, uns einer Zukunft zu stellen, die von Moths Krankheit bestimmt sein würde. Aber bisher war ich kaum zum Nachdenken gekommen, und unsere Gespräche hatten sich vor allem ums Essen, um die Hitze und um den Regen gedreht. Ich war vor mich hin gelaufen, als hätte ich eine Papiertüte über dem Kopf und würde ihn nur ab und zu herausziehen und schütteln, um zu sehen, ob er noch etwas enthielte. In gleichmäßigem Rhythmus und geistig abwesend einen Fuß vor den anderen zu setzen, hatte etwas seltsam Befriedigendes, und ich wollte nicht grübeln. Doch während Moth sich mühsam weiterquälte, beschlich mich ein Gedanke: wie dumm dieses ganze Unternehmen doch war, wie verantwortungslos ich gehandelt hatte, indem ich ihn hierherschleppte. Es war nicht zu übersehen, dass es ihm schlechter ging. Wären wir nicht auf diese Wanderung gegangen, müsste er nicht jeden Tag diese kräftezehrende Tortur ertragen. Ich wagte es kaum, den Reiseführer zu lesen, die kurzen Blicke, die ich hineingeworfen hatte, hatten mir verraten, dass das Gelände bald schwieriger werden würde. Und wenn ich nun durch meine Idee zu diesem verrückten Trip das Fortschreiten der CBD beschleunigt hatte? Dann wäre es meine Schuld. Schließlich hatte der Arzt gesagt: »Vermeiden Sie Anstrengungen, laufen Sie keine zu weiten Strecken und passen Sie beim Treppensteigen auf.« In den Tagen, in denen wir die Wanderung geplant hatten, wollte ich einfach nur aus Wales weg, fortlaufen, vergessen, dass wir unser Zuhause verloren hatten, dass unsere Familie im ganzen Land verstreut war, dass Moth krank war. Einmal hatte ich einen Vortrag von Stephen Hawking gehört, in dem er sagte: »Die Vergangenheit zeigt uns, wer wir sind. Ohne sie verlieren wir unsere Identität.« Vielleicht versuchte ich ja gerade, meine Identität zu verlieren, damit ich mir eine neue zulegen konnte.

»Hast du dein Pregabalin heute schon genommen?« Moth hatte das Medikament verschrieben bekommen, nicht wegen seiner antidepressiven Wirkung, sondern gegen die Nervenschmerzen. Es schien zu helfen, aber ich fragte mich, wie es die Schmerzen lindern konnte, ohne zugleich die antidepressive Wirkung zu entfalten. Seit Beginn der Einnahme erschien er mir irgendwie verlangsamt. Weniger Schmerzen, aber auch weniger Moth.

»Nein, ich habe die letzte Tablette am Baggy Point geschluckt. Das wollte ich dich schon die ganze Zeit fragen: Hast du die andere Schachtel?«

»Nein, die hast du.«

»Hab ich nicht.«

»Oh, Mist. Warum hast du nichts gesagt? Wir müssen welche besorgen. Wir können nach Westward Ho! zurückgehen und den Bus nach Barnstaple nehmen und schauen, ob uns dein Arzt ein Rezept schickt.«

Wie hatten wir die Tabletten nur vergessen können? Während ich darüber nachdachte, sah ich sie vor mir liegen, hinten im Lieferwagen, wo sie darauf warteten, in den Rucksack gepackt zu werden. Nach der Begegnung mit den Engeln hatten wir sie völlig vergessen. Landeinwärts könnte eine Stadt liegen, eine zu Fuß erreichbare Apotheke, aber das war unmöglich herauszufinden. Paddy Dillons großartiger kleiner Wanderführer enthält sämtliche amtlichen topographischen Karten für den South West Coast Path mit allen Details; etwas Besseres kann man sich nicht wünschen. Der Nachteil ist allerdings, dass sie nur ungefähr achthundert Meter landeinwärts abdecken. Unsere Welt war auf diesen schmalen Korridor zusammengeschrumpft, mit achthundert Metern Land zu unserer Linken und der nassen Unendlichkeit zu unserer Rechten. Der Weg führt die meiste Zeit direkt an der Küste entlang, und nur wenige Stellen sind wirklich als einsam zu bezeichnen, aber an diesem Strand wurde uns eins klar, so klar wie das Salzwasser, das über das Bideford-Schwarz strömte: Die Zivilisation existiert nur für diejenigen, die sich ein Dach über dem Kopf leisten können, und wenn man keine Bleibe hat und die Taschen leer sind, gehört man nicht mehr dazu.

»Sie liegen im Lieferwagen. Wir können sie uns schicken lassen. Vielleicht nach Clovelly.«

»Nein. Jan ist bis Ende August im Urlaub. Wie du schon gesagt hast, es ist nur ein Sonnenstich. Am besten machen wir Tee und essen was. Dann geht's mir bestimmt besser.«

»Du sollst sie doch nicht einfach absetzen. Womöglich sind das schon die Entzugserscheinungen, die deinen Zustand noch verschlechtern.« Was hatte der Arzt gesagt? »Eins ist wichtig – setzen Sie das Pregabalin nicht abrupt ab.« Die lange Liste von Absetzreaktionen begann mit Kopfschmerzen, Übelkeit, Durchfall und Schweißausbrüchen und endete mit Schlaflosigkeit, Angstzuständen, Depressionen und Selbstmord.

Moth konnte kaum etwas essen, aber nachdem er das bisschen Reis erbrochen hatte, wollte er gar nicht mehr aufhören zu trinken. Sein Zittern wurde stärker, als wir das Zelt an einer flachen Stelle hinter einer Hecke aufstellten. Er zog das saubere T-Shirt an, das er ganz unten im Rucksack gefunden hatte, während ich das schmutzige in einem Felstümpel auswusch.

In der pechschwarzen Nacht konnte ich im Zelt absolut nichts erkennen. Bei jedem Stöhnen, jedem Wimmern knipste ich die Taschenlampe an, um nach Moth zu sehen, aber was hätte ich schon tun können?

»Wasser, ich brauche Wasser.«

Das Handy hatte keinen Empfang, und gegen vier Uhr hatte der Akku wegen der Kälte den Geist aufgegeben. Um Hilfe zu holen, hätte ich Moth allein lassen und versuchen müssen, irgendwo ein bewohntes Haus zu finden. Aber ich wollte ihn nicht hier liegen lassen. Erneut schaltete ich die Taschenlampe ein, verschwendete leichtsinnig Batterie.

»Dieser Geruch, dieser Gestank, dieser eklige Gestank, was ist das?«

»Ich rieche nichts.«

»Irgendwas stinkt.«

Alles, was ich riechen konnte, war der Waschpulverduft des einzigen sauberen T-Shirts.

»Lotusblüte und Melone. Versuch zu schlafen.«

»Es stinkt.«

Ich leuchtete das Zelt aus, vergewisserte mich, dass alles an seinem Platz war. Der Blick auf das Vertraute milderte die aufsteigende Panik. Im Laufe der Wanderung war die grüne Zeltkuppel zu unserem Zuhause geworden. In einem immer gleichen Ritual füllten wir dieses Zuhause jeden Abend mit unseren Besitztümern. Zuerst die selbstaufblasbaren Isomatten, eine dünne Fleecedecke darüber, dann die Schlafsäcke, dann wir, dann die Rucksäcke im Fußraum beim Eingang. Danach packten wir die Rucksäcke aus, verstauten die Kochutensilien im Vorzelt, breiteten die Kleidung auf dem noch unbedeckten Zeltboden aus, um die Kälte abzuhalten, bevor wir die Taschenlampe mit einem Karabiner an eine Schlaufe über dem Zelteingang hängten. Zuletzt kochte ich das Abendessen, während Moth aus dem schmalen Bändchen des *Beowulf* vorlas, dem einzigen Buch, das wir mitgenommen hatten. Liegt es in der menschlichen Natur, Rituale zu brauchen? Schaffen wir uns instinktiv eine sichere Umgebung, ehe wir uns schlafen legen? Kommen wir ohne diese Sicherheit überhaupt zur Ruhe? Es war alles, woran ich mich klammern konnte, hier in diesem Zelt, irgendwo an der Küste, mit einem todkranken Mann, der nach dem Absetzen eines auf das zentrale Nervensystem wirkenden Beruhigungsmittels unter Entzugserscheinungen litt. In den Vereinigten

Staaten fällt dieses Medikament unter Anhang 5 des Betäubungsmittelgesetzes, aber im Vereinigten Königreich wird erst seit einiger Zeit darüber diskutiert.

Ich schmiegte mich eng an Moth, damit sein Zittern aufhörte, und verbrachte die Nacht damit, die Taschenlampe ein- und auszuschalten und mir vorzustellen, es wäre zweihundert Jahre früher, und ich würde Schmugglern Lichtzeichen geben, um sie zur Küste zu lotsen.

Als das erste Tageslicht durch die grüne Kuppel drang, gab ich die Einschlafversuche auf. Moth schlummerte endlich friedlich und atmete tief und gleichmäßig. Leise schlüpfte ich aus dem Schlafsack und öffnete den Zelteingang, aber irgendwie schaffte ich es, aus dem Zelt zu fallen und dabei einen Fuß des Campingkochers abzubrechen. Meine Lichtzeichen hatten leider keine Erfolge gezeitigt: Nie kriegt man eine Kiste Rum, wenn man sie wirklich braucht.

Um neun Uhr wachte Moth schließlich auf, als ich gerade dabei war, den Fuß des Kochers mit Heftpflaster zu reparieren. Das Zittern hatte aufgehört, aber er hatte rasende Kopfschmerzen, seine Gelenke taten weh, und die Schmerzen in der Schulter waren schlimmer geworden. Ich kochte zweimal Tee und ging dann zum Bach, um noch mehr Wasser zu holen. Heißer schwarzer Tee war für uns zu einem Rettungsanker geworden. Zu Anfang war es vor allem die beruhigende Wirkung der heißen Flüssigkeit auf unsere Nerven gewesen, aber inzwischen musste Tee oft als Ersatz für etwas Essbares herhalten.

Ich konnte mich nicht dazu aufraffen, das Zelt abzubauen, und Moth war zu schwach; sollte jemand kommen, um uns fortzujagen, würde ich es schon wegpacken. Die Felstümpel ergaben ausgezeichnete Waschschüsseln, und ich schrubbte die Kleidungsstücke mit Wasser und Shampoo. Danach rochen sie besser, doch als sie trockneten, bildeten sich Salzkrusten, und sie fühlten sich leicht klebrig an. Mit einer Nagelschere schnitt ich meine zerrissenen Leggings an den Knien ab und breitete die Wäsche zum Trocknen auf den Felsen aus.

Das Bideford-Schwarz reichte bis ins Meer, griff hinein wie die gestreckten Finger einer Hand. In den schmalen Spalten zwischen den glatt polierten, schimmernden schwarzen Strängen formten sich in verborgenen Tiefen dunkle Becken. Das Sonnenlicht glitzerte auf der Oberfläche, aber als ich meine Hand hineintauchte, um den glatten, kalten Fels auf dem Grund zu spüren, war da nichts; das Loch führte immer tiefer hinab und wurde dabei immer breiter. Keine Ammoniten, keine Krebse, nur ein tiefes, rätselhaftes Loch, das unerforschte Höhlen und geheimnisvolle Lebewesen beherbergen mochte. Bei dem Gedanken, was sich da unter meinen Füßen befand, war mir etwas unheimlich, und so lenkte ich mich mit der Suche nach Treibholz ab. Als der Abend kühler wurde, machte ich ein kleines Feuer und legte immer wieder Holz nach, während sich Moth in seinen Schlafsack gewickelt zitternd an mich kuschelte. Es folgte eine weitere Nacht, in der ich die Batterie verschwendete.

Im ersten Morgenlicht wanderte ich wieder über den Strand und sammelte Treibholzstücke für ein Feuer. Oben auf den mit struppigem Gras und pinkfarbenen Strand-Grasnelken bewachsenen Felsen erspähte ich einen grob zusammengezimmerten Unterstand aus Holzstücken und angespültem Plastik. Jemand hatte Bänke hineingestellt und überall Seetang aufgehängt. Ich spielte Familie und ergänzte die Dekoration gerade um ein paar Muscheln, als Moth langsam über die Felsen auf mich zukam, zwei bedenklich schwankende Becher Tee in den Händen. Ich nahm ihm die Tassen ab, und wir setzten uns in den Unterstand.

»Willkommen zu Hause, Ray. Was hältst du von unserem neuen Häuschen?«

»Fantastisch. Ich wollte schon immer etwas mit viel Licht und Meerblick.«

»Sollen wir nach Wales zurückkehren, dort irgendwo unser Lager aufschlagen und bei der Gemeinde um eine Wohnung betteln? Oder sollen wir einfach hierbleiben, die Hütte ausbauen und am Strand leben? Ich meine, was wollen wir machen, wenn das hier vorbei ist?« Die große, unausgesprochene Frage. Was würden wir machen?

»Ich weiß es nicht.«

Wir saßen in dem Unterstand und beobachteten in seinem Schutz eine Gruppe Steinwälzer. Gedrungene, hübsche kleine Watvögel mit weißer Brust und kastanienbraun gemustertem Rücken, die auf dünnen, orangeroten Beinen flink zwischen dem schwarzen Fels und dem Seetang hin und her sausten. Auf der Suche nach Leckerbissen drehten sie mit ihren spitzen, kräftigen Schnäbeln geschickt die Steine um. Sie mussten auf der Durchreise nach Norden oder Süden sein, oder sie waren Nichtbrüter, die hier den Sommer verbrachten. Wir verbrachten ein bisschen Zeit mit ihnen. Moth lag frierend und mit Schmerzen in seinem Schlafsack und döste unruhig in der Sonne, während ich mehr Treibholz und getrockneten Seetang für ein Feuer sammelte. Als die Sonne allmählich unterging, fiel uns auf, dass wir Wales gar nicht mehr sehen konnten. Ohne dass wir es bemerkt hatten, war es uns entglitten. Die einzige sichtbare Landmasse war Lundy, die immer näher gerückt war. Knisternd brannte das Feuer nieder, und Wales war entschwunden; wir waren mutterseelenallein an einem Strand in Devon, ohne Zuhause, ohne Hoffnung auf eines, da waren nur der Coast Path und unsere Beine, die uns trugen.

In der Nacht stöhnte Moth immer wieder auf, die Schmerzen in seinen Gelenken wurden schlimmer, bis er schließlich in einen tiefen Schlaf fiel. War die Hölle des Pregabalin-Entzugs vorüber? Ich lag da und betrachtete ihn, aber er schlief weiter, und endlich fielen auch mir die Augen zu. Am nächsten Mittag wachte er auf, lebhafter, ein wenig kräftiger, aß einen Müsliriegel und war bereit zum Aufbruch.

»Wir können nicht hierbleiben, unser Essen reicht nur noch für einen Tag. Gehen wir nach Clovelly. Dort gibt es bestimmt eine Möglichkeit, unsere Vorräte aufzustocken, und es sind sicher nicht mehr als acht Kilometer.«

Wir kletterten vom Strand zurück auf den Küstenpfad, der unablässig im Zickzack bergauf und bergab verlief. Nach kürzester Zeit war Moth wieder erschöpft. Der kleine Laden in Bucks Mills hatte zehn Minuten vor unserer Ankunft zugemacht, also schlugen wir uns in den Wald. Wir hatten noch nicht einmal die Hälfte des Weges nach Clovelly geschafft und mussten bereits rasten. Ein Fleckchen Grün zwischen den Bäumen lockte uns, durchs Unterholz zu krabbeln, unsere Rucksäcke über einen Elektrozaun zu werfen und nach Fallschirmjägermanier darunter hindurchzurobben. Wir befanden uns auf einer üppig grünen Wiese, die Stelle war auf drei Seiten von Bäumen umgeben und lag in einer kleinen Senke, sodass wir vor Blicken geschützt waren. Wir bauten das Zelt auf, und weil wir so furchtbar hungrig waren, aßen wir unsere letzten Vorräte auf und ließen nur vier Vollkornkekse fürs Frühstück übrig. Kein Problem, schließlich würden wir am folgenden Tag in Clovelly sein.

7 HUNGER

Ich saß draußen in dem weichen, dunstigen Licht eines weiteren trockenen Morgens und machte eine Tasse Tee, um unsere letzten Kekse einzutunken. Meine Beine juckten in den frisch abgeschnittenen Leggings, wahrscheinlich wegen der Wäsche im Salzwasser.

»Moth, komm raus, ich habe Tee gemacht.« Das Jucken wurde stärker.

»Wow, schau dir deine Beine an, das ist ja unglaublich.« War er doch noch krank? Meine Beine sind nicht schlecht, aber so besonders dann auch wieder nicht. »Sieh dir das an: Marienkäfer.«

Meine Beine kribbelten nicht von Schweiß und Salz, sondern weil unzählige Marienkäfer darüberkrabbelten. Als ich aufstand, merkte ich, dass ich über und über von ihnen bedeckt war. Und sie waren nicht nur an mir, sondern praktisch überall. Auf dem Zelt, auf dem Kocher und auch an Moth, nachdem er aufgestanden war. Auf ihren winzigen Beinchen strebten sie Richtung Himmel und flogen los, starteten von unseren ausgestreckten Armen zu ihrer ersten Mahlzeit. Ein

Leben mit der Natur hatte mich gelehrt, dass Marienkäfer Hunderte von Eiern dort ablegen, wo es viele Blattläuse gibt, damit die Larven und später die Käfer nach dem Schlüpfen einen reich gedeckten Tisch vorfinden. Aber das hier war etwas ganz Besonderes, diese glänzenden roten Wunder waren zu zahlreich: Es musste mehr dahinterstecken, das musste ein Zeichen sein. Im Licht des frühen Morgens standen wir da und sahen zu, wie Hunderte winziger Kreaturen zum ersten Mal die Flügel spreizten und sich von unseren Fingerspitzen in die Luft erhoben. Nein, ich wollte das Ganze nicht allzu wissenschaftlich betrachten, sondern klammerte mich an den Volksglauben, dass Marienkäfer Glück bringen, und trug diesen Gedanken als rosigen, gepunkteten Schimmer mit mir. Während ich zusah, wie sich die rote Aura von Moth löste, war ich fest entschlossen, an Wunder zu glauben.

»Weißt du was? Heute fühle ich mich ganz gut.«

»Liegt das an den Marienkäfern?«

»Nein. Ich glaube, es liegt daran, dass ich die Tabletten abgesetzt habe; es ist, als wäre ich aus einem Nebel aufgetaucht. Ich habe zwar ziemliche Schmerzen, aber ich schaue mal, wie ich zurechtkomme. Ich kann ja ein paar Ibuprofen nehmen. Irgendwie fühle ich mich anders, viel klarer. Gehen wir nach Clovelly und besorgen uns was zu essen. Ich bin am Verhungern.«

»Ich meine trotzdem, es sind die Marienkäfer.«

***

Plötzlich schlug das Wetter um, und es begann heftig zu regnen, nicht einmal die Bäume boten Schutz. Der gekieste

Hobby Drive zog sich in endlosen Windungen dahin, ohne dass Clovelly in Sicht kam. Ständig erinnerte uns etwas daran, wie hungrig wir waren, sogar die Schar junger Fasane, die an Futterstellen am Waldrand Getreide pickten. Wir litten schon seit einer Woche Hunger, doch jetzt bekam ich Magenkrämpfe und fühlte mich benommen. Ob wir vielleicht etwas von dem Fasanenfutter kochen konnten?

Clovelly befindet sich seit nahezu dreihundert Jahren im Besitz ein und derselben Familie und wird wie ein Unternehmen geführt. Die Häuser werden über eine Immobiliengesellschaft vermietet. Bekannt ist das Städtchen vor allem für seine steile, kopfsteingepflasterte Straße, die an schmucken Cottages vorbei zum Hafen hinunterführt. Aber es tauchte einfach nicht auf, immer waren da nur Wald und Fasane.

»Hier wohnt doch dieser Schauspieler. Seine Frau ist an ALS gestorben.«

»Wie traurig. Welcher Schauspieler?«

»Erinnerst du dich an die Doku über eine Wanderung von Land's End nach John O'Groats? Allerdings hatten sie Pfleger dabei und übernachteten in Unterkünften, nicht im Zelt neben dem Coast Path. Ich will nicht in einem Zelt sterben.«

»Du wirst auch nicht in einem Zelt sterben. Glaubst du, er ist wirklich die ganze Strecke gewandert, oder war das nur für den Film?«

Ich merkte, dass ich den Schauspieler ein wenig beneidete. Natürlich nicht, weil er seine geliebte Frau verloren hatte, sondern weil er immer noch ein Zuhause hatte, das voller Erinnerungen an ihr gemeinsames Leben war; er konnte die

Augen schließen und sich vorstellen, wie seine Frau lesend in ihrem Sessel saß oder aus dem Fenster sah. Was würde ich haben?

»Meinst du, diese Wanderung ist nur eine ziemlich masochistische Art und Weise, uns einzureden, dass wir nicht obdachlos sind? Dass unser Leben noch einen Sinn hat?« Die Fasane stoben vor uns auseinander und scharten sich hinter uns wieder zusammen. Inzwischen quälte mich bohrender Hunger, und ich hatte Kopfschmerzen.

»Natürlich.« Moth war stehen geblieben, erstaunt von dem Anblick, der sich ihm bot. »Was zum Teufel ist das? Sag mir bitte, dass ich nicht halluziniere.«

»Nein, das ist wirklich ein sehr großer Truthahn.«

»Warum lebt in diesem Wald ein riesiger grauer Truthahn bei den Fasanen?«

»Ich habe keine Ahnung.«

»Ich rieche Autos, wir müssen da sein.«

Wir gingen um das Schild herum, auf dem stand, dass der Eintritt für das Dorf sechs Pfund fünfzig pro Person betrug, und spazierten die gepflasterte Straße von Clovelly hinab, das Gewicht unserer Rucksäcke verlieh uns zusätzlichen Schwung. Der Laden war kein richtiger Laden, sondern eher ein besserer Kiosk mit Süßigkeiten und Eis für die Touristen.

»Wenn Sie Lebensmittel brauchen, müssen Sie in den Pub gehen oder ins Besucherzentrum.«

Wir schleppten uns weiter zum Hafen und saßen im allmählich nachlassenden Nieselregen.

»Vielleicht können wir auch im Pub Geld abheben, wenn wir uns zusammen eine Portion Pommes kaufen.«

Ein pickeliger junger Mann spazierte an der bogenförmigen Kaimauer entlang, ganz in Schwarz gekleidet, als würde er gleich seine Schicht als Barmann antreten. Und er aß eine gigantische Cornish Pasty. Ich war so hungrig, dass ich ernsthaft überlegte, einfach die Hand auszustrecken und die von der Fleischpastete herabfallenden Krümel aufzufangen. Er war noch jung, es hätte ihn sicher nicht gestört.

»He Kumpel, wo hast du diese Pastete her? Im Laden gab es so was nicht.«

Er erschrak ein wenig darüber, von einem müffelnden Landstreicher mittleren Alters angesprochen zu werden, und musterte uns, während er zu Ende kaute.

»Die gibt es im Besucherzentrum.«

»Wir hatten überlegt, in den Pub zu gehen. Kann man dort günstig essen?«

»Nein. Ich arbeite dort, die verlangen horrende Preise. Sogar mir stellen sie das Essen in Rechnung. Darum gehe ich vor der Arbeit immer ins Besucherzentrum und hole mir eine Pastete. Na ja, und auch wegen dem Mädchen mit den rosa Haaren hinter der Theke.«

Er lächelte.

»Tut mir leid zu hören, Kumpel. Aber danke für den Tipp. Es ist ganz schön schwierig, hier einen erschwinglichen Pub zu finden.«

Der Junge schien uns als verwandte Seelen zu betrachten, denn er setzte sich auf die Bank neben uns.

»Das kann man laut sagen. Von mir kriegen diese reichen Bonzen jedenfalls keinen Penny. Die haben sowieso schon genug. So läuft das eben bei uns. Alles gehört dem da oben auf dem Hügel.«

»Dann gefällt es dir hier nicht? Ich dachte, in diesem Ort ließe es sich gut leben.«

»Na ja, ich bin der Bad Boy im Nobeldorf. Aber ich gehe sowieso bald zur Armee. Wird echt Zeit, dass ich hier rauskomme.«

»Aber das Leben hier hat doch sicher auch seine positiven Seiten? Ich meine, es ist doch ein idyllisches Plätzchen, und schließlich ist da noch das Mädchen mit den rosa Haaren.«

»Nein, sie beachtet mich gar nicht. Allerdings arbeite ich als Treiber bei den Jagden, die Angestellten im Herrenhaus sind gut drauf.«

»Du kennst dich mit der Jagd aus? Sag mal, was ist mit den Truthähnen?«

»Wie, die Truthähne im Wald? Man hält sie, um die Fasane zu den Futterstellen zu locken, und bei der Weihnachtsjagd gibt es für den, der den Truthahn erlegt, einen Bonus. Die Jäger dürfen ihren Braten selbst schießen und kriegen obendrein noch eine Flasche Whisky. Wir stapfen den ganzen Tag durch den Wald und kriegen nur einen Fünfer. Na ja, ich muss los. Viel Spaß bei Ihrer Wanderung!«

»Viel Glück bei der Armee.« Ich befürchtete, dass er nur die eine Hierarchie gegen die nächste eintauschen würde, aber er machte auf mich den Eindruck, als hätte ihm das Leben ein ausreichend dickes Fell mitgegeben.

Als wir das Besucherzentrum auf der Spitze des Hügels erreicht hatten, krochen wir praktisch auf allen vieren. Da ich den ganzen Tag über nur einen Keks gegessen hatte, war mir schwindlig.

Das große Restaurant wirkte recht vielversprechend, und wir hatten genügend Geld auf dem Konto. Wir legten unsere Jacken zum Trocknen über die Stühle, stöpselten das Handy zum Aufladen ein und entschieden uns für das billigste Gericht auf der Speisekarte. Das Mädchen mit den rosa Haaren sah uns entschuldigend an und erklärte, dass seit fünf Minuten geschlossen sei und sie nichts mehr verkaufen dürfe.

»Könnten wir dann vielleicht einfach eine Kanne heißes Wasser bekommen?«

»Hm, ich weiß nicht.« Sie blickte über die Schulter. »Okay, wenn Sie ein bisschen was in die Trinkgeldbox werfen.«

»Könnte ich nicht zwei von den Pasteten kaufen? Wir wandern auf dem Küstenpfad, und uns ist das Essen ausgegangen. Wir dachten, wir würden uns im Laden eindecken können …«

»O nein, dort bekommt man keine Lebensmittel. Und ich darf die Pasteten nach Ladenschluss nicht mehr verkaufen. Setzen Sie sich, ich bringe Ihnen Ihr Wasser.«

Von unseren Kleidern stieg Dampf auf, als wir uns niederließen und warteten.

»Was sollen wir bloß machen? Wir brauchen unbedingt was zu essen.« Vom Tisch neben uns war eine Familie aufgestanden und hatte ihre Salate unangerührt stehen gelassen. Ich nahm gerade all meinen Mut zusammen und wollte zwei der Teller auf unseren Tisch holen, als das Mädchen mit den rosa Haaren zurückkam.

»Sie müssen nur warten, bis der Chef geht, dann kann ich Ihnen ein paar Pasteten mitgeben. Eigentlich soll ich die, die ich nicht verkaufe, wegwerfen, aber das ist so eine Verschwendung, da gebe ich sie lieber Ihnen. Ich kann Sie doch nicht ohne Essen gehen lassen. Das ist ja so, als würde ich meine eigene Großmutter auf der Straße verhungern lassen. Das wäre unrecht.« Ihre Großmutter? Wow, ich musste ja ziemlich fertig aussehen.

»Vielen Dank, das ist sehr nett von Ihnen.« Vielleicht konnte ich mich irgendwie revanchieren. »Wir haben hier ein paar nette Leute kennengelernt, zum Beispiel den Jungen, der hier immer Pasteten kauft und im Pub arbeitet – er war wirklich freundlich, wir haben uns ein bisschen unterhalten.«

»Ich weiß, aber er geht zur Armee. Dabei hätte ich lieber, dass er bleibt.«

»Vielleicht sollten Sie ihm das sagen? Man weiß ja nie, ich hatte den Eindruck, es geht ihm genauso.«

»Meinen Sie?«

»Auf jeden Fall.«

Wir verließen das Besucherzentrum mit einer Tüte Pasteten und kauften auf dem Weg nach draußen im Souvenirladen vier Packungen Fudge und eine Flasche hausgemachten Birnencider. Wir zahlten mit der Karte, damit wir Geld abheben konnten.

Die Begegnung mit dem Jungen am Hafen hatte etwas in mir angerührt. Ich verstand, dass er in diesem Dorf in Kategorien wie »die« und »wir« dachte. Da ich als Tochter eines Pachtbauern auf einem großen Anwesen aufgewachsen war, war mir sofort klar, wen er mit »dem da oben« meinte. Als Kind hatte ich erlebt, wie die Einwohner meines Dorfs vor dem Grundherrn den Hut zogen und ihn und alle, die mit ihm in Verbindung standen, mit höchster Ehrerbietung behandelten, daher konnte ich die Verachtung des Jungen nachvollziehen. Aufgrund der Erfahrungen in meiner Kindheit war ich später zu sozialistischen Demos gegangen, hatte gegen die Kopfsteuer und die amerikanischen Atomsprengköpfe in Greenham Common protestiert und im Grunde gegen alles und jeden rebelliert. Als meine Eltern versuchten, mich mit dem Sohn eines Farmbesitzers zu verkuppeln, war es mein rebellischer, sich gegen das Establishment richtender und jede Art von Kontrolle verwehrender Geist gewesen, der mich zu Moth und zu seiner Überzeugung getrieben hatte, dass das Recht auf Freiheit unser wichtigstes Gut ist. Mum verzieh es mir nie, dass ich mich gegen ein abgesichertes Leben als Frau eines Grundbesitzers entschieden hatte, und bis zu ihrem Tod konnte sie Moth nie als passende Partie für ihre Tochter akzeptieren. Während ich im Licht der Dämmerung durch den Wald wanderte und der säuerliche Geruch des feuchten Unterholzes in der Luft hing, konnte ich beinahe hören, wie sie mich auslachte.

»Na, mein Mädchen, ich wette, jetzt bereust du es.« Nein, Mum. Nein, das tu ich nicht.

Der Coast Path verlief am Rand des Waldes, der in offenes Grasland überging; die Hüllen aus Drahtgeflecht um die Baumsetzlinge verrieten, dass wir uns hier in einem riesigen Wildgehege befanden. In der Ferne waren die Lichter des Herrenhauses zu sehen.

»Glaubst du, er zieht sich zum Dinner um?« Ich stellte mir ein wärmendes Feuer und trockene Kleider vor.

»Du bist bloß neidisch.«

»Nein, wirklich nicht. Bauen wir doch das Zelt hier auf – der Platz ist perfekt.«

»Lieber nicht. Hier gibt es bestimmt einen Verwalter, der am Morgen mit dem Landrover vorbeikommt und uns zum Teufel jagt.«

»Dann müssen wir eben früh aufstehen.«

Die ganze Nacht über riefen die Käuzchen, es klang ein bisschen unheimlich, und trotz der ebenen und angenehm weichen Grasunterlage konnte ich nicht schlafen. Ich versuchte, die Käuzchen zu zählen, es waren vielleicht vier oder fünf, oder aber nur eines, das im Kreis flog. Egal, wie gemütlich »der da oben« es in seinem großen Haus auch hatte, das hier entging ihm, er hörte weder das Schlagen der Eulenflügel in den Eichenästen noch das Schaben der Krallen an der Rinde einer Buche. Während er seinen Kopf auf ein Kissen bettete, konnte er weder den süßen Duft der Nesseln noch den scharfen Geruch des Ginsters riechen. Aber immerhin *hatte* er ein richtiges Kissen.

Als ich endlich aufwachte, war Moth schon aufgestanden und kritzelte etwas auf ein Stück Papier.

»Was machst du da?«

»Ich schreibe einen Dankesbrief. Was denkst du denn?«

Ich holte meine Brille aus meinem Stiefel und las die zerknitterte Notiz: »Sehr geehrter Herr, wir bedanken uns für die äußerst angenehme Nacht in Ihrem Wildgehege. Seien Sie versichert, dass ich all meinen Freunden von Ihrer Gastfreundschaft berichten werde.«

»Ich stecke ihn in die Ciderflasche und platziere sie in einer der Drahthüllen. Dort findet sie bestimmt jemand.«

»Wie war das mit ›keine Spuren hinterlassen‹?«

»Das ist doch kein Abfall, das ist ein Dankesbrief.«

Halb neun, so früh waren wir bisher noch nie losgekommen. Wir scheuchten Marienkäfer von unserem Zelt und zogen los.

8 ZWISCHEN DEN ELEMENTEN

Wir lagerten im sonnenwarmen Gras, hatten am Vormittag über sechs Kilometer zurückgelegt und eine Handvoll Holunderbeeren vom Strauch gegessen: Das Vagabundenleben hatte eindeutig seine schönen Seiten. Direkt vor uns lag Lundy; tagelang waren wir auf die Insel zugewandert, und sehr bald würden wir sie hinter uns lassen. Auf der anderen Seite des Tals, das wir gerade durchquert hatten, ging der Wald an dem steilen Abhang in Farndickicht über, führte der Weg wie so oft hinab zu einem Bach, bevor das Gelände wieder anstieg, bis hin zu der Stelle, an der wir saßen. Drüben bahnten sich zwei Gestalten einen Weg durch Ginster, Farn und Nesseln, und wir frönten unserem liebsten Zeitvertreib: andere dieselben Fehler machen zu sehen wie wir selbst. Die beiden verschwanden aus unserem Blickfeld, und wir aßen Fudge. Fudge zum Frühstück, Fudge zum Mittagessen, und aller Voraussicht nach Fudge zum Abendessen. Unsere muffig riechenden, schweißgetränkten Kleider waren getrocknet, und wir machten uns bereit zum Aufbruch. Doch dann bot sich uns ein seltener Anblick: Zwei Backpacker kamen über die Felskuppe. Ihre prallen Rucksäcke verrieten, dass sie länger unterwegs waren. Die beiden jungen Männer blieben kurz bei uns stehen und stellten die übliche Frage, wie weit wir wandern wollten.

»Land's End? Super, ihr seid also auch Backpacker.« Sie nahmen die Rucksäcke ab und ließen sich ins Gras fallen. »Hey, wir sind uns schon mal begegnet. Ihr habt in der Nähe des Great Hangman gezeltet, richtig? Wie zum Kuckuck habt ihr es geschafft, uns zu überholen?«

Ja, das war wirklich ein Rätsel. Sie wühlten in ihren Rucksäcken, die sie mit jugendlicher Unbekümmertheit gepackt hatten, alles steckte in Plastiktüten, und jedes Fach war zum Platzen voll. Die Rucksackgurte waren mit Luftpolsterfolie umwickelt und die Isomatten mit Schnur an den Rucksäcken festgebunden.

»Wo habt ihr letzte Nacht gezeltet? Wir haben keine geeignete Stelle gefunden und sind am Ende auf dem Stück Rasen vor dem Besucherzentrum gelandet.«

»Im Wildgehege; es war super, bis auf die lauten Käuzchen. Wart ihr beim Great Hangman nicht zu viert?«

»Stimmt. Einer ist in Woolacombe ausgestiegen, also sind wir noch ein paar Tage dortgeblieben. Der Nächste hat gerade erst auf Greencliff aufgegeben, es war so verdammt heiß, das war ihm zu viel. Wir sind mit ihm zurück nach Westward Ho! gegangen, mit dem Bus nach Barnstaple gefahren und haben ihn dort verabschiedet. Dann haben wir uns im Supermarkt mit Lebensmitteln eingedeckt, sind wieder in den Bus nach Westward Ho! gestiegen und mussten noch einmal die Strecke über Greencliff laufen.«

»Greencliff war ein Albtraum. Beinahe hätten wir dort auch aufgegeben. Gute Idee, in den Supermarkt von Barnstaple zu gehen. In Clovelly gab es nichts außer einer Tüte Pasteten und Fudge.«

»Wir sind oben vom Weg abgekommen und haben uns im Unterholz verirrt.« Er zog die Socken aus, um seine Blasen zu inspizieren und Dornen aus seinen Knöcheln zu ziehen.

»Ja, wir haben euch gesehen.« Die Gesellschaft dieser beiden jungen Leute war herzerfrischend, sie nahmen alles, wie es kam, ließen sich treiben und genossen unbekümmert das Leben. Ich spürte eine heftige Sehnsucht nach meinen Kindern, die im selben Alter waren und das Leben mit derselben Leichtigkeit anpackten. Ich schluckte die Tränen hinunter und versorgte den jungen Mann mit Desinfektionstüchern und Blasenpflastern.

Eine Stunde lang saßen wir in der heißen Sonne, tauschten uns aus und genossen das Gefühl der Verbundenheit. John und Adam waren einige Tage nach uns in Minehead gestartet, und ihre Umwege und unser langsames Vorankommen hatten uns jetzt hier zusammengeführt. Morgen würden sie Bude erreichen und von dort aus ihre Heimreise antreten; wir würden ein Stück weiter südlich sein und die beiden niemals wiedersehen. Aber das spielte keine Rolle.

»Wollt ihr wirklich bis nach Land's End? Ich wünschte, wir hätten Zeit dafür. Aber ich muss zurück – in drei Tagen steht unser Umzug an.«

»Ja, Adams Freundin dachte, er würde bloß eine Woche unterwegs sein. Du wirst ganz schön Ärger kriegen, Mann.«

»Ach, was soll's, sie wird's schon verkraften.«

»Aber sicher. Wir wandern vielleicht noch bis Poole, wenn wir es schaffen.« Es schien unendlich weit entfernt zu sein, aber indem ich es aussprach, rückte es schon ein wenig näher.

»Ihr Glückspilze.«

Wir tauschten ein paar Tütchen Kaffee gegen eine Packung Couscous und verabschiedeten uns voneinander. Als sie außer Sicht waren, folgten wir ihnen in gemächlichem Tempo. Hand in Hand in der heißen Nachmittagssonne. Obdachlos, todkrank, verschwitzt und dehydriert, aber in diesem Augenblick auf merkwürdige, schüchterne, zögernde Weise glücklich. *Glückspilze.*

***

Hartland Point versetzt jeden Geologen in helles Entzücken. Die gesamte Steilküste Englands weist die unterschiedlichsten Gesteine auf, aber Hartland Point ist etwas ganz Besonderes. Vor 320 Millionen Jahren befand sich hier ein seichtes Meer, sodass sich Sedimentschichten aus Sand- und Tonstein ablagerten. Als dann vor rund 290 Millionen Jahren die Gondwana-Platte aus dem Süden nordwärts driftete und mit der Laurussia-Platte zusammenstieß, schoben sich gewaltige Gebirge auf. Diesen Vorgang nennt man variszische Orogenese. In deren Verlauf formten sich unter anderem Berge in Portugal und Westspanien, in Cornwall, Devon und im Süden und Westen von Wales und Irland. Die Klippen von Hartland Point bestehen aus schrägstehenden Sandsteinplatten, die vom Meer zu scharfen Zacken ausgewaschen wurden. Die Faltungen sind Millionen Jahre alt und immer noch sichtbar, immer noch den Kräften der Elemente ausgesetzt.

Doch mir sprang vor allem ein Fußball auf einer Stange ins Auge. Ein gigantisch großer Fußball am Himmel vor uns. Auf einer Stange.

»Also bitte, Ray, das ist eine Radarstation. So steht es jedenfalls im Reiseführer. Sie dient der Luftraumüberwachung.«

»Ich muss mich mal hinsetzen.«

»Hast du zu viel Fudge gegessen? Wahrscheinlich hast du einen Zuckerschock. Du brauchst einfach was Richtiges in den Bauch, aber es gibt erst wieder was in dem Hotel am Hartland Quay. Allerdings sind es bis dahin sechzehn Kilometer, ich weiß nicht, ob wir das an einem Tag schaffen.«

»Mach dir um mich keine Sorgen. Wir haben noch eine halbe Tüte Fudge und ein bisschen Couscous.«

***

Ich habe schon immer Wimpelgirlanden gemocht. Sie erinnern mich an die glücklichen, ausgelassenen Gartenfeste und Campingausflüge meiner Kindheit. Aber die Wimpelgirlande, die an dem Café in der winzigen Hütte am Hartland Point hing, war die schönste, die ich je gesehen hatte. Es waren Wimpel mit Herzchen und Leckereien darauf. Wir hatten eine Oase gefunden. Wenn man unerwartet etwas zu essen bekommt, ist das so, als würde man morgens aufwachen und plötzlich feststellen, dass man Geburtstag hat.

»Können wir uns für jeden ein Panini zu vier Pfund leisten, oder sollen wir uns eines teilen?« Bitte sag für jeden eins, Moth, bitte.

»Du musst unbedingt etwas essen, und wer weiß, wann wir unsere Vorräte wieder aufstocken können. Für jeden eins.«

Mozzarella, Basilikum und Tomaten versetzten mich in den Himmel, einen windgepeitschten, von Möwen bewohnten Himmel. Ich saß mit dem Rücken zum Fußball, hielt mein Gesicht in den Wind und sah hinaus auf den Bristolkanal, bis dorthin, wo der weite, endlose Atlantik anfing. Es ist eine raue Gegend, eine Stelle, wo Gezeiten, Winde und tektonische Platten im Toben der Elemente aufeinandertreffen. Ein Ort, an dem Dinge enden und Dinge beginnen, ein Ort der Schiffswracks und Felsabstürze. Am Geländer des Aussichtspunkts schlug uns der Wind ins Gesicht, ein Schwall kalter, sauerstoffgesättigter Gischt brauste nach oben. Diese Kraft verlieh mir Auftrieb, beflügelte mich; ich fühlte mich lebendig, ja, wir lebten.

»Sollen wir weitergehen?« Etwas veränderte sich. Etwas nahm Form an. Ich konnte es noch nicht sehen, aber ich fühlte es. Wir wandten uns nach links, Richtung Süden. Ich heftete meinen Blick auf das Meer, kehrte dem Fußball den Rücken.

Das Gelände stieg und fiel. Es gab keine Bäume mehr, die Pflanzen wurden niedriger und robuster, klammerten sich mit ihren Wurzeln hartnäckig in die dünne Humusschicht und trotzten der rauen Witterung des Atlantiks. Steile, felsige Landzungen wechselten sich mit tiefen Bachtälern ab. Eine Felsnase vor uns, die »Kuh und Kalb« heißt, was ich allerdings beim besten Willen nicht in ihr erkennen konnte, wurde zu einem vertrauten Begleiter, doch irgendwann hatten wir auch sie hinter uns gelassen, während immer neue Anstiege vor uns aufragten. Im Westen versank die Sonne hinter jagenden

Wolken, und als wir eine ebene, mit kurzem Gras bewachsene Stelle auf einer ungeschützten Klippe erreichten, war es bereits dämmrig. Die Türöffnung eines verfallenen Turms umrahmte den Blick auf die Silhouette des Kirchturms von Stoke, der sich vor dem Abendhimmel abzeichnete. Wir überlegten, ob wir neben der Ruine unser Lager aufschlagen sollten, um ein wenig vor dem Wind geschützt zu sein, aber in der Düsternis war schwer festzustellen, wie stabil der Turm war, daher setzten wir das Zelt dem Wind aus, der vom Atlantik über die Klippen fegte. Wir waren so müde, dass es uns egal war.

Ich erwachte vom Geräusch strömenden Regens. Wasser prasselte auf das straff gespannte Außenzelt. Meine Augen klebten, ich war noch ganz verschlafen, merkte aber dennoch, dass das Wasser eindeutig nur aus südlicher Richtung kam. Es sollte eigentlich von Norden oder Westen kommen, vom Meer, doch gegen den Zelteingang schlug kein Regen. Ein Regenguss an der Rückseite des Zelts, der plötzlich aufhörte. Merkwürdig. Ich streckte den Kopf aus der Zeltöffnung, um Ausschau nach den Wolken zu halten. Aber Fehlanzeige. Gerade stieg die Sonne aus dem Meer auf, verschmolz Wasser und Himmel zu dem mit Weiß durchmischten Blau des frühen Morgens. Kein einziges Wölkchen. Doch der Urheber des Regens zog mit einem selbstgefälligen Grinsen gen Osten; der Hund am Ende der Leine sah ebenso erleichtert aus. Nun konnte ich unser Wasser entweder zum Teekochen verwenden oder um das Zelt zu säubern, für beides reichte es nicht. Ich entschied mich für den Tee und hoffte, dass der Urin rasch trocknen würde.

***

Ein Vormittag, der unseren Beinen alles abverlangte und an dem wir nur im Schneckentempo vorankrochen, bestätigte meinen Verdacht, dass Paddy Dillon ein Superheld sein muss. Ich bin überzeugt, dass er früher einer Spezialeinheit der britischen Armee angehört hat, zum Frühstück rohen Seetang verspeist, Marathon läuft, wenn gerade nichts Interessantes im Fernsehen kommt, und einen Camouflage-Pyjama trägt. Er scheint anzunehmen, dass wir mittlerweile bei Tag neun angekommen sind, dabei haben wir schon Tag siebzehn, und dass es möglich ist, fünfundzwanzig Kilometer auf »einem der landschaftlich reizvollsten«, aber auch »schwierigsten« Abschnitte zurückzulegen und dabei noch die Energie aufzubringen, die Wasserfälle zu bewundern. Außerdem merkt er an, dass es bei nassem und windigem Wetter »ziemlich anstrengend« werden kann. Soll das heißen, an einem heißen, sonnigen Tag ist das Ganze ein Spaziergang? Wenigstens gab es genügend Bäche, an denen wir unsere Wasserflaschen auffüllen konnten. Und in einem Punkt muss ich ihm recht geben, die Landschaft ist tatsächlich sehr reizvoll. Baumlose offene Landzungen, zerklüftete, von den Elementen geformte Felsen und eine Küstenlinie, die man vom Hartland Point bis zu einem verblassenden grauen Fleck am Horizont verfolgen kann: ein Schmugglerparadies. Die Hitze nahm stetig zu. Auf den schattenlosen Felskuppen wurde meine Gesichtshaut allmählich zu Leder, und meine Nase schälte sich bereits zum dritten Mal.

In einer schattigen Talmulde überquerten wir eine hölzerne Fußgängerbrücke und standen plötzlich vor einem Schild, das uns in Kernow – der hiesige Name für Cornwall – willkommen hieß. Wir hatten die Nordküste Devons hinter uns gelassen, nun erstreckte sich eine neue Grafschaft Richtung Westen und über den Horizont hinaus. Am Abend erreichten wir erneut ein Tal. Der Anstieg auf der anderen Seite ragte so steil vor uns auf, dass wir ohne weitere Diskussion das Zelt auf einem schmalen Grasstreifen neben einem Wasserlauf aufstellten und erst einmal ein halbstündiges Nickerchen hielten. Acht Kilometer, sechs Stücke Fudge – und der Tag war vorbei. Ich ließ Moth allein, der in seinem Rucksack kramte, und folgte dem Bach bis zu einer Stelle, wo er etwa zwei Meter in die Tiefe stürzte und dann weiter über den felsigen Abhang bis hinab ins Meer floss. Dort schälte ich mich aus meinen verschwitzten, staubigen Kleidern, kletterte zum Wasserfall hinunter und stellte mich direkt unter den eiskalten Strahl. Im Peppercombe Valley hatte ich im Meer gebadet, aber mit Süßwasser war ich seit Combe Martin – seit elf Tagen – nicht mehr in Berührung gekommen. Sand, Salz und ein äußerst strenger Geruch wurden Richtung Meer fortgewaschen. Meine Haut war rot und braun gefleckt und schälte sich, an den Armen und Wangen fühlte sie sich an wie gegerbtes Leder, und an meinen Beinen war sie rot und geschwollen. Mein Haar ähnelte dem struppigen Gras auf den Landzungen, und mein großer Zeh war nur noch halb so hoch, dafür doppelt so breit, platt gedrückt durch den starken Druck in meinem Wanderstiefel. Unter mir ragte ein zerklüfteter Felsgrat hinaus in die See und schuf ein stilles, vor der Strömung geschütztes Becken. In einem Einschnitt in der schwarzen Felslinie hing die tiefstehende Sonne, als sollte sie festgehalten und am Untergehen gehindert werden. Die Brandung schlug gegen die Klippen und rann kraftlos und müde in die Bucht dahinter. Ich vergewisserte mich, dass niemand des Weges kam, und kletterte wieder hoch zu meinen Kleidern. Während ich die steifen Lumpen überstreifte, meinte ich, die Radioübertragung eines Cricketspiels zu hören. Beim Zelt hatte es sich Moth mit einer Tasse Tee gemütlich gemacht, die Beine auf einen Felsen gelegt und hörte Radio – es war das kleine Radio, das wir meiner Meinung nach in der Scheune unseres Freundes eingelagert hatten.

»Du hast es die ganze Zeit mitgeschleppt? Wie hast du das geschafft? Es wiegt doch bestimmt so viel wie eine Packung Zucker! Nein … *warum* hast du es mitgeschleppt?«

»Damit ich mir die Cricketspiele anhören kann.«

»Okay.« Es behagte mir nicht. Das Radio passte nicht hierher, ich empfand es als Eindringling in diese Wildnis, in unsere neue Realität. »Wie steht es?«

»Noch fünf Overs. Die Lichtverhältnisse sind schlecht. Wenn das Spiel abgebrochen wird, bleibt es wahrscheinlich beim Unentschieden. Wirklich schade – wir könnten das Spiel gewinnen.«

Wir lagen neben dem Zelt im Gras und beobachteten die Möwen, die in Schwärmen über uns hinwegflogen, während England die Ashes-Serie, den aus fünf Spielen bestehenden Länderkampf gegen Australien, gewann. Dieses letzte Spiel endete jedoch unentschieden, und Jonathan Agnew, der ehemalige Cricketspieler und Sportkommentator, redete sich in Rage, der Spielabbruch sei eine »Schande«.

Es war schon beinahe dunkel, und immer mehr Möwen kamen und verständigten sich mit leisen, lang anhaltenden Rufen, nicht mit dem lauten und rauen Geschrei wie tagsüber.

»Wo sie wohl hinfliegen?«

Wir sahen zu, wie die Möwen über unsere Köpfe hinweg an den Rand des Kliffs segelten und dann hinunter in die Bucht stießen, um sich zu den Hunderten anderen zu gesellen, die im Schutz der Felsen auf dem ruhigen Wasser schwammen.

»Zu ihrem Schlafplatz, dort sind sie sicher.«

»Man fühlt sich überhaupt sicher hier. Geschützt. Wenn ich könnte, würde ich hierbleiben.« Moth hielt einen Moment inne. »Wenn es vorbei ist, könntest du mich vielleicht hierher zurückbringen, falls du möchtest.«

»Was meinst du? Wenn unsere Wanderung vorbei ist?«

»Nein. Wenn alles vorbei ist.«

Er bewegte sich neben mir, ich spürte den Luftzug auf der Haut, spürte seinen Körper in dem schwindenden Licht.

»Sollen wir schwimmen gehen?«

Das tiefe Wasser war kühl, aber einzelne flache Stellen hatten die Wärme des Tages gespeichert. Dort trieben wir im Dunkeln, und Moth schob sich zwischen die sanft schaukelnden grauen Schemen, die nahezu geräuschlos um ihn herum im Wasser dümpelten. Ihre weißen Köpfe schimmerten im Mondlicht, und gelegentlich wandten sie sie neugierig und ohne Scheu in Moths Richtung. Während wir in dem salzigen Wasser schwebten, fiel alles Schwere von uns ab. Es gab nur noch das Wasser, den Mond und die leise raunenden Silhouetten, mit denen wir das Meer teilten.

Im Blau der beginnenden Nacht begaben sich die Möwen zur Ruhe, und uns trieb die feuchte Kühle ins Zelt. Es wird niemals vorbei sein. Mit uns wird es nie vorbei sein.

TEIL 3

DIE PERFEKTE WELLE

Das Schicksal wird retten
den tatkräft'gen Mann, der zum Tod nicht bestimmt.

Beowulf

9 WARUM?

Der Pfarrer Robert Stephen Hawker hatte sich eine Hütte aus Treibholz gebaut, die sich in die Steilküste unterhalb von Morwenstow schmiegte. Heute ist sie das kleinste Bauwerk im Besitz des National Trust. Hawker war ein gottesfürchtiger Mann aus Cornwall, der diesen Landstrich und dessen Bewohner liebte. In einem seiner vielen Gedichte zitiert er ein altes kornisches Sprichwort: »Zwanzigtausend Mann aus Cornwall werden schon wissen, warum!« Ich wusste nicht, aus welchem Grund die Männer in seinem Gedicht Bischof Trelawny befreien wollten, aber allmählich begriff ich, warum sie dieses Stück Land so sehr liebten, und was Hawker dazu trieb, seine Hütte ausgerechnet an dieser exponierten Stelle zu errichten. Denn wenn er umgeben vom Duft des Ginsters im Schutz seiner Holzhütte saß, zwischen den Felsen, dem Meer und dem Himmel, waren seine Gedanken frei. Und zwar so frei, dass er in seiner Zeit als Pfarrer von Morwenstow farbenfroh gekleidet mit purpurrotem Gehrock, rosa Hut und gelbem Umhang durch die Straßen und über die Klippen wandelte. Zumindest in puncto Kleidung hatten wir den schlechten Geschmack miteinander gemein gehabt. Ich hätte ihn gern kennengelernt. Er hat viele schiffbrüchige Matrosen gerettet und die Toten in seinem Kirchhof christlich bestattet. Da erschien es uns passend, dass wir in seiner Hütte Schutz vor der sengenden Hitze fanden, wir, die wir im Leben Schiffbruch erlitten hatten, zum Strandgut des Lebens geworden waren.

Sicher hätte er uns auch mit etwas zu essen versorgt. Es war bereits der zweite Tag unserer Fudge-Diät, und sie bekam uns nicht. Kopfschmerzen, Schwindel und Hunger waren unsere ständigen Begleiter. Wir hätten einen Umweg zu einem Café in Morwenstow machen können, aber dabei hätten wir nur Geld ausgegeben, das wir eigentlich nicht hatten, und wenn man einmal mit einer Diät angefangen hat, ist es besser, man bleibt dabei. Außerdem würden wir ja bald nach Bude kommen.

Knapp zwei Kilometer weiter sahen wir ein, wie dumm wir gewesen waren. An diesem Punkt hätten wir zurückgehen und unsere Wasserflaschen auffüllen sollen, doch wir brachten es nicht über uns, den ganzen Weg noch einmal auf uns zu nehmen, und wanderten weiter. In dem offenen Gelände auf den Klippen war es unerträglich heiß, nicht nur die verbrannte Erde strahlte Hitze ab, auch das Meer reflektierte sie. Kein Windhauch, nur ein heißer, staubiger, schweißtreibender, erstickender Dunst. Dann tranken wir den letzten Tropfen Wasser. Die Hitze lastete schwer auf uns; es nötigte uns jedes Quäntchen Willenskraft ab, auf den Beinen und in Bewegung zu bleiben. Wo Bäche hätten fließen sollen, gab es nur rissige, vertrocknete Bachbetten. Der Durst überlagerte den Hunger, wir lechzten geradezu nach Wasser. Wir brauchten es, und wir brauchten es jetzt.

Wie hatten wir nur so dumm sein können!

Wie dumm zu glauben, dass wir diesen Weg gehen könnten, wie dumm, nicht genügend Geld zu haben, so zu tun, als wären wir nicht obdachlos, das Gerichtsverfahren vermasselt zu haben, zuzulassen, dass unsere Kinder ihr Zuhause verloren, so zu tun, als wären wir nicht dem Tod geweiht, und wie furchtbar dumm, nicht ausreichend Wasser mitgenommen zu haben.

Wie hatten wir nur so unglaublich dumm sein können!

Wir schrien, weinten, schleuderten voller Zorn die leere Wasserflasche von uns. Waren wütend über uns selbst, darüber, dass wir die falsche Entscheidung getroffen hatten, wütend über all unsere falschen Entscheidungen. Sterben – dann tu's doch und stirb jetzt. Aber zieh mich nicht mit in dein Sterben hinein. Wenn du mich schon verlassen musst, dann tu es gleich und verurteile mich nicht dazu, jahrelang von dir Abschied nehmen zu müssen, dir machtlos beim Sterben zusehen und darauf warten zu müssen, dass mir eine eiskalte Klinge das Herz herausschneidet, mich in Stücke zerfetzt, mich ausgeweidet, wie ausgespien, kaputt zurücklässt. Wenn du schon gehen musst, dann geh einfach, bring's hinter dich. Ich kann mich nicht verabschieden, ich kann nicht ohne dich leben. Du darfst mich nicht verlassen. Geh doch. Ich bin schon tot. Ich bin gestorben, als du zugelassen hast, dass dieser Teufel uns das Zuhause genommen und unsere Kinder heimatlos gemacht hat. Ja, Tod, komm und rette mich, rette mich vor dir, bewahre mich davor, noch einmal sagen zu müssen, dass alles gut wird. Wir spuckten Worte voller Schmerz, Selbstmitleid und Hass aus, gegen die Richter, die Ärzte, die falschen Freunde und gegen uns selbst. Das bohrende, verzweifelte Bedürfnis nach Wasser übernahm die Kontrolle, ließ uns den Schmerz in unseren Gelenken vergessen, unsere übel zugerichteten, blasenbedeckten Füße, unsere sonnenverbrannte, zerkratzte und mit blauen Flecken übersäte Haut. Nichts hatte mehr Bedeutung, wir brauchten Wasser, und wir brauchten es jetzt.

Moth ließ seinen Rucksack fallen.

»Wir müssen nach Duckpool gehen.«

»Warum, warum, warum *müssen* wir nach Duckpool gehen?«

»Weil dort auf der Karte eine dickere blaue Linie eingezeichnet ist, also ist der Bach vielleicht nicht ausgetrocknet. Und falls doch, gibt es achthundert Meter weiter landeinwärts ein paar Häuser. Da bekommen wir bestimmt Wasser.«

Ich hasste ihn dafür, dass er sich besser aufs Kartenlesen verstand als ich, und dass er immer so verdammt recht hatte.

»Und Paddy schreibt, dass es dort Toiletten gibt.«

Steeple Point tauchte aus der flirrenden Hitze auf und verschwand dann wieder. Wir setzten uns ins heiße Gras. Unsere Beine waren müde, und eine leichte Übelkeit erfasste uns, nicht nur wegen der Erschöpfung, sondern auch wegen des Ausblicks. Der Pfad verlief direkt am Abgrund entlang und brach dann plötzlich ab. Er musste irgendwo weitergehen, aber wir würden in jedem Fall einen nahezu senkrechten Hang hinunterklettern müssen.

Wie auf einem Drahtseil tasteten wir uns langsam bis zur Spitze der Landzunge voran, um uns nur Luft, Wind und Möwen; dort angekommen führte der Weg linker Hand jäh ein Steilufer hinab. Vorsichtig und mit Bedacht setzten wir einen Fuß vor den anderen, klammerten uns an Grasbüscheln fest, während sich unter unseren Füßen Steine lösten. Es dauerte eine Ewigkeit, bis wir mit zitternden Oberschenkeln, schmerzenden Knien und zerquetschten Zehen unten ankamen.

Die Toiletten waren verschlossen, und der Bach war ausgetrocknet. Mist, Mist, Mist.

Wir warfen die Rucksäcke auf den Boden und verschmolzen mit dem staubigen Untergrund.

***

»Ich wette, Sie mögen ein Eis.«

Die heisere Stimme schwebte über uns wie eine Wolke aufdringlicher Fliegen. Wir beachteten sie nicht.

»Es gibt hier kein Wasser mehr, aber Sie können ein Eis haben.«

Moth nahm seine ganze Kraft zusammen und antwortete.

»Na klar, Kumpel, natürlich können wir das. Und wo soll das Eis sein? Ich sehe keins.«

Wir blieben flach ausgestreckt auf dem Rücken liegen, die Augen geschlossen, unfähig, uns zu rühren.

»In dem Eiswagen an der Straße.«

Langsam rappelten wir uns auf. Ein Stück den Weg entlang stand tatsächlich ein Eiswagen; es gab weder Schilder noch eine Glocke, nur einen Mann, der Eiscreme aus dem Wagen heraus verkaufte.

»Das Einzige, was ich noch habe, ist Rhabarber-Eis am Stiel.«

Wir kauften vier Stück und bedankten uns.

»Wo wollen Sie denn eigentlich hin, so schwer bepackt in dieser Hitze? Wir hatten hier achtunddreißig Grad, jetzt ist es ein bisschen kühler geworden, nur noch vierunddreißig.«

»Wir sind in Minehead gestartet. Wir wollen nach Land's End, vielleicht auch weiter.« Achtunddreißig Grad?

»Sieh an, sieh an.« Er zögerte, blinzelte in die Sonne und musterte Moth von Kopf bis Fuß. »Haben Sie schon einen Platz zum Übernachten?«

»Nein, wir zelten. Bis nach Bude werden wir es wohl nicht schaffen, also irgendwo zwischen hier und Bude.«

»Wirklich? Ich wohne zwanzig Minuten von hier entfernt in einem Bauernhaus. Sie können Ihr Zelt gern im Obstgarten aufstellen.«

Wir saßen auf der Rückbank von Grants schnittigem Allradfahrzeug, während er zwischen hohen, Schatten spendenden Hecken landeinwärts fuhr. Er war Mitte vierzig, ein großer, hagerer Mann mit leuchtend roter Glatze und dürren, rot verbrannten Beinen, die in weißen Socken und Sandalen steckten. Er erklärte uns, er bewohne das Bauernhaus mit seiner Frau und einigen Angestellten. Vor allem schien ihn zu interessieren, was für Menschen wir auf dem Küstenpfad begegnet waren und ob man sich uns gegenüber gastfreundlich gezeigt hatte.

»Wir haben Unmengen von Lasagne, das reicht für alle. Trinken wir ein paar Bier zusammen, und vielleicht erzählen Sie mir dann ein bisschen mehr über das, was Sie wirklich machen.« Wir hörten nur Lasagne und Bier. Plötzlich fühlten sich unsere Beine nicht mehr ganz so schwer an.

Das malerische Steinhaus stand inmitten eines Obstgartens mit einem murmelnden Bächlein, eine kühle grüne Oase. Wir stellten das Zelt auf der ebenen, kurzgemähten Wiese unter den Apfelbäumen auf.

»Kommen Sie rein, Sie können gern duschen. Ich mach Ihnen schon mal ein Bier auf.«

Als ich das alte, wunderbar kühle Haus betrat, spürte ich eine Beklemmung in der Brust. Dicke Mauern, niedrige Decken mit dunklen Holzbalken, Kaminfeuer: Es war, als wäre ich in mein eigenes Heim zurückgekehrt. Schnell an was anderes denken. Es erforderte eine beinahe körperliche Anstrengung, das Gefühl des Verlusts wieder tief in mir drin zu verstauen.

»Zur Dusche im Anbau geht's hier durch. Danach stelle ich Ihnen meine Mädels vor.«

Ich trank bestimmt mehr als einen Liter direkt aus dem Hahn; dann stand ich mit geöffnetem Mund unter der Dusche. Eine braune Soße rann aus meinem Haar, als ich es mehrmals mit teurem Shampoo wusch und zum ersten Mal seit Wochen Pflegespülung draufkleisterte. Allerdings war das Resultat eher bescheiden; der große Spiegel über dem Waschbecken zeigte immer noch eine ziemlich mitgenommene Erscheinung.

In der Küche begrüßten uns drei bildhübsche junge Frauen, und plötzlich wurde mir schmerzlich bewusst, dass ich nicht nur mein Heim verloren hatte. Ich gab einer beeindruckend hochgewachsenen Frau mit lockigen Haaren die Hand: der Ehefrau; dann einer Praktikantin mit akkurat geschnittenem Bob und elfenbeinfarbener Haut, und schließlich Grants elfengleicher, ätherisch wirkender, weißblonden persönlichen Assistentin. Wie ich so vor ihnen auf dem kalten Schieferboden stand, war ich jeder Zoll eine ungepflegte Fünfzigjährige mit struppigem Haar und einem Gesicht in der Farbe von gekochtem Hummer. Grant saß am Tisch, immer noch in seinen weißen Socken, und öffnete eine Bierflasche nach der anderen. Was machten diese jungen Schönheiten hier? Er fing meinen Blick auf, hob die Augenbrauen und schenkte weiter Bier ein.

Die Assistentin nahm Moth am Arm, führte ihn an den Tisch und lud ihm eine riesige Portion Lasagne auf den Teller. Ich trank mein Bier. Eigentlich mag ich kein Bier, aber es war das beste, das ich je getrunken hatte. Dann spülte ich mit einem Krug Eiswasser nach, während Moth bereits bei seinem dritten Bier angelangt war. Hungrig schaufelte ich die Lasagne in mich hinein, dazu einen Berg Salat und die Hälfte des Knoblauchbrots, während die anderen redeten, und ließ mir nur zu gern einen Nachschlag geben. Das blonde Haar der Assistentin streifte Moth, als sie ihre Hände über seine Schultern gleiten ließ und ihm den Rücken zu massieren begann.

»Ich war Sporttherapeutin, bevor mich Grant abgeworben hat. Hätten Sie gern eine Massage? Mir ist aufgefallen, dass Ihre Schultern sehr verspannt sind.«

In null Komma nichts lag Moth auf dem Sofa im Nebenzimmer, während ich mich weiter meiner Lasagne widmete.

»Erzählen Sie mir doch ein bisschen von sich, Grant.« Er strahlte irgendwie etwas Besonderes aus, und bald erfuhr ich auch, was es war. Er setzte zu einer langen Geschichte an, wie er als Teenager seine Heimat verlassen hatte und mit dem

Rucksack kreuz und quer durch Europa gezogen war. Nur mit Brot und einem Stück Käse in der Tasche schlug er sich irgendwie durch, bis er schließlich in Italien landete; dort fand er Arbeit auf einem Weingut und blieb einige Jahre. Er schlief in der Scheune oder draußen unter dem Sternenhimmel und lernte alles Wissenswerte über Wein. Irgendwann kehrte er nach Hause zurück und begann die Weine zu importieren, die er auf seinen Reisen kennengelernt hatte. In einem ehemaligen Lagerhaus zog er einen Weinhandel auf, der ihn zum Multimillionär machte und all die schönen Frauen anlockte, die nun zu seinem Haushalt gehörten. Natürlich waren sie wegen der Qualität seines Weinkellers hier.

Seine Frau stand auf.

»Glauben Sie ihm nichts. Er hat in Abendkursen Weinbau studiert, und sein Vater hat ihm einen Job bei einem befreundeten Händler verschafft.«

Grant verdrehte die Augen, als sie das Zimmer verließ.

»Wenn ich mich zur Ruhe setze, möchte ich schreiben. Ich glaube, ich wäre ein guter Schriftsteller. Ist doch eine super Story, oder? Ich könnte mir vorstellen, dass Moth, wenn das sein Name auf dieser Reise hier ist, dafür Verwendung hätte. Es wäre doch wunderbares Material für ihn, meinen Sie nicht auch?«

Ich dachte über Grants Geschichte nach, und warum er sie uns unbedingt mitteilen wollte. Wer eine Geschichte erzählen will, muss zuerst einmal sich selbst überzeugen, dann kaufen sie einem auch andere ab. Grant wäre gern so gewesen wie der, den er erschaffen hatte: jemand, der den Widrigkeiten des Lebens die Stirn geboten und aus eigener Kraft sein

Glück gemacht hatte. Nicht der Sohn eines reichen Vaters mit Beziehungen. Moths und meine Geschichte war aus reinem Selbstschutz geboren worden. In der öffentlichen Wahrnehmung wird Obdachlosigkeit automatisch mit Alkohol- und Drogenabhängigkeit und psychischen Problemen in Verbindung gebracht und ruft Ängste hervor.

Die ersten Male hatten wir auf die Frage, weshalb wir Zeit für eine so lange Wanderung hatten, wahrheitsgemäß geantwortet: »Weil wir obdachlos sind. Wir haben unser Haus verloren, aber es war nicht unsere Schuld. Wir gehen einfach, wohin der Weg uns führt.« Daraufhin waren die Menschen zurückgezuckt und hatten so scharf die Luft eingesogen, dass es sogar den Wind übertönte. Jedes Mal war die Unterhaltung abrupt zu Ende, und unsere Gesprächspartner suchten das Weite. Also hatten wir uns eine Lüge zurechtgelegt, die das Ganze angenehmer machte. Für uns und für die anderen. Wir hätten unser Haus verkauft und würden nun, in der Lebensmitte, noch einmal das Abenteuer suchen, dorthin gehen, wohin der Wind uns wehte – im Moment westwärts. Und was hätten wir nach der Wanderung auf dem Küstenpfad vor? »Das wissen wir noch nicht, schauen wir mal, was sich so ergibt.« Das rief bewundernde Reaktionen wie »wow, genial, inspirierend« hervor. Was war der Unterschied zwischen den beiden Versionen? Nur ein einziges Wort, aber das war ausschlaggebend: »verkauft«. Wir konnten obdachlos sein, weil wir unser Haus verkauft und das Geld zur Bank gebracht hatten, dann waren wir inspirierend. Oder wir konnten obdachlos sein, weil wir unser Haus verloren hatten und mittellos geworden waren, dann waren wir gesellschaftlich geächtet. Wir wählten lieber die erste Variante. So war es einfacher, eine kurze Unterhaltung im Vorbeigehen zu führen. Leichter für die anderen, leichter für uns.

Je häufiger wir diese Lüge wiederholten, desto mehr wich unsere Trauer. Wenn wir uns selbst lange genug belogen, würde die Trauer dann verblassen, bis wir irgendwann ohne Schmerz an das denken konnten, was wir verloren hatten? Vielleicht ging ich ja mit Moths Krankheit genauso um, oder glaubte ich tatsächlich, dass der Arzt sich geirrt hatte? Schwer zu sagen. Die Wanderung führte nicht wie erwartet dazu, dass wir unsere Gedanken ordneten und Pläne schmiedeten, sondern war zu etwas Meditativem geworden; da war eine geistige Leere, angefüllt mit dem salzigen Wind, mit Staub und Licht. Jeder Schritt hatte seinen eigenen Nachhall, seinen Moment der Kraft oder des Versagens. Dieser Schritt, und der nächste und der nächste und wieder der nächste, war ein Grund weiterzumachen, war eine Verheißung auf eine Zukunft. Jedes Tal, aus dem wir wieder aufstiegen, war ein Sieg, jeder Tag, den wir überstanden hatten, ein Grund, auch noch den kommenden zu überstehen. Mit jedem Atemzug verpasste die salzige Luft unseren Erinnerungen eine Art Peeling, glättete die Kanten, machte sie mürbe.

»Moth ist sein richtiger Name, aber er ist kein Schriftsteller.«

»Okay, wir verraten nichts, nehmen Sie doch noch ein bisschen Lasagne.«

Während ich weiteraß, schenkte mir Grant ein Glas Rotwein ein; das satte Rubinrot wirbelte im Glas, allein schon das Aroma benebelte mich.

Erst als ich das Glas fast geleert hatte, fiel mir auf, dass wir allein waren. Grant und ich gingen in den Nebenraum; Moth lag mit nacktem Oberkörper auf dem Sofa, während die Assistentin seinen Rücken massierte und die Praktikantin seine Füße mit Öl einrieb. Die Ehefrau saß auf einem Stuhl, schaute die Fotos auf ihrer Digitalkamera durch und machte dann noch mehr Aufnahmen von der Szene.

»Mädels, ihr haltet meinen Gast von mir fern! Ich möchte seine Geschichten hören, oder vielleicht gibt er vor dem Zubettgehen noch ein Gedicht zum Besten?«

Auch wenn ich von meinen zwei Gläsern Wein ein bisschen beschwipst war, wusste ich, dass es mehr als eine Massage brauchte, um Moth ein Gedicht zu entlocken. Er setzte sich auf und zog sein T-Shirt wieder an.

»Ein Gedicht? Wie, Sie meinen, von mir?«

»Nun zieren Sie sich doch nicht so, wir wissen alle Bescheid. Und ich habe jetzt auch noch ein paar tolle Fotos, um die Story zu belegen.«

»Ich verstehe nicht ganz.«

»Machen Sie sich keine Gedanken, kommen Sie und trinken Sie ein Glas Wein und erzählen Sie uns von sich. Zunächst mal: Ihr Name ist nicht Moth, oder?«

»Natürlich heiße ich so.«

»Wirklich brillant, aber wir werden Sie Simon nennen.«

»Nennen Sie mich, wie Sie wollen, Kumpel, wir sind Ihnen einfach nur dankbar für Ihre Gastfreundschaft.«

»Und Sie haben nichts dagegen, dass ich die Fotos verwende? Es wäre eine hübsche Werbung.«

»Hübsch? Ich weiß zwar nicht, wie ein ungepflegter alter Zausel auf einem Sofa Werbung für eine Weinfirma sein soll, aber machen Sie ruhig.«

»Also, wann treten Sie das nächste Mal auf?«

Das dritte Glas Wein ließ mich alles nur noch verschwommen wahrnehmen. Mein Kopf sank schläfrig Richtung Tisch. Moth war bei seinem zweiten Glas angelangt, und ich merkte, dass er ebenso wenig Ahnung hatte wie ich, worauf Grant hinauswollte.

»Bude. Wir werden morgen in Bude sein und wollen dann nach Boscastle … Ich kann mich nicht erinnern, was danach kommt.«

»Werden Sie auch im Minack dabei sein?«

»Im Minack? Wo ist das?«

Sie wechselten Blicke, lachten und klopften Moth auf den Rücken.

»O Simon, Sie sind wirklich witzig. Kommen Sie schon, schenken Sie uns vor dem Zubettgehen noch ein Gedicht.«

»Also, ich kenne da eines, das mein Dad immer auf der Baustelle vorgetragen hat.« Moth holte tief Luft und lehnte sich in seinem Stuhl zurück.

»Auf brennendem Deck der Knabe stand,
Nur noch die Ziege war da …«

Ich hatte die Parodie dieses alten Gedichts schon so oft gehört; ich musste dringend ins Bett.

»Sie sind ein Mordstyp. Das wird eine tolle Story.«

Auf dem flachen, weichen Untergrund unter den Apfelbäumen im Obstgarten war ich innerhalb von Sekunden eingeschlafen. Wir wachten erst auf, als Äpfel auf unser Zelt fielen und Grant rief, in der Küche würden Schinkensandwiches auf uns warten.

Nachdem jeder noch ein Selfie mit Moth gemacht hatte, wir uns an Schinkensandwiches satt gegessen und reichlich Äpfel und Wasser eingepackt hatten, brachte uns Grant zum Küstenpfad zurück.

»Also, Simon, was genau ist da im Nebenzimmer abgelaufen?«

»Nein, tut mir leid, was im Obstgarten passiert ist, bleibt im Obstgarten. Interessanter ist doch: Wer ist eigentlich dieser Simon? Mir ist zwar der Wein ganz schön zu Kopf gestiegen, aber trotzdem, das war schon merkwürdig.«

»›Was im Obstgarten passiert ist …‹? So leicht kommst du mir nicht dav…!«

»Und ausgerechnet ein Dichter. Meinst du, es liegt am Hut? Damit sehe ich ein bisschen aus wie mein irischer Großvater, vielleicht wirke ich ja wie ein irischer Wanderpoet. Die Mädchen meinten, ich hätte die Hände eines Künstlers.«

»Die Mädchen haben *was* …?«

»Und sie wollten, dass ich ihren Freunden etwas vorlese, wenn sie wieder zurück in London sind.«

»Wieso, sind das Analphabeten?«

»Nein, dass ich Gedichte lese.«

»Du hast noch nie Gedichte vorgetragen, es sei denn, du zählst den *Beowulf* oder das Gedicht mit der Ziege von deinem Vater dazu.«

»Ich hatte schon immer eine poetische Ader.«

»Nein, hast du nicht. Ha, so haben sie es also genannt, eine poetische Ader?«

»Du denkst doch immer nur an das Eine. Das zwischen mir und den Mädels lief auf einer sehr viel höheren Ebene ab.«

»Mach mal halblang, Byron, oder soll ich dich jetzt Simon nennen?«

»Dein Spott ficht mich nicht an, wir Dichter wurden schon immer missverstanden.«

»Blödsinn.«

***

Paddy Dillon braucht für den Weg von Hartland Quay nach Bude – einen der abgelegensten und schwierigsten Abschnitte des gesamten Küstenpfades – nur einen Tag. Wir brauchten drei. Aber auch das standen wir durch, genauso wie wir all den Schmerz durchstanden, der uns auf den Pfad getrieben hatte und der wie ein riesiger Brocken auf uns lastete. Dinge, von denen wir geglaubt hatten, sie niemals ertragen zu können, verloren ihre scharfen Kanten, wurden im Verlauf der Wanderung zu runden Kieselsteinen geschliffen. Wir schleppten immer noch eine schwere Bürde mit uns herum, aber sie zu tragen wurde weniger schmerzhaft.

Das Aufstehen am Morgen wurde allerdings nicht leichter. Immer noch quälte ich mich mühsam aus dem Zelt. Meine Knöchel knackten, sie fühlten sich heiß an und knirschten, als würden die Knochen gegeneinander reiben und sich dabei abnutzen. Meine Hüfte schmerzte, bis ich den Rucksack aufgesetzt und einige Kilometer gegangen war, und an meinen großen Zeh wollte ich lieber gar nicht erst denken. Vielleicht lag es an der Lasagne oder am Rotwein oder an der Massage oder an der Vorfreude auf das Schinkensandwich, jedenfalls hatte Moth heute Morgen das Zelt ohne Hilfe verlassen. Er hatte stark abgenommen, war nicht mehr nur schlank, sondern regelrecht mager geworden. Bewegte er sich tatsächlich ein wenig müheloser, oder bildete ich es mir nur ein, weil ich auf ein Wunder hoffte?

Der Pfad führte uns hinab nach Bude. Dort würden wir Geld abheben können, und es gab einen günstigen Supermarkt, in dem wir uns für eine Woche eindecken konnten; eine Stunde Wanderung war wie im Flug vergangen, weil wir gedanklich schon in frischem Brot und Obst geschwelgt hatten. Bude ist ein ruhiges Städtchen ohne die hektische Betriebsamkeit von Ilfracombe. Wir folgten dem Pfad, der am Stadtrand entlangführte, und machten einen Umweg zum Geldautomaten. Ich steckte die Karte hinein und erwartete den üblichen Geldbetrag auf dem Konto, doch plötzlich krampfte sich mein Magen zusammen. Elf Pfund. Wieso hatten wir nur elf Pfund?

»Was machen wir jetzt, wo ist das Geld hin?«

»Mist, Mist, Mist.«

Ich akzeptierte die zehn Pfund, die mir der Automat anbot, und hielt meine Hand vor die Geldausgabe, in der verzweifelten Hoffnung, dass es sich der Automat vielleicht noch einmal anders überlegte.

Wir standen in der Bank und ließen uns von einem Angestellten aufklären, dass zwar die übliche Geldsumme eingegangen, jedoch eine Lastschrift eingezogen worden sei. Wie hatten wir nur vergessen können, den Vertrag zu kündigen?

»Aber es handelt sich um eine Einzugsermächtigung für die Versicherung einer Immobilie, die uns nicht mehr gehört. Können Sie uns das Geld nicht zurückerstatten?«, beknieten wir ihn. Wir wussten, es war hoffnungslos, aber wir mussten es zumindest versuchen.

»Es tut mir leid, aber das müssen Sie mit Ihrer Versicherung klären.« Mist, Mist, Mist. Wie hatten wir das nur vergessen können? »Können Sie sich an den Vertrag erinnern? Vielleicht bekommen Sie ja Ihr Geld zurück?«

Wir konnten es nicht, und selbst wenn die Versicherung das Geld zurückerstatten würde, würde das Wochen dauern. Mist. »Kann ich bitte noch das eine Pfund abheben?«

Hätten wir doch nur die letzten Möbelstücke verkauft, statt sie in der Scheune eines Freundes zu lagern. Für den Kiefernholzschrank, den wir für unser erstes Haus auf einer Auktion ersteigert hatten, hätten wir noch ein paar Pfund bekommen. Oder für den Küchentisch, der ein zentraler Bestandteil unseres Familienlebens gewesen war, auf dem Rowan als Baby geschlafen hatte, weil sie sonst nirgendwo schlafen wollte, und an dem die bereits erwachsenen Kinder ihre letzte Mahlzeit gegessen hatten, bevor sie auszogen. Hier hatten wir Pläne für unsere Zukunft geschmiedet und uns den Kopf zermartert, als sie uns entglitten war. Wir hätten ihn verkaufen können. Oder Dads Stuhl, oder die Gemälde von Moths Familie. Aber wir hatten es nicht geschafft loszulassen.

»Was zum Teufel machen wir jetzt?« Ich saß auf dem Mäuerchen vor der Bank und konnte die Tränen nicht länger zurückhalten.

»Wir sind verloren. Kein Geld, kein Essen, kein Zuhause. Du musst essen, du bist krank, verdammt noch mal. Warum habe ich das Gerichtsverfahren versemmelt? So ein Fehler sollte einem erwachsenen Menschen nicht unterlaufen. Und jetzt habe ich dich auch noch hierher geschleift, obwohl du irgendwo im Warmen sein und dich ausruhen solltest, statt einen schweren Rucksack herumzuschleppen und am Rand der Gesellschaft zu leben. Und wo soll das eigentlich hinführen? Was kommt dann? Verdammt noch mal, was dann?« Ich konnte nicht aufhören, konnte es nicht mehr unterdrücken. Ich heulte Rotz und Wasser. »Und diese Frauen, sie waren so jung und so schön. So habe ich früher auch ausgesehen, du hast mich einmal begehrt. Ich mache dir keine Vorwürfe, wirklich nicht, ich bin alt und fett und hässlich. Ich bin dir nicht böse, es wurde dir schließlich auf dem Silbertablett serviert, aber warum willst du mich nicht mehr?« Mein ganzer Körper bebte, ich badete in Selbstmitleid.

Moth schlang die Arme um mich und hielt mich fest, so, wie es immer gewesen war.

»Weißt du, was in dem Zimmer passiert ist? Ich habe die beste Massage meines Lebens bekommen, und sie haben mir von ihrem tollen Leben mit Grant erzählt – sie reisen viel, um Weine einzukaufen, feiern Partys, und es fehlt ihnen an nichts. Sie haben die Fotos gemacht, um sie in den sozialen Medien der Firma zu posten. Keine Ahnung, was ihnen das bringen wird, aber das kann uns egal sein. Ich wollte dich vorhin nur ein bisschen aufziehen, es war witzig, wie du getan hast, als würde es dir nichts ausmachen.«

»Du Mistkerl.«

»Und ich will dich immer noch, es ist nur so, dass ich nicht mehr derselbe bin wie früher. Vielleicht wird es wieder anders, wenn es mir besser geht.«

»Das glaube ich nicht. Dann bin ich immer noch fett und hässlich.«

»Du hast sogar ein bisschen abgenommen, und hässlich warst du nie.«

»Wir müssen die ganze Woche Nudeln essen.«

»Ich weiß, wir werden es schon irgendwie überstehen. Wenn wir Duckpool überstanden haben, können wir alles überstehen. Aber wir müssen aufpassen, dass uns das Wasser nicht noch einmal ausgeht.«

Wir verließen Bude mit ausreichend Zwanzig-Cent-Packungen Nudeln für eine ganze Woche und reichlich Wasser. Der Weg aus diesem schicken Ferienort führte an einem Tennisclub für Seniorinnen vorbei, später an seltsamen Felsformationen und dem Turm auf der Landzunge. Auf einmal hatten wir das Gefühl, meilenweit von der Zivilisation entfernt zu sein. Ohne Geld waren wir in eine ganz eigene Welt vorgedrungen. Es war schon beinahe dunkel, als wir einen Platz für unser Zelt in einem Feld voller Disteln fanden. Wir aßen Nudeln und legten uns schlafen.

10 GRÜN/BLAU

Als wir auf dem gemächlichen Weg von Bude nach Widemouth Sand dahinwanderten, tauchte zwischen Ginster und Disteln auf einmal ein kleiner Stand auf, der eine Auswahl an Büchern für zehn Pence das Stück feilbot. Wir hatten als Lektüre nur den *Beowulf* dabei, und die Versuchung war zu groß. Zwischen kitschigen Taschenbuchromanen fischte Moth eine gebundene Ausgabe von *Robinson Crusoe* heraus. Wir warfen ein paar Pennymünzen und einen Kieselstein in die Vertrauenskasse und machten uns auf den Weg hinunter zum Strand, wo es von Surfern und Sandburgen wimmelte.

Wie wir herausgefunden hatten, bekam man heißes Wasser in Cafés meist kostenlos, und so standen wir einen Augenblick in einem blitzsauberen, klimatisierten Café und bestellten zwei Tassen heißes Wasser, die wir mit nach draußen nahmen, um unsere Teebeutel darin zu versenken. Während wir die Abbuchung für die Versicherung rückgängig machten und die Einzugsermächtigung widerriefen, wobei wir unser Handyguthaben komplett aufbrauchten, sahen wir den Familien am Strand zu.

Aus einiger Entfernung näherte sich eine Gruppe. Es gibt Wanderer, die gehen einfach spazieren, andere schleppen sich dahin, und wieder andere schreiten zielstrebig aus, aber die hier marschierten. Sie trugen die übliche Outdoor-Wanderuniform: schnell trocknende Hose mit praktischen Taschen, noch schneller trocknende T-Shirts und breitkrempige Buschhüte. Ihre Rucksäcke waren ultraleicht, aber groß genug für Backpacker. Die vier ernsthaften Wanderer setzten sich an den Nebentisch, zückten sofort Geldbündel und stellten sich um Getränke an.

»Beeil dich, John, du brauchst zu lange.«

Es erschien uns als Akt der Höflichkeit, unsere Langstrecken-Wanderkollegen anzusprechen, auch wenn sie offensichtlich einen engen Zeitplan hatten. Moth ließ seinen Stuhl zurückkippen, sodass dieser nur noch auf zwei Beinen stand.

»Hallo Leute, geht ihr den Coast Path?«

»Ja.«

»Toll. Die ganze Strecke? Ihr kommt anscheinend aus der Richtung von Poole.«

»Nein und ja.« Sie hielten den Blick auf den Tisch gerichtet.

»Beeil dich, John, wir müssen weiter.«

Doch so leicht ließ Moth sich nicht abwimmeln.

»Ihr reist also mit leichtem Gepäck. Ich wette, ihr legt am Tag so einige Kilometer zurück, oder?«

»Ja.« Sie knickten ein. »Von Padstow nach Hartland Quay in drei Tagen.«

»Wow. Und wo soll es heute hingehen?«

»Hartland Quay.« Er warf einen verstohlenen Blick auf unsere Rucksäcke und mein schmutziges, löchriges Kleid. »Und ihr macht einen Tagesausflug?«

Moth war sichtlich bemüht, ein selbstzufriedenes Grinsen zu unterdrücken.

»Nein, wir kommen von Minehead.«

»Mit dem Bus?«

»Nein, auf dem Coast Path, wir campen wild. Wollen runter nach Land's End.«

Der Älteste von ihnen drehte sich sichtlich genervt zu uns um.

»Bei solchem Wetter wie jetzt ist das ja alles schön und gut, aber was macht ihr, wenn das Wetter umschlägt? Das ist ziemlich leichtsinnig.«

»Eine Jacke anziehen.«

»John, das dauert zu lange. Packen wir's.«

Wir sahen ihnen nach, wie sie mit gesenkten Köpfen und im Gleichschritt über die Landzunge marschierten. Als wir aufstanden, um zu gehen, war Moth ein gutes Stück größer geworden; mit gestrafften Schultern hielt er mir meinen Rucksack entgegen, damit ich ihn aufsetzen konnte.

»Weißt du, wir laufen nicht vor irgendwas davon und wir verstecken uns auch nicht. Wir sollten stolz auf das sein, was wir hier machen. Komm, lass uns weitergehen.«

»Okay.«

Nach ungefähr drei Kilometern fiel uns auf, dass ich meine Fleecejacke liegen gelassen hatte und wir zurückmussten, in der Hoffnung, dass niemand sie mitgenommen hatte. Der Mann hinter dem Tresen reichte sie mir.

»Die Kellnerin hat sie aufgehoben und gesagt, sie gehöre den alten Backpackern. Wir finden das großartig, was Sie da machen. Viel Glück.«

Strahlend gingen wir weiter. Wir waren nicht nur hier, weil wir kein Zuhause mehr hatten, wir waren dabei, etwas zu vollbringen. Auch wenn wir alt waren.

***

Hinter Widemouth, von den Einheimischen »Widmuth« ausgesprochen, versetzte uns der Weg in eine Trance, bevor er nur noch mühsam wurde. Blickte man nach vorn, zog er sich über eine endlose Abfolge von Landzungen dahin und verlor sich in einer blau-grünen Unendlichkeit. Blau – grün – blau – grün. Oder als Variation grün – blau – grün – blau – blau – blau – grün – grün – blau. Er stieg in Wellen auf und ab, auf, auf, ab, ab, steil auf, richtig steil auf, richtig, richtig steil auf. Ab, ab, grün, blau, grün, auf. Zelt aufbauen, Nudeln, schlafen, Nudeln, Zelt abbauen, ins Farnkraut hocken, laufen. Grün, blau, auf, grün, ab.

Im malerischen Crackington Haven trödelten wir herum und beobachteten zwei Frauen, die sich um halb elf Uhr morgens einen Cream Tea gönnten. Als sie die letzten Krümel ihrer Scones verdrückt und sich den letzten Rest der klebrigen Erdbeermarmelade von den Lippen geleckt hatten, zogen wir weiter. Ich arbeitete in Gedanken an einem Businessplan, wie man mithilfe von virtuellem Essen abnehmen konnte. Auf, auf, ab, grün, blau, blau, grün.

Um fünf vor fünf erreichten wir Boscastle und hätten es fast noch rechtzeitig in einen Outdoorladen geschafft, um neue Schnürsenkel zu kaufen, aber die Tür schloss sich, bevor Moth den Fuß dazwischenklemmen konnte. Er knotete die abgerissenen Enden zusammen und schlenderte die Straße entlang. Das Dorf ist berühmt, oder vielmehr berüchtigt, für die Flut von 2004, die Läden, Autos und Menschen mit sich riss und ein Bild der Verwüstung hinterließ. Ich hatte gedacht, es wäre ein freundlicher, einladender Ort, weil die Bewohner froh waren, dass alles wiederaufgebaut war und sie ihre Geschäfte wiedereröffnen konnten. Doch stattdessen wirkte alles verrammelt, und jedermann schien damit beschäftigt, Sandsäcke rauszulegen, nur für den Fall. Der Pommesladen war geöffnet, aber selbst eine Tüte Pommes war jenseits dessen, was wir uns leisten konnten, daher zogen wir weiter und schlugen auf einer alten Hügelfestung oberhalb des Ortes unser Lager auf. Zelt aufbauen, Nudeln, schlafen, Nudeln, Zelt abbauen, ins Farnkraut hocken, laufen. Grün, blau, auf, ab, ab, grün.

Paddy Dillon scheint Spinat zum Frühstück zu essen, ein Büßerhemd zu tragen und auf einem Nagelbett zu schlafen, denn er läuft an einem einzigen Tag von Bude nach Boscastle.

Grün, blau. Die Küste hier ist zerklüftet, vorgelagerte Felsen trotzen der Kraft des Atlantiks. Immer wieder kam das Ladies' Window in unser Blickfeld, unter dessen Felsbogen die Wellen hindurchrauschten. Heiß und verschwitzt, kalt und fröstelnd. Der Wind frischte auf, und dunkle Wolken zogen von Westen heran. Auf, ab, grün, blau. Ich hielt an, um im Gestrüpp zu pinkeln, und es brannte höllisch. Pochender Kopf, schmerzender Körper. Beim nächsten Halt pinkelte ich Blut. Blau, blau, grün, Felsen.

Im Rocky Valley bildete sich eine Schlange, weil eine Familie versuchte, die Felsen in Flipflops zu bewältigen. Als mein Handy klingelte, begann es zu regnen, heftig und ausdauernd. Wir suchten Zuflucht unter einem überhängenden Felsen. Es war Rowan, sie war auf dem Weg zu einem Ferienjob in Kroatien und in Venedig gestrandet. Nun hatte sie Angst, ihren Anschlussbus verpasst zu haben. Früher, als ich noch ganz die Mutterrolle einnahm, hätten wir ihr Geld geschickt und sie in ein Flugzeug verfrachtet, ihr aus der Patsche geholfen. Nun hingegen stand ich nutzlos, hilflos, sinnlos in einer Felsnische und konnte mit meiner Tochter, die allein in einem fremden Land festsaß, nur telefonieren. Sie redete, ohne Luft zu holen, in heller Panik; das Handy piepte, der Akku ging zur Neige …

»Alles gut. Da kommt der Bus. Ich habe ihn nicht verpasst, er hat sich nur verspätet. Hab dich lieb, Mom. Pass auf dich auf …«

Ich rollte mich unter dem Felsvorsprung zusammen und weinte. Moth hielt mich fest und strich mir übers Haar, bis sich mein Atem beruhigte.

***

Paddy rät, das Camelot Castle Hotel links liegen zu lassen und den Blick weiter nach vorn zu richten, aber mir erschien es wie eine Oase, als ich nach Tintagel hineinwankte. Moth stellte unsere Rucksäcke in eine Ecke in der Lobby und bestellte einen Krug Wasser.

»Du musst zum Arzt. Bleib hier, ich sehe mich nach einem Campingplatz um. Dann baue ich das Zelt auf und komme zurück zu dir.«

»Ich brauche keinen Arzt. Ich brauche nur viel zu trinken und Schlaf. Ich komme mit, ich muss doch auf dich aufpassen.«

»Stopp, hör auf. Ich bin nicht Rowan, und ich bin nicht Tom. Benimm dich nicht wie meine Mutter. Lass es einfach mal gut sein, Ray. Und bleib hier.«

Ich kuschelte mich in den Lehnsessel und schlief ein. Irgendwann öffnete ich halb die Augen und glaubte, einen Ritter auf einem Pferd zu sehen. Dann schlief ich wieder ein. Als ich aufwachte, war Moth zurück.

»Ich habe einen Ritter gesehen. War das eine Halluzination?«

»Wahrscheinlich, oder ein Traum. Dieser ganze König-Artus-Quatsch ist dir wohl zu Kopf gestiegen. Am Ende der Straße ist ein Campingplatz, das Zelt steht schon, lass uns gehen. Da gibt es eine Dusche, für die man keine Münzen braucht.«

»Das können wir nicht bezahlen.«

»Ich weiß.«

***

Der Wind fegte von Westen heran, fuhr durch die grauen wirbelnden Wolken, jagte die Kumuli Richtung Osten nach Devon, bevor sich ihre Wasserlast auf den Boden ergießen konnte. Ich stand in der Dunkelheit vor dem Zelt und ergab mich den Elementen. Aufgewühlt, gefangen im Rausch des Sturms, Teil eines endlosen molekularen Kreislaufs. Geborgen, grenzenlos, eingesperrt, befreit.

Ich bin eine Bäuerin und die Tochter eines Bauern; das Land steckt mir in den Knochen. Es war Ende August, und der September stand vor der Tür: Es war Zeit, die Schafe einzupferchen. Jedes einzelne zu fangen, die Klauen zu schneiden, sie zu entwurmen, die Mutterschafe zum Decken vorzubereiten. Den Acker zu pflügen, damit das Wintergetreide gesät werden kann, die im Herbst üblichen Vorbereitungen für das Frühjahr zu treffen, auch wenn dazwischen noch der Winter kam. Die Verbindung zu diesem Leben war gekappt, ich war losgelöst und ohne Wurzeln, verloren. Aber ich spürte es immer noch.

Als Kind wurde ich einmal auf die Weide geschickt, um ein Schaf und sein neugeborenes Lamm zu holen. Ich sollte das Lämmchen tragen, damit die Mutter mir zum Unterstand folgen würde; als ich das Lämmchen hochnahm, merkte ich, dass die Mutter kurz davor war, noch ein zweites Lamm zu werfen. Also wartete ich, legte mich rücklings ins feuchte Frühlingsgras, über mir zogen die Wolken dahin, während das Mutterschaf nur eine Armlänge von mir entfernt ein Lamm zur Welt brachte und das erste Lämmchen sich auf die Beine rappelte. In diesem Moment wusste ich, dass ich mit allem eins war, mit den Würmern im Boden, den Wolken am Himmel; ich war Teil von all dem, in allem enthalten, und alles war in meinem kindlichen Kopf. Die Wildnis war nie etwas, wovor ich mich fürchtete oder versteckte. Sie war mein sicherer Hafen, der Ort, an den ich mich flüchtete.

Unser Land hat das auch unseren Kindern vermittelt. Sie wuchsen auf wie Schößlinge im Sturm, wurden durch ihn hin und her gerissen, aber in ihrem Inneren gestärkt, sie waren verwurzelt, aber anpassungsfähig und stark, bewegten sich frei im Wind und ließen sich doch von ihm leiten. Nun, da wir unser Land nicht mehr hatten, würden sie sich bewahren, was es ihnen gegeben hatte? Ich hatte befürchtet, mit unserem Land auch diese Verbindung zur Realität zu verlieren. Während ich dort draußen stand und die feuchte Luft an mir vorbeistrich, über mich hinwegfegte, erfüllte mich die gefährliche, eigensinnige, unkontrollierte, wilde Kraft des Windes. Gefangen im Sturm. Durch ihn aufrecht gehalten. Neu verbunden. Gelöst. Wieder erstarkt. Das konnte mir niemand nehmen; ich war der Sturm ebenso wie der trockene Staub und der hohe Ruf des Austernfischers. Alles Materielle entglitt mir, doch ein neuer, starker Kern begann sich zu bilden.

***

Nach zwei Nächten brachen wir unser Lager in der hintersten Ecke des Campingplatzes ab. Ich fühlte mich immer noch ein bisschen schwach, aber einigermaßen fit. Selbstbewusst gingen wir an der Rezeption vorbei und schauten nicht zurück.

Wir ließen Tintagel und die Artuslegende hinter uns und machten an der Kirche St. Materiana Halt, um Wasser zu trinken. Wieder klingelte das Handy. Rowan. Man hatte ihr einen Job bei einer PR-Agentur in London angeboten, und sie sollte sofort anfangen. Wie würde sie zurückkommen? Sie saß bereits im Zug. Sie hatte alles alleine geregelt.

11 ÜBERLEBEN

Vereinzelt säumten Schiefersteinbrüche den Weg. Sie waren die Vorboten der Zukunft, der untrügliche Beweis für die menschliche Raffgier. Noch die unbrauchbarsten Schieferreste wurden zum Bau der kornischen Trockenmauern verwendet. In Wales nennt man eine solche nach beiden Seiten hin abgeschrägte Steinmauer mit Erde dazwischen und einer Hecke obendrauf *clawdd*. Hier in Cornwall werden dünne Schieferplatten im Fischgrätmuster aneinandergelegt. Die Mauern markierten eine neue Gegend, eine andere Lebensweise, eine andere Art, sich seit Generationen die Wildnis vom Leib zu halten. Wir wanderten dahin, zwischen der Mauer und dem Meer, auf dem Streifen Wildnis, der unser war.

Der Weg fiel jäh ab zur schmalen Bucht von Trebarwith Strand. Die weißen Wolken am Himmel wirkten einladend, aber das Meer war noch aufgewühlt von den vorangegangenen Stürmen und schlug heftig gegen den felsigen Strand. Ein winziges Café bot Pommes-Tütchen zu einem Pfund an. Wir hatten noch fünf Pfund fünfundsiebzig übrig, daher bestellte ich uns leichtsinnigerweise zwei Portionen, dazu zwei Tassen heißes Wasser, und wir setzten uns zwischen die Surfer, nur knapp außer Reichweite der Wellen. Poseidon bäumte sich auf und zog sich wieder zurück, ein Rottweiler an einer aufrollbaren Leine.

Es ging so steil bergauf, dass meine Nase fast den Boden berührte. Der Weg führte vorbei an Gärten voller Fischernetze und Bojen, bis wir oben an einem Paar vorbeikamen, das riesige Pasteten verspeiste, daneben ein schmuddeliger Whippet/Lurcher/Greyhound, der darauf wartete, dass ein paar Krümel für ihn abfielen. Für jeden eine eigene, riesige Pastete. Neben ihnen standen zwei gigantische Rucksäcke.

»Hallo, Kollegen.« Er verschluckte sich fast an seiner Pastete, so eilig hatte er es, uns zu grüßen; anscheinend war ihm aufgefallen, dass es von unserer Sorte nur wenige gab.

»Hallo.« Wir blieben kurz stehen, um die üblichen Wanderer-Eckdaten auszutauschen. Sie waren von Tintagel aus gestartet und würden so weit laufen, wie sie in einer Woche kamen. Als sie uns nach unserem Ziel fragten, entgegnete Moth voller Überzeugung Land's End, vielleicht auch weiter. Ihre erstaunte Reaktion darauf, dass wir uns die gesamte Nordküste vornahmen, gab uns neue Kraft, und wir setzten leichtfüßig unseren Weg fort.

Wir wanderten durch offenes Grasland, wo dicke weiße Pilze sprossen, und sammelten ein paar davon, dazu pflückten wir noch ein paar Handvoll saurer, unreifer Brombeeren.

Ein Collie stand im Farn und bellte. Wir streichelten im Vorbeigehen sein freundliches Gesicht, dann bellte er weiter. Er schien ganz allein zu sein. Weil wir befürchteten, sein Besitzer könnte von der Felskante gestürzt sein, schauten wir uns dort ein bisschen um, doch wir konnten nichts finden und gingen weiter. Als wir bei einem Blick zurück die Steilküste hinabsahen, entdeckten wir unten im Sand Menschen, aber keinen Weg dorthin. Waren sie mit dem Boot gekommen? Plötzlich sprang ein Junge aus dem Dickicht in den Sand, gefolgt von dem Hund. Es musste einen geheimen Tunnel geben. Wir hatten nicht die Energie, ihn zu suchen, daher machten wir uns wieder auf den Weg, durchquerten tiefe Täler, bis die Sonne allmählich unterging und der Himmel in Pfirsich-, Zitronen- und Malventönen leuchtete. Wir stellten das Zelt auf Bounds Cliff auf und aßen Nudeln mit Pilzen, während die Farben des Himmels verblassten und Sternenlicht wichen, untermalt von den langgezogenen nächtlichen Schreien der Möwen.

***

Wir packten gerade unser Zelt ein, als ein Grüppchen älterer Leute in schnittigen Shorts auf uns zukam.

»Pass auf, jetzt kriegen wir unseren ersten Rüffel, weil wir hier eigentlich nicht zelten dürften.« Moth setzte seine allerbeste »Omas Liebling«-Miene auf, während ich versuchte, woandershin zu schauen.

»Wo ist der Küstenpfad«, japste ein Mann mit hochrotem Kopf.

»Sie befinden sich gerade drauf.«

»Nein. Der Küstenpfad an der Küste. Wir wollen nach Tintagel.«

»Da sind Sie hier richtig. Er führt nicht über den Strand, sondern über die Klippen.«

»Und gibt es da noch mehr solche Hügel wie diesen?«

»Sechs oder sieben? Keine Ahnung, ich habe den Überblick verloren.«

»Dann können wir das vergessen. Wir machen kehrt.« Sie drehten sich um und stapften grummelnd davon. »Der Weg sollte Klippenpfad und nicht Küstenpfad heißen.«

***

Port Isaac war früher einmal ein Fischerdorf. Die Besitzer der wenigen Boote am Strand würden sicher sagen, dass dem immer noch so ist. Aber die vielen tausend Besucher, die mit dem Auto und mit Bussen hierherkommen, kennen es als den Ort, an dem Doc Martin lebt. Wir bahnten uns einen Weg durch die schmalen, wimmelnden Straßen, während Massen von Menschen versuchten, mit dem Haus von Doc Martin im Hintergrund ein Selfie zu machen. Ein Whippet/Lurcher/Greyhound jagte durch die Menge und ließ Handys und Eiswaffeln durch die Luft fliegen.

»Simon, hallo, Simon, können Sie bitte den Hund festhalten?«

Moth bekam den Hund am Halsband zu fassen und hielt ihn fest, bis das Pastetenpaar bei uns angekommen war.

»Wir wussten, dass Sie es sind. Wir wussten es.«

»Dass ich wer bin?«

»Wir wussten es. Sie haben auf Ihren Namen reagiert, oder nicht?«

»Nur weil mich schon früher jemand so genannt hat.«

»Ja, klar, Ihre Mum.«

»Also es reicht jetzt. Wer ist Simon?«

»Simon Armitage.«

»Wer zum Teufel ist Simon Armitage? Dieser Name verfolgt uns jetzt schon seit Combe Martin, und wir wissen überhaupt nicht, wer das ist.«

»Meine Güte, Sie sind wirklich gut. Verraten sich nicht. Aber wir kriegen Sie schon noch.«

Moth übergab ihnen den Hund, und wir kämpften uns durch die Horden den Hügel hinauf aus dem Dorf, wo sich eine Gruppe gepflegter älterer Damen versammelt hatte.

»Simon, Simon, können wir ein Foto von Ihnen vor Doc Martins Haus machen? Zwei auf einen Streich, wie herrlich!«

»Nein.«

»Ach, Simon, wie gut Sie Doc Martin nachahmen können. Viel Glück noch auf Ihrer Wanderung.«

Ich folgte Moth, der wütend weiterstapfte, einen steilen, ginsterbewachsenen Pfad hinauf, ohne zurückzuschauen, bis ich ihn keuchend einholte und bitten musste, anzuhalten.

»Warum hat dich das so aufgeregt?«

»Ich weiß nicht, ich will einfach wissen, wer dieser Mensch ist; es könnte doch sonst wer sein.«

***

Ein ewiges Auf und Ab zwischen Ginster und Stein, stets begleitet vom Brausen des Meeres. Ein Rhythmus aus Qual und Hunger, Schmerz und Durst, bis irgendwann nur noch der Rhythmus des brausenden Meeres zu spüren war. Während der Wind das Wasser aufwühlte und die Möwen uns den Weg wiesen, schwanden unsere Bedürfnisse. Früher lebten Fischer in Port Quin, aber jetzt schien es eine verlassene Ansammlung von Wochenendhäusern zu sein. Es heißt, die Fischer seien auf der Jagd nach einem besseren Fang nach Kanada gezogen und hätten ihre Hummerkörbe als verrottende Gartendekoration zurückgelassen. Wenn wir zurückschauten, konnten wir sehen, wie weit wir gegangen waren, doch der Blick nach vorn endete unweigerlich an einer weiteren Biegung, einem weiteren Steilabfall in südlicher Richtung.

Die Sonne sank und übergoss die winzige Insel The Mouls mit ihrem tiefstehenden Septemberlicht, als wir vom Com Head abstiegen. Ein Turmfalke, der endlos am Himmel geschwebt war, landete lautlos auf dem Zaun vor uns, die Abendsonne tauchte seinen Rücken in einen rostfarbenen Schein. Wir zögerten, vorbeizugehen, um ihn nicht aufzuscheuchen. Als hätte er unsere Unentschlossenheit gespürt, hob er ab, kreiste und landete dann auf einem Felsen direkt hinter uns. Wir setzten unseren Weg fort. Der Rand eines Ackers erschien uns als geeigneter Zeltplatz, doch dann befürchteten wir, die Stoppeln könnten den Zeltboden aufreißen, und wir liefen weiter, bis wir bei Einbruch der Dämmerung auf Rumps Point ankamen.

Einst hatte sich hier eine prähistorische Festung befunden, die weit hinaus auf den Atlantik schaute. Sollte es König Artus tatsächlich gegeben haben, hätte er seine Burg an diesem Ort gebaut und nicht weiter östlich bei all dem Schnickschnack und den Pasteten. Hier, wo er seine Feinde von allen Seiten sehen konnte. Ein geheimer Ort vergessener Geschichten. Wir errichteten das Zelt versteckt hinter einem grasbewachsenen Erdwall, der vor Urzeiten aufgeschüttet wurde, auf einem bewohnten Kaninchenbau, und kletterten zum Rumps

Point hinauf, während die Sonne versank und nur dunkle, namenlose Farben zurückließ.

Im Dunkeln verspeisten wir unsere letzte Packung Nudeln. Wir hatten noch Wasser, aber nichts mehr zu essen. Ich überlegte, auf Kaninchenjagd zu gehen. Es wäre nichts Ungewöhnliches für mich gewesen, Dad und ich hatten Hunderte Kaninchen geschossen, denn sie fraßen unser Getreide ab, vernichteten in nur einer Woche die Ernte eines ganzen Jahres. Wir füllten unsere Gefriertruhe, verkauften sie an Metzger, verarbeiteten sie zu Eintöpfen, Pasteten, Spießen, Terrinen, Suppen und Sandwiches, bis wir kein Kaninchenfleisch mehr sehen konnten. Während ich im Dunkeln lag, dachte ich darüber nach, wie ich eine Falle bauen könnte, aber ich hatte weder die Energie noch genug Gas, um ein Kaninchen zu kochen, sollte ich eines erwischen. Als ich mitten in der Nacht aufwachte, hörte ich, wie sie das Gras abrupften und kauten. Der Lautstärke nach hätte es für einen großen Eintopf gereicht.

Im rosa Licht der Morgendämmerung wurden die Löcher überall sichtbar. Unter dem Vorzelt lagen frische Köttel, und als ich den Reißverschluss aufzog, hoppelten keinen Meter entfernt zig fette Kaninchen davon. Ich hätte nur den Arm auszustrecken brauchen und eines für den Topf gehabt. Stattdessen kochten wir Tee. Moth fand einen fusseligen Weingummi in seiner Hosentasche, den wir uns teilten.

Als wir nach unserem Aufbruch zurückblickten, sahen wir, dass die Stelle, an der wir übernachtet hatten, oberhalb einer großen, klaffenden Höhle lag. Bodenabbrüche hatten die Gänge des Kaninchenbaus freigelegt, sie kamen aus der

Erde und endeten mitten in der Luft. Wie viele Kaninchen waren im Meer gelandet, und wie viele würden noch darin enden? Oder würde das Brausen des Meeres unter ihrem Bau irgendwann doch Warnung genug für sie sein, sich einen anderen Unterschlupf zu suchen?

Bei der Umrundung der Landzunge kamen wir auch an einer Steintafel mit der Aufschrift »For the Fallen« vorbei. Zu müde, um meine Brille herauszukramen und den ganzen Text zu lesen, wusste ich nicht, ob die Tafel den im Krieg Gefallenen gewidmet war oder den vom Kliff Gefallenen oder uns, den aus der Gesellschaft Gefallenen, den Hoffnungslosen, im Leben Gestrauchelten.

Natürlich stand das Denkmal für die Kriegsgefallenen. Sie waren tot und konnten nicht mehr in Selbstmitleid baden. Ich zurrte den Hüftgurt meines Rucksacks fester, brachte die jammernde Stimme in mir zum Schweigen und marschierte weiter. Das Leben findet jetzt statt, in dieser Minute, es ist alles, was wir haben. Es ist alles, was wir brauchen.

***

Der Weg fiel steil ab nach Polzeath und New Polzeath. Von vorn bis hinten eine einzige Baustelle. Neubauten, Anbauten, Renovierungen, überall wurde gewerkelt. Vor uns erstreckte sich ein langer Strand, von Daymer Bay bis zu der kleinen Fähre in Rock. Es herrschte gerade Ebbe, und der breite Camel war nur ein dünnes Rinnsal, mit zwei Fahrspuren für Boote und Jet-Ski. Wir hatten keine Ahnung, wie viel die Fähre kosten würde. Ich schätzte, dass die paar Münzen in meiner Hand nicht reichen würden, betete aber, dass doch, weil mir vor dem langen Umweg landeinwärts bis zur Brücke bei Wadebridge graute. Moth ließ den Rucksack fallen und setzte sich in den Sand.

»Mir ist irgendwie schwindlig. Wann bekommen wir wieder Geld?«

»Morgen vielleicht, ich bin nicht sicher. Wir können es schaffen, wenn wir immer genug trinken.«

»Ich weiß nicht, ich fühle mich irgendwie komisch.« Auch wenn er von schlanker Statur war, bei seiner Körpergröße von eins achtundachtzig konnte er nicht von nichts leben. Wieder betrachtete ich die Münzen in meiner Hand und ging durch die Dünen zur Imbissbude.

Die Bude war rappelvoll mit Eimern, Netzen, Eltern und Kindern. Ich durchstöberte die Regale nach der günstigsten Variante, um Essen zu kaufen. Es gab nur Süßigkeiten, aber mir kam es vor wie ein Fünf-Sterne-Menü, und es erforderte auch genauso viel Überlegung. Schließlich entschied ich mich für sechs Fudge-Riegel zu je fünfundzwanzig Pence, die wir uns über den Tag hinweg aufteilen konnten. Mir wehte ein Schwall kalter Luft von dem offenen Kühlregal entgegen, während ich eine Flasche Cola an mein Gesicht hielt, nass vom Kondenswasser und herrlich erfrischend. Ich stellte sie zurück und reihte mich in die Schlange ein. Eine ziemlich lange Schlange. Ich stand in der Nähe der Tür. Das Mädchen hinter dem Tresen war vollauf mit Kassieren beschäftigt. Kinder rannten herum und lenkten mit ihrem Lärm ab. Die Schlange wurde nicht kürzer. Ich stand in der Nähe der Tür. Die Münzen brannten in meiner Hand. Und dann ging ich einfach raus.

Mit schnellen Schritten kehrte ich ruhig und unauffällig zu Moth zurück, aber auf meiner Stirn blinkte in Neonschrift: Dieb, Dieb, Dieb.

»Komm, schauen wir mal, was die Fähre kostet.« Ich half Moth auf die Beine, weil ich so schnell wie möglich von hier verschwinden wollte.

»Möchtest du nicht erst mal etwas essen?«

»Nein, vielleicht ist da unten Schatten, und wir können unser Wasser auffüllen, während wir warten.« Moth, mach doch endlich. Dieb, Dieb, Dieb. Jetzt war es so weit, ich hatte die Schwelle überschritten. Das Klischee eines Obdachlosen. Schmutzig, hungrig und jetzt auch noch ein Dieb. Ein gesellschaftlicher Paria.

»Du kannst ja unterwegs einen Riegel essen, dann sind wir vielleicht schneller.«

Es gab kein Wasser, aber die Fähre kostete nicht einmal zwei Pfund pro Person. Ich hatte gerade noch genug übrig, um zurückzugehen und die Fudge-Riegel zu bezahlen, aber ich behielt die Münzen fest in der Hand und steckte sie schließlich zurück in die Börse.

Auf der anderen Seite der Camel-Mündung lag das geschäftige Padstow. Noch so ein Bilderbuchdorf, das in seinem früheren Leben ein wichtiger Fischereihafen gewesen war, jetzt aber berühmter für Rick Steins Fischrestaurant als für seine Fische war. Busladungen von Touristen lauschten den Straßenmusikanten am Hafen, während sie den halben Kabeljaubestand des Nordatlantiks verdrückten. Rick schien das Dorf gekapert zu haben, sein Name stand über dem Restaurant, dem Pommesladen, einem Pub, einem Bistro, einer Konditorei – tatsächlich hatten die meisten Geschäfte irgendeine Verbindung zu ihm. Wir saßen am Hafen, ließen unsere Beine über die Kaimauer baumeln, hörten den jungen Straßenmusikern zu, die Coverversionen von Rockballaden herunternudelten, während Münzen und Geldscheine in ihre Gitarrenkoffer fielen.

»Ich wünschte, ich hätte meine Gitarre mitgebracht.«

»Ich wünschte, du hättest sie mal richtig spielen gelernt.«

»Ich glaube nicht, dass die richtig spielen, es klingt eher wie vom Band.«

Der würzige Geruch in der Luft war eine Qual, der wir nicht entkommen konnten. Nachdem wir uns eine Woche lang von Nudeln ernährt hatten, hatten wir kaum noch Appetit, und wenn wir etwas aßen, waren wir schnell satt. Aber diese Überfülle von Lebensmitteln war unerträglich, und virtuelles Essen half nicht gegen den Hunger.

»Sollen wir gehen? Ich kann nicht länger hier sitzen und zusehen.«

»Checken wir noch mal unser Konto, nur zur Sicherheit.«

»Zur Sicherheit.«

»Ihr Guthaben beträgt zweiunddreißig Pfund und fünfundsiebzig Pence, heute verfügbarer Betrag dreißig Pfund.« Es waren nicht die achtundvierzig Pfund, auf die wir im Stillen gehofft hatten, aber es war uns egal, was mit den restlichen sechzehn Pfund passiert war und warum die zweiunddreißig Pfund überhaupt auf unserem Konto lagen und dass heute Dienstag war, obwohl wir dachten, es wäre Donnerstag – wir hielten die Scheine in der Hand wie kostbare Edelsteine.

Moth besorgte sich Ibuprofen, und wir gingen zurück zum Hafen, um uns eine Tüte von Ricks Pommes zu gönnen.

»Wie findest du sie?«

»Ganz okay, Pommes eben.«

Wir kämpften uns durch den Hafen, durch das Gewühl von Menschen, die sich über unsere Rucksäcke beschwerten, und kauften uns ein Eis, ein absurd teurer Luxus, allerdings hatten wir vergessen, unsere Wasserflaschen aufzufüllen, und sie waren leer.

»Danke, und könnten wir bitte noch Wasser für unsere Flaschen haben?«

»Nein. Kaufen Sie doch eine Flasche. Wir können nicht kostenlos Wasser abgeben, wenn wir es auch verkaufen.«

Es war das erste Mal, dass uns jemand Wasser verweigert hatte, und wir waren wie vor den Kopf geschlagen. Als wir am Rand des Hafens an einem Pub vorbeikamen, füllten wir auf der Toilette unsere Flaschen und verließen dann den Ort, erleichtert, wieder zurück auf dem Küstenpfad zu sein.

***

Das Zelt duckte sich zwischen die Sanddünen der Harbour Cove, hoffentlich unerreichbar für Hundebesitzer und die Flut. Das Wasser war wieder gestiegen, und Austernfischer liefen zwitschernd auf dem dünnen Sandstreifen auf und ab, der ihnen geblieben war. Weiter den Strand hinab hockte friedlich eine Gruppe von Seeschwalben und noch weiter vorne versammelten sich allmählich die Silbermöwen. Alle blieben dort, wo sie hingehörten, blieben freiwillig unter sich.

Wir hatten inzwischen September, es war gegen neun Uhr dunkel, die Nächte im Zelt wurden länger und frostiger. Wir hatten noch nicht auf Sand geschlafen, und es war überraschend kalt. Unentrinnbar kalt. Obwohl ich die kurzen Leggings über die langen anzog, zwei Unterhemden, das langärmelige T-Shirt, die Fleecejacke und den Hanfsonnenhut aus Ibiza, zitterte ich in meinem superleichten Sommerschlafsack.

Ich konnte den Morgen kaum erwarten und war so schnell wie möglich auf den Beinen. Aber nicht so schnell wie ein haariger Labrador/Spaniel/Terrier, der durch den Sand tollte, das Wasser vom Kocher stieß und ins Zelt stürzte. Er wühlte in unseren Taschen. Moth setzte sich auf, als das Fellknäuel ihn vollschlabberte.

»Hier drin gibt es nichts zu essen, Kumpel.«

Auf den Pfiff seines Herrchens hin sprang der Hund wieder hinaus, wobei er hinter sich Sand hochschleuderte.

»Das ist doch hier kein Campingplatz. Sie dürfen Ihr Zelt hier nicht aufschlagen. Das ist ja ekelhaft, in aller Öffentlichkeit zu schlafen.«

»Ja, guten Morgen, wirklich ein schöner Tag heute.«

Der Hundebesitzer stapfte davon, während das Fellknäuel hinter ihm hersprang.

Bei dem Versuch, den Morgentau vom Zelt zu schütteln, der sich am Strand besonders stark sammelte, schafften wir es nur, den Sand auch noch auf den inzwischen nassen Innenwänden zu verteilen, daher gaben wir es auf, rollten das Zelt zusammen und wanderten im Licht des frühen Morgens los. Die Vögel zogen übers Meer, und die Hundebesitzer waren auf dem Heimweg zu ihrem Frühstück, als wir Stepper Point umrundeten, wo uns erneut der Wind begrüßte.

12 WELLENTÄNZER

Wenn wir quer hinüber zum Gunver Head gegangen wären, hätten wir Stepper Point leicht verpassen können. Doch unsere Füße folgten instinktiv dem Coast Path, westwärts gezogen von der staubigen Nabelschnur, an der wir unbeobachtet wachsen konnten, unserem Streifen Wildnis. Trevose Head zeichnete sich klar ab, dahinter verloren sich endlose Landzungen im Dunst, die noch erwandert werden wollten.

Hier wuchsen zahlreiche Tamarisken, ihre Hecken bildeten Böschungsmauern, die fedrigen Äste streichelten die Luft. Sie waren weicher, zarter, einladender als der Ginster und das Farnkraut weiter östlich, doch im Kern zäh und widerstandsfähig, biegsam in Wind und Sturm. Auf einer Bank, die sich in die Äste einer Tamariskenhecke schmiegte, lag ein Lumpenbündel, von Fliegen umschwärmt, daneben Einkaufstüten voller Habseligkeiten.

Ein alter Mann mit seinem Leben in Plastiktüten.

Er rührte sich nicht. Wie ein totes Kaninchen im Gebüsch, von Krähen traktiert, von Fliegen umschwärmt, mit Insekteneiern besiedelt, von Würmern zerfressen, absorbiert vom Kreislauf der Natur. Wie wir so vor ihm standen, spürten wir unseren Platz neben ihm, unseren Platz im Kreislauf der Natur.

»Verpisst euch.« Er lebte also noch.

»Brauchst du was, Kumpel? Ich habe Brot.«

»Verpisst euch.«

»Oder einen Schokoriegel.«

»Leg ihn auf die Bank und verpiss dich.«

Moth legte die Hälfte unseres Vorrats neben das Lumpenbündel, und wir entfernten uns, zwangen uns, die Augen von den Fliegen abzuwenden. Das war noch nicht unser Platz, jetzt noch nicht. Aber was, wenn wir stehen blieben, einen Augenblick zu lange stillstanden?

***

Von den Rettungsschwimmern in der Harlyn Bay erbaten wir ein bisschen Wasser. Sie waren aus Südafrika und Australien gekommen, um auf die unbeholfenen Urlauber mit ihren Schaumstoffschwimmbrettern aufzupassen, bevor sie wie die Wildgänse im Winter wieder gen Süden zogen. Hätten wir doch auch so einen warmen Zufluchtsort, bevor der dunkle, kalte Winter käme. Wir verließen sie, neidisch auf ihr sorgloses Leben, und überquerten den breiten, sauberen Sandstreifen zu einem Felsvorsprung auf der anderen Seite der Bucht. Dort warfen wir unsere stinkenden, schmutzigen Kleider in einen Felstümpel und ließen sie einweichen, während wir uns in die schäumenden Fluten stürzten, uns wuschen, mit Salz abrieben, kreischten. Eine Oase der Klarheit: klares Wasser, herrlicher Sand, jenseits der Zeit.

Wir legten uns auf die Felsen, breiteten die Kleider um uns herum aus, ließen uns an der Luft trocknen und verschliefen den halben Nachmittag. Als wir aufwachten, hatte sich eine Großfamilie zu uns gesellt. Die Flut hatte uns allen den Rückweg abgeschnitten, deshalb mussten wir zwanzig Meter weit über die Felsen zurückklettern. Unterwegs erzählte uns der Großvater, dass sie immer zur Harlyn Bay fuhren, das hätten sie schon gemacht, als ihre Kinder noch so klein waren wie jetzt ihre Enkel, und immer hätten sie im Caravanpark oben auf dem Hügel übernachtet. Am Eingang zum Feriendorf Mother Ivey's Bay verschwanden sie hinter einem riesigen Metalltor in einer Stadt aus Caravans, Beton und Flutlicht. Mir kam es wie ein Gefängnis vor, aber wenigstens verbrachten sie die Tage frei am Strand. Wir wandten uns nach rechts, wo die Landzunge lockte, kehrten in unsere Wildnis zurück.

Der Leuchtturm von Trevose gleißte in der Sonne des Spätnachmittags, ein Schock gegen das Blau, zu grell, um länger hinzusehen. Im trockenen Gras liegend, die verbrannte Haut von meiner Nase schälend, spürte ich kaum noch irgendwelche Bedürfnisse. Ich war weniger hungrig, weniger durstig, weniger alles. Wir schliefen tief und fest bis zum frühen Abend, als uns ein kühler Wind aufweckte und wir die Landzunge verließen, um hinunter zu einem traumhaften Strand mit grasbewachsenen Dünen zu klettern. Wir stellten das Zelt auf dem Strandhafer auf, in der Hoffnung, die harten Stängel würden die Kälte abhalten, und öffneten die Klappe, damit der Wind die nasse Plane trocknen konnte.

Die einsetzende Flut brachte ihre makellosen Wellen zum Strand. Und dann kamen sie. Gestalten in Neoprenanzügen,

Surfbretter unter dem Arm, rannten aus allen Richtungen herbei, von der Straße, vom Küstenpfad, aus den Sanddünen, schlanke schwarze Körper mit unhandlichen Brettern, die von Böen erfasst wurden. Sie paddelten hinaus bis hinter die Brecher, drängten sich als schwarze Schar aneinander, bis die Wellen kamen und sich die einzelnen Surfer lösten, aufstanden, eins wurden mit dem Heben und Senken des Wassers, elegant auf den Wellen ins Seichte ritten. Menschen verwandelt in Wellentänzer.

Wir saßen in der Zeltöffnung in unseren Schlafsäcken, bis das letzte Licht erlosch und die letzten Surfer verschwanden. Das Wasser zog sich schon wieder zurück, und da es eine Weile ausbleiben würde, eroberten die Vögel den leeren Strand für sich, trippelten zwischen Sand und Wasser umher und ließen ihre nächtlichen Rufe erklingen.

Am nächsten Morgen war unser Zelt nass vom Tau, und wir warteten, bis es trocken war, tranken Tee und sahen den Hundebesitzern und den ersten Surfern zu. Schließlich kroch Moth geschmeidig und ohne Hilfe aus dem Zelt, und wir packten es zusammen. Der Hunger war immer noch da, aber wie die schmerzenden Gelenke und die verschorften Blasen wurde er zu etwas, was man eher beobachtete als spürte.

***

Immer noch wehte der Wind von Westen her, kalt und böig. Er wühlte das Meer auf, sodass es sich schäumend an den winzigen Felsinseln unmittelbar vor der Küste brach. Die Felsen wurden größer, bis sie irgendwann in die Bedruthan

Steps übergingen, die legendären Trittsteine des Riesen Bedruthan. Woher die Legende stammt, ist nicht so ganz klar, ob von den Ureinwohnern Cornwalls oder vom National Trust, der sie den vielen Besuchern verkauft, die den Coast Path und die Teestube vor Ort bevölkern. Wie wir mitbekommen hatten, war der National Trust bei den Einheimischen eher unbeliebt. Er hat mithilfe des Neptun-Projekts, das sich seit den 1960er-Jahren um bedrohte Küstenstreifen im Vereinigten Königreich kümmert, über ein Drittel der Küste von Devon und Cornwall gekauft, um sie vor der Erschließung zu schützen. Es gab Beschwerden, der Trust sei zu restriktiv und ignoriere, dass die Einheimischen von irgendetwas leben müssten. Ich kenne das Landleben und weiß, wie schwer es ist, über die Runden zu kommen. Und ich habe Mother Ivey's Bay gesehen – vor so etwas sollte man die Küste zweifellos bewahren. Aber als ich an dem überfüllten Parkplatz vorbeiging, an den Steinpfaden und Registrierkassen, roch das für mich verdächtig nach Heuchelei.

***

»Gehen Sie einfach das Tal hoch; da ist ein kleiner Campingplatz. Ein bisschen skurril, aber spottbillig.« Es hatte angefangen zu regnen, als wir unter dem Vordach einer Strandhütte Zuflucht suchten. Das Mädchen wollte uns helfen.

»Sollen wir mal schauen, was es kostet? Wenn es nichts ist, können wir immer noch im Wald zelten, da ist es bei diesem Wetter geschützter als an der Klippe.« Mit dem Regen hatte auch der Wind zugenommen, und ein geschütztes Plätzchen klang verlockend.

Auf dem Weg zum Campingplatz kamen wir an einem Pferdeanhänger, einem Viehtransporter und einem Getreidesilo vorbei, die, umwuchert von hohem Gras, anscheinend schon den ganzen Sommer dort gestanden hatten. Der Wald lichtete sich, und wir sahen eine Ansammlung von Hütten, eine Schweineweide, zwei Esel und ein großes Zelt. Ein Mann mit löchrigem Pullover und einem wilden, lockigen Bart kam mit Mopp und Eimer hinter einer der Hütten hervor. Fünf Pfund pro Nacht für das Zelt und kaltes Wasser in der Dusche. Der Regen hörte nicht auf, also nahmen wir es.

Hinter dem Großraumzelt trotteten wir durch eine Scheune aus Wellblech, in der alte Sofas und eine Waschmaschine aufgereiht standen, dann vorbei an Holzhütten, einem Steinhäuschen und noch einem Pferdeanhänger zu einer Wiese zwischen den Bäumen.

»Kommt später runter zur Scheune, dann sind die Jungs da, die haben meistens ein paar Bier.« Die Jungs? Hier schien es keine Menschenseele zu geben.

***

In der Duschhütte – eigentlich ein Gartenhäuschen mit zwei Duschkabinen und einem Stuhl – begann ich mich auszuziehen, aber als ich merkte, dass ich nicht allein war, griff ich nach meinem Handtuch. Von der anderen Seite des Raums starrte mir eine Frau entgegen: Haare wie ein Vogelnest, braungebranntes Gesicht mit roter, sich schälender Nase, rote, schwielige Füße, schlanke, athletische Beine und Rippen, die sich durch das schlaffe Fleisch abzeichneten. Ich strich mir vor dem Spiegel über die Rippen. Sie wirkten fremd auf mich, waren seit Jahren nicht mehr zu sehen gewesen. Im kalten Wasser versuchte ich meine Haare zu entwirren. Es funktionierte nicht, deshalb trocknete ich mich rasch ab und setzte wieder den Hanfhut auf. An einem kalten Tag kalt zu duschen ist wie virtuelles Essen. Wenn man danach eine abgetragene, dünne Fleecejacke anzieht, kommt sie einem vor wie eine Daunenjacke, aber das Gefühl hält nicht lange an; die Kälte ist genauso schnell wieder da wie der Hunger, heftiger als zuvor. Um nicht im Zelt zu frieren, machten wir uns auf den Weg zur Scheune.

Die Seitentür des Pferdeanhängers öffnete sich, und ein braungebrannter, blonder junger Mann sprang heraus. Aus den Holzhütten entlang des Wegs strömten gleichfalls junge, braungebrannte Männer, und als wir an der Scheune ankamen, verließ ein junges Paar mit Dreadlocks gerade das Steinhäuschen. Wir versuchten, uns ebenso lässig und cool auf die Sofas fallen zu lassen wie sie, ohne Erfolg.

»Was macht ihr denn alle hier? Wir dachten, hier wäre kein Mensch. Habt ihr Urlaub?« Wir fühlten uns alt und fremd und wussten nicht, was wir sagen sollten.

»Nein, Mann, wir wohnen hier. Arbeiten in der Nähe. Kurt überlässt uns die Hütten, wenn wir ab und zu mal einen Job oder einen Botengang für ihn erledigen, und im Winter ziehen wir mit den Wellen weiter.«

»Ihr wohnt richtig hier in diesen Hütten, nicht nur für ein paar Nächte? Was arbeitet ihr denn?«

»Die meisten von uns sind Rettungsschwimmer, ein paar kellnern, aber wir sind alle Surfer. Keiner von uns könnte es sich leisten, hier etwas zu mieten – die Mietpreise sind Wahnsinn. Also ja, die Hütten sind total cool. Das ist mein drittes Jahr, aber nächstes Jahr bekomme ich ein Upgrade und darf in den Pferdeanhänger.«

»Und was ist mit dem Steinhäuschen?«

»Nein, um das Steinhäuschen zu bekommen, muss man zu den Auserwählten gehören.«

Der Rastamann an der Waschmaschine drehte sich um, als er das hörte, und rief dem Jungen auf dem Sofa zu:

»Hol mal ein paar Bier, du Wichser. Und ihr, ihr zwei Oldies, wie hat es euch in die Scheune verschlagen?«

Moth warf mir einen Blick zu und zuckte die Schultern. Es gab keinen Grund zu lügen.

»Wir sind obdachlos, haben unser Haus verloren, unseren Betrieb, alles, wofür wir unser ganzes Leben gearbeitet haben. Wir haben keinen Penny, und ich bin todkrank, also dachten wir: Was soll's, machen wir eine Wanderung. Wir kommen von Minehead und gehen nach Westen, wer weiß, wie weit.«

»Wow. Das hast du dir ausgedacht, stimmt's?«

»Nö.«

»Scheiße.«

»Ja, Scheiße.«

»Aber das passt schon, du bist wie eine Welle, Mann.«

»Eine Welle?«

»Ja, wie gut eine Welle ist, hängt von den natürlichen Bedingungen ab. Sie fängt an sich zu bilden, wenn der Wind über das Wasser weht, weit draußen im Meer, und dann kommt alles darauf an, wie stark der Wind ist, wie lange er weht und welche Strecke er über dem Wasser zurücklegt – wir nennen das den *Fetch*. Ein starker Wind, ein langer Fetch, ein guter Küstenabschnitt, das gibt die perfekte Welle. Aber dich hat eine verdammte Sturmbö erfasst, Mann, und dein Fetch ist noch nicht zu Ende, du wächst zu einem richtig großen, geilen Barrel an, Mann. Verstehst du? Wenn du untergehst, dann wenigstens mit Style! Kurt, Kurt, die sind cool, schließ das Lager auf.«

Der bärtige Mann schloss die Rückseite eines Containers auf. Er war vollgestopft mit jeder Sorte Alkohol, die man sich wünschen konnte. Die Jungs bildeten eine Kette und reichten Kisten weiter zu einer Art Stall in der Ecke der Scheune, doch als die Tür aufschwang, stand Kurt hinter einem eingebauten Tresen und füllte die Regale.

Es war früher Abend, und wir hätten eigentlich etwas zu essen gebraucht. Ausgehungert, wie wir waren – und nach Wochen quasi ohne einen Tropfen Alkohol –, dauerte es nicht lange, bis alles um uns verschwamm. Aus den Lautsprechern auf der Waschmaschine waberte Roots-Reggae, und nichts war mehr wichtig. Wir waren mit den besten Freunden zusammen, die wir jemals kennengelernt hatten, am schönsten Ort der Welt.

»Was fehlt dir eigentlich, Mann, warum bist du todkrank?«

Moth tanzte, geschmeidig, entspannt, sein Körper bewegte sich mit fließenden, rhythmischen Bewegungen, und dabei hielt er ein Glas Jack Daniels in der Hand. Ich hatte nicht gewusst, dass er Whiskey mochte, aber man kann ja nicht alles wissen.

»Erst werden meine Beine nicht mehr funktionieren, dann alle anderen wichtigen Körperteile, und dann werde ich ersticken.«

»Scheiße.«

»Ja, Scheiße.«

»Kurt kennt sich mit Kräutern aus, weißt du. Vielleicht hat er etwas für dich.«

»Kurt. Ist das sein richtiger Name? Was macht ihr wirklich hier bei ihm, warum hängt ihr hier herum?«

»Wir füttern die Schweine, mähen das Gras – wir helfen uns gegenseitig und haben alle was davon. Er kommt dann mit uns zum Surfen nach Costa Rica, wir tragen sein Board, fahren den Wagen – wie gesagt, wir helfen uns gegenseitig. Deshalb dürfen wir kostenlos in den Hütten wohnen. Ist alles wunderbar.«

Kurt kam hinter dem Tresen hervor.

»Ich heiße wirklich so. Da, inhalier das tief, dann bist du deine Schmerzen los.«

»Aber ich rauche gar nicht.«

»Doch, doch.«

Ein wundervoller Glücksnebel legte sich über die Scheune, und ich rollte mich selig auf dem Sofa zusammen. Moth tanzte immer noch, und alles war gut.

Am nächsten Morgen öffnete ich kurz die Augen, um zwei Rettungsschwimmern zuzuwinken, die sich mit an ihren Rädern festgeschnallten Surfbrettern auf den Weg zum Strand machten, aber es war schon fast Mittag, bis wir unsere Sachen gepackt hatten und auf wackeligen Beinen losmarschierten.

»Nimm das mit, mein Freund. Ist medizinisch. Und falls du mal einen Platz zum Pennen brauchst, wir sind da.«

»Danke, Kurt.«

Der Himmel klarte auf, die letzten Wolkenfetzen jagten über den blauen Himmel, während sich die Watergate Bay endlos vor uns erstreckte. Wir liefen am Strand entlang, noch zu zittrig, um das Auf und Ab des Klippenwegs zu bewältigen. Die breite Sandfläche lag unberührt und verlassen abseits der Restaurants und Cafés. Der einzige Mensch weit und breit entpuppte sich beim Näherkommen als alter Mann mit zwei Spaniels. Er sprach uns an, als wir vorbeigingen.

»Gehen Sie den Coast Path?«

»Einen Teil davon. Mindestens bis Land's End.«

»Das wollte ich immer schon mal machen … einfach nur wandern, tagelang.«

»Dann tun Sie es doch. Packen Sie Ihren Rucksack und marschieren Sie los. Sie wissen nie, wie lange Ihr Fetch anhält, das hängt ganz vom Wind ab.«

Der Mann mit den Hunden wurde hinter uns immer kleiner, als wir zwischen der Bruchkante der Klippen und der Gischt hindurchgingen. Die hohen Wellen, die mit der Flut ans Ufer schlugen, schienen den Horizont zu verengen, als wären wir zwischen Land und Meer eingeklemmt. Eingesperrt und zugleich frei, am Rand und doch Teil von allem. Am Boden zerstört, und doch sammelten wir mit dem Fetch neue Kräfte.

Bei Zacry's Islands waren die Felsen ganz blau, übersät von Tausenden von Miesmuscheln. Wir füllten unseren Topf damit und kochten sie, holten die fetten Körper mit dem Taschenmesser heraus. Gelegentlich kam jemand vorbei, aber wir schauten nur, nahmen nicht mehr am Leben teil. Krähen krächzten in der feuchten Luft, ihre Rufe hallten unheimlich klar von der Steilwand wider. Unsere Welt veränderte sich, die Ränder lösten sich auf, unsere Reise versetzte uns zwischen Meer, Himmel und Felsen. Wir wurden eins mit dem wilden Flecken Erde, den wir bewohnten, unser Fetch wurde neu definiert durch den Salzpfad, auf dem wir wandelten.

Wir bauten auf der ehemaligen Hügelfestung von Trevelgue unser Lager auf, vor uns die Lichter von Newquay, hinter uns die Dunkelheit der Watergate Bay, dem offenen Atlantik ausgesetzt. Der Wind nahm zu und brachte sintflutartigen Regen mit. Wir zogen sämtliche Kleider an, die wir hatten, legten die Regenjacken über die Schlafsäcke und schliefen zwölf Stunden lang ohne Unterbrechung.

13 HÄUTUNGEN

Das ausufernde Newquay war nach der Wildnis ein Schock, doch zugleich ein sonderbar willkommener Anblick. Die Besiedlung beginnt in Porth und erstreckt sich bis zum Fluss Gannel: eine Reihe von Landzungen, durchbrochen von Sandstränden, die die besten Surfwellen des ganzen Landes einfangen. Die Stadt hat sich durch die in den Sechzigerjahren entstandene Surfkultur einen Namen gemacht, aber diese Glanzzeiten sind vorbei, inzwischen ist Newquay ein bisschen heruntergekommen, ein beliebter Schauplatz für die inflationär auftretenden Junggesellen- und Junggesellinnenabschiede. Die Feierwütigen ziehen seltsam kostümiert und kreischend durch die Straßen und hinterlassen leere Flaschen und Erbrochenes in Ladeneingängen. Aber die Pubs und Restaurants brauchen die Einnahmen durch diese Partys, damit sie im Winter nicht schließen müssen. Dieser Widerspruch stellt Newquay vor ein schweres Dilemma. Mittlerweile erinnern nur noch wenige Surf-Shops an die Vergangenheit dieser Stadt und an ihre großen Hoffnungen für die Zukunft.

Unser einsiedlerisches Dasein hatte unser Toleranzlevel sinken lassen, aber eine Weile tat es gut, sich als Teil der Menschheit zu fühlen. Eine Weile. Und man konnte gut Zuflucht suchen vor dem Regen, der mit dem Westwind heranpeitschte. Ich zurrte die Kapuze meiner Regenjacke fest ums Gesicht und sah Newquay durch einen Tunnel.

Doch abgesehen von den Feriengästen, die auch im September noch in Scharen hier waren, gab es noch eine andere Seite der Stadt, eine Seite, die von den Urlaubern ignoriert wurde. Die Unsichtbaren. Die Obdachlosen, die auf der Straße lebten und die Einkaufsstraßen zahlreicher säumten als wir es seit Glastonbury erlebt hatten. Nasse Körper rollten sich in Hauseingängen zusammen. Aber das waren keine professionellen Bettler mit geschliffenen Manieren, das waren zähe, abgehärtete Straßenschläfer. Ein großer, breit gebauter Exsoldat bat uns um Geld, und als wir sagten, wir hätten keins und seien selbst obdachlos, glaubte er uns aufs Wort und beschrieb uns den Weg zu einer Suppenküche. Moth schenkte ihm ein paar Münzen und seinen letzten Schokoriegel. Da wir kaum noch etwas hatten, folgten wir seinem Tipp, um dem Regen zu entkommen und uns eine kostenlose Schüssel Suppe zu sichern.

Der Beschreibung des Soldaten folgend waren wir bei der St Petroc's Society angelangt, einer Wohlfahrtseinrichtung für alleinstehende Obdachlose, die durch das soziale Netz gefallen sind. Ich fragte nicht, was mit durch das Netz gefallenen Paaren war, aber sie schickten uns auch so zur Suppenküche weiter.

Je nachdem, welche Statistik man liest, hat Cornwall hinter London die zweit- oder fünfthöchste Obdachlosenrate des

Landes. Angeblich waren es nur vierzig oder fünfundsechzig Personen, so um den Dreh. Wenn das stimmte, dann tunkte gerade jeder Obdachlose Cornwalls in einer umfunktionierten Kirche in Newquay sein Brot in die Tomatensuppe. Ein freiwilliger Mitarbeiter erklärte mir die diskrepanten Zahlen: Offenbar bezog sich die Zählung der Obdachlosen auf ein bestimmtes Gebiet in einem bestimmten Zeitraum. Überdies musste jede erfasste Person bestätigen, dass sie obdachlos war und auf der Straße lebte. Und wenn jemand gerade schlief oder zu schlafen schien, konnte man ihn ja schlecht wecken und fragen.

»Aber Obdachlose gibt es doch nicht nur in diesem Gebiet?«

»Natürlich nicht, sie sind überall. Eine Gruppe übernachtet im Wald, aber die Stadtverwaltung möchte sie von dort weghaben, um eine öffentliche Grünfläche zu schaffen. Was diese Leute wirklich brauchen, sind Notunterkünfte und nicht schöne Wanderwege im Wald, die ihnen das bisschen Schutz, das sie haben, rauben. Die Stadt hat vor, diesen Winter ein paar neue Unterkünfte zu eröffnen, zehn Betten hier, zehn Betten da – es ist besser als nichts, aber es reicht hinten und vorne nicht.«

»Das Problem ist, dass die Menschen glauben, wir seien lauter Süchtige, deshalb haben sie keine Lust zu helfen. Sie halten es für Zeitverschwendung.«

»Natürlich leben viele Süchtige auf der Straße, aber jeder Obdachlose verdient, dass man ihm hilft, egal aus welchem Grund er obdachlos ist.«

***

Alpen

Moth und ich – ein unschlagbares Team

Der Regen hatte aufgehört, die Sonne blitzte durch die Wolken und verströmte dünnes, wässriges Licht. Wir saßen auf dem dampfenden Gehweg auf einer Bank und beobachteten die Passanten. Einkaufsbummler, Urlauber, Mütter mit Kindern in nagelneuer Schuluniform, Skater auf Longboards, Hundebesitzer, ein obdachloser Junge mit einer Bettdecke um die Schultern. Wir waren all diese Leute und doch keiner von ihnen. Die Bäckerei neben der Post gab die letzten Pasteten zum Sonderpreis von fünfundzwanzig Pence das Stück ab. Moth kaufte so viele davon, wie er konnte, und verteilte sie an die Menschen, die in Lumpen in Hauseingängen kauerten, ein paar behielten wir selbst.

Am Fistral Beach war es laut, die Brandung brauste, und die Neoprentänzer paddelten hinaus. Die Straße hinter uns war gesäumt von blonden, sonnengebräunten Jungs in VW-Bussen, die aufmerksam das Meer beobachteten und auf eine gute Welle warteten. Wir aber gingen weiter, überquerten die Mündung des Gannel auf der hölzernen Fußgängerbrücke, kurz vor Einsetzen der Flut. Dann weiter, hinaus auf die offene Landzunge und zu unserem Plätzchen für die Nacht.

***

Am Himmel zeigte sich gerade der zarteste Lichthauch, als Moth allein das Zelt verließ und Tee kochte. Ich lag noch im Schlafsack, unter einer Thermodecke, die wir in einem Wohlfahrtsladen in Newquay gegen den *Robinson Crusoe* eingetauscht hatten. Als er die Zeltklappe öffnete, merkten wir, dass wir von einer Schafherde umgeben waren, doch vom

Geräusch des Reißverschlusses aufgeschreckt, stob sie davon. Auf einem vorgelagerten Felsen, der kurioserweise The Chick – Küken – heißt, wimmelte es von Seevögeln. Die Kakophonie ihrer Schreie übertönte den Lärm der Brandung. Silbermöwen, Mantelmöwen, Austernfischer, Kormorane und Seeschwalben, sie alle stritten sich um ein und denselben ungastlichen, zerklüfteten Felsbrocken. Anscheinend beanspruchte jedes Lebewesen weit und breit einen Platz auf Kelsey Head, und keiner von uns wollte diesen Platz teilen. Wir überließen die Vögel ihrem Schicksal, passierten das leere Militärlager bei Penhale mit seinen verlassenen Wellblechbaracken und steuerten Perranporth Beach an. Ich könnte es in einer dieser Wellblechhütten gut aushalten. Mit ein bisschen Fantasie könnte die gesamte Anlage all jenen Menschen aus Newquay Wohnraum bieten, die dringend eine Unterkunft brauchten, aber bestimmt wird man sie in eine Freizeitanlage umbauen.

Der Strand ist flach, schnurgerade und so lang wie eine Landebahn. Moth hatte steife Schultern, und ich war müder als gewöhnlich, deshalb setzten wir uns in den Sand neben zwei Skulpturen aus Treibgut. Menschliche Figuren, geformt aus dem, was Menschen so wegwarfen. Wir kochten noch einen Tee und teilten uns das letzte Ibuprofen. Ein alter Mann breitete direkt neben uns sorgfältig sein Handtuch aus, zog der Reihe nach alles aus, was er am Leib trug, und ließ sich dann exakt auf dem Handtuch nieder. Der nackte alte Mann hatte fast etwas Schildkrötenartiges an sich, so faltig und schlaff, wie er war, wirkte es, als würde seine alte Haut jeden Moment von ihm abfallen und einen rosigen, ungeschützten, glatten neuen Körper enthüllen. Ich musste einfach hinstarren. Wir verstecken uns so gut, stellen die jugendliche Haut zur Schau, die nichts zu erzählen hat, aber die andere Haut, auf der die Zeit und unsere Erlebnisse, das Leben seine Spuren hinterlassen hat, zeigen wir nur selten.

Ein nackter Mann war interessant, aber zwei waren schon ein bisschen seltsam. Als ein dritter »guten Morgen« rief und lediglich mit Wanderstiefeln und blauen Socken bekleidet vorbeilief, fand ich, es war an der Zeit, den Campingkocher einzupacken und weiterzuziehen. Die Alternative wäre gewesen, Tee für sie zu kochen und sich mit ihnen über Antifaltencreme zu unterhalten. Als wir aufbrachen, hatten wir das Gefühl, zu angezogen zu sein, und waren fast versucht, uns ebenfalls nahtlos bräunen zu lassen.

Der Strand hörte gar nicht auf, er wurde zu einer Wüste, die sich unerbittlich hinzog. Der sengende Sand verbrannte unsere nackten Füße, und wir schlüpften wieder in unsere Stiefel. Als wir auf der Suche nach ein wenig Schatten in die Dünen gingen, verloren wir komplett die Orientierung. Jede Dünenspitze zeigte uns nur noch mehr Dünen, anstatt uns den Weg hinaus zu weisen. Ausgetrocknet und selbst schon halb zu Staub geworden liefen wir durch den Sand zurück zum Strand und blickten sehnsüchtig auf die Klippen jenseits von Perranporth, eine schimmernde, ferne Oase, die wir vielleicht niemals erreichen würden. Endlich tauchten in der dunstigen Luft neben einem Parkplatz eine Schar Menschen mit Windschutzen auf. Das andere Ende. Wir baten in einem Café um Eiswasser und kippten es hinunter, dabei schienen unsere Körper vor Wonne zu zischen.

Ich schälte wieder einmal Haut von meiner Nase ab, und darunter kam tatsächlich eine neue zum Vorschein.

***

Die Klippen von St Agnes Head sind aufgrund ihrer Bergbaugeschichte trostlos und vernarbt. Überall offene Schächte und verfallene Gebäude, aufgegeben und schlierig von Schwefeldünsten und Staub, das Land gefärbt durch einen Regenbogen aus Erzen.

Allmählich wiederholte sich jeden Tag dasselbe Spiel: Tagsüber sahen wir jede Menge Zeltplätze, doch nach sechs Uhr abends fanden wir keine mehr. Die Nächte wurden länger und kälter; sobald die Sonne unterging, sank ziemlich schnell auch die Temperatur. An diesem Morgen waren wir so zeitig aufgebrochen wie nie zuvor und hatten, ohne es zu merken, die bisher längste Tagesetappe zurückgelegt. Jetzt waren wir erschöpft und suchten verzweifelt nach einem Platz für die Nacht. Links von uns befand sich der Militärflugplatz Nancekuke Common der Royal Air Force, sein hoher Stahlzaun beschränkte uns auf einen schmalen Streifen mit Ginster und Brombeersträuchern. Es herrschte Totenstille, und der Zaun wollte nicht enden. Als wir in ein flaches Tal hinunterwanderten, sahen wir eine grasbewachsene Stelle, die uns vielversprechend erschien. Doch das Tal war auf der landwärts gelegenen Seite durch einen künstlich aufgeschütteten Damm aus Geröll abgeriegelt worden, überwuchert von Ginster, Brombeeren und Disteln. Aus dem Boden um den Damm herum sickerte Wasser, versetzt mit erzhaltigem Schlamm. Wir gingen weiter, das Tageslicht schwand,

Dunkelheit senkte sich herab, bis der Zaun schließlich landeinwärts abbog und der Flugplatz Kohlfeldern wich. Im letzten Licht des Tages errichteten wir das Zelt am Rand einer Wiese. Inzwischen war es kein zwanzigminütiger Kampf mit Haken und Heringen mehr, wir waren selbst im Halbdunkel nach fünf Minuten fertig. Ich machte eine Dose Suppe warm; unsere Beine pochten, der Marsch im Sand und am Zaun entlang hatte unsere letzten Kraftreserven aufgezehrt.

Der Himmel nahm Farben an, wie wir es seit Rumps Point nicht mehr erlebt hatten, er verblasste zu schwarz, dann erschien ein silbriges Licht, das sich mit dem Meer bewegte.

»Bilde ich mir das nur ein oder leuchten diese Kohlköpfe?« Moth spazierte auf der Wiese herum, um seinen schmerzenden Körper noch einmal durchzustrecken, bevor er sich schlafen legte. »Glaubst du, das Mondlicht spielt uns einen Streich?« Das Feld hatte eine leicht grüne Aura, eine unnatürliche Färbung.

»Nein, sie leuchten tatsächlich. Vielleicht liegt es nur am Einfallswinkel des Mondlichts.«

»Was um alles in der Welt geht da wohl hinter dem Zaun vor sich?«

Inzwischen war die Anlage eine Radarstation, aber ursprünglich war sie im Zweiten Weltkrieg als Militärflugplatz gebaut worden. Als der Flugplatz um 1950 nicht mehr benötigt wurde, fiel das Gelände an den Staat zurück, der darauf mithilfe von Laborausrüstung, die man in Nazi-Deutschland erbeutet hatte, eine Chemiewaffenfabrik baute, als Ableger der Forschungsanlage Porton Down. Man begann mit der

Produktion des tödlichen Nervengases Sarin B und anderer chemischer Kampfstoffe, die zwei oder drei Jahre fortgesetzt wurde. Nach Recherchen der Zeitung *The Independent* kam es bei den in der Fabrik beschäftigten Arbeitern zu einundvierzig Todesfällen und einer Häufung schwerer Erkrankungen. Eine Studie mit dem Titel »Sickness Experience at Nancekuke« von 1970 ergab, dass die mit der Herstellung von Sarin B betrauten Arbeiter eine 33 Prozent höhere Wahrscheinlichkeit hatten, schwer zu erkranken, und eine 50 Prozent höhere Wahrscheinlichkeit, eine Atemwegserkrankung zu erleiden, die klassische Folge einer Exposition gegenüber Nervengas. Die Regierung leugnete jegliche Fehler ihrerseits, hielt den Bericht geheim und manipulierte die Ergebnisse – sie ließ lediglich verlautbaren, es habe in diesem Zeitraum »einen höheren Krankenstand als erwartet« gegeben. Die Leidtragenden wurden mit »großzügigen« Entschädigungen von ungefähr 120 Pfund abgefunden. Im Nachhinein gab das Verteidigungsministerium zu, es sei 1971 zu Fehlverhalten gekommen. Im Jahr 2000 schließlich bestätigte die Regierung, dass sie die Laboranlagen für die Produktion des Sarin B in Minenschächten auf dem Gelände versenkt habe, und fing 2003 an, das Gelände zu dekontaminieren.

Am nächsten Morgen waren die Kohlköpfe ganz normal grün, und im nahe gelegenen Tal von Portreath trudelten bereits die ersten Urlauber ein.

***

Der Pfad führte am Rand tief eingeschnittener Buchten vorbei und über Parkplätze hinweg, da er parallel zur Straße verlief. Es war eine ideale Gegend für Hundebesitzer. Wir hatten oft genug gesehen, was für Schwierigkeiten Hundebesitzer mit Zäunen hatten. Viele hölzerne Zauntritte auf dem Küstenpfad haben an der Seite ein Hundetor, bei dem sich ein Holzstück zur Seite schieben lässt, sodass der Hund hindurchschlüpfen kann. Das klappt gut bei kleinen Hunden, aber ein größerer müsste schon Zirkustricks auf Lager haben – oder man muss ein großes, haariges, schmutziges Bündel auf den Arm nehmen und auf die andere Seite tragen. Manche Zauntritte bestehen aus waagrecht angebrachten Steinplatten, die der Wanderer hinauf- und auf der anderen Seite wieder hinuntersteigen muss. Andere sind riesige, stabile Konstruktionen, die eher zu einer Burg passen würden: ideal für große Hunde, aber kleine muss man drübertragen.

Wir standen vor einem Zauntritt in Form eines Tors. Solche Konstruktionen eignen sich gut für Hunde, auch wenn es sich, wie in diesem Fall, um ein Kissing Gate handelte. Kissing Gates sind eine geniale Erfindung: In einem offenen Halbkreis befindet sich ein schwenkbarer Torflügel, der an dem gegenüberliegenden Zaunpfosten befestigt ist. Der Wanderer tritt also an einer Seite in den Halbkreis, schwenkt das Tor und verlässt den Halbkreis auf der anderen Seite. Das ist praktisch für alle: Wanderer und Hunde können leicht passieren, und auch Bauern können beruhigt sein, außer sie haben sehr intelligente Schafe. Nur für Backpacker oder beleibte Menschen ist es unpraktisch. Ich bin überzeugt davon, dass die Tauglichkeit eines Kissing Gates von der Statur des Konstrukteurs abhängt. Ist derjenige groß, lässt er genug Abstand zwischen dem Rand des Torflügels und der Rundung des Halbkreises, sodass man bequem hindurchschlüpfen kann. Ist er klein, hat er eine ganz andere Vorstellung von den Dimensionen. Nachdem wir wiederholt in solchen Toren eingeklemmt wurden, weil sich unsere Rucksäcke verkeilt hatten, entwickelten wir eine gute Methode: Man tritt bei geöffnetem Tor in den Halbkreis, klettert an den Latten des Halbkreises hoch, bis der Rucksack höher ist als die obere Torkante, und wirft das Tor zu. Anschließend kann man herunterklettern und den Halbkreis verlassen.

Nachdem wir den ganzen Vormittag an Zauntritten wegen Hunden gewartet, Hunde hinübergehoben und hinübergeworfene Hunde aufgefangen hatten, standen wir vor einem winzigen Kissing Gate. Ich war gerade an den Latten des Halbkreises hochgeklettert, als ein dicklicher Frührentner, der schon seit einer Weile hinter uns hergegangen war, auf das Tor zustürzte – offenbar hatte er es furchtbar eilig, nach Hause zu kommen, um die Zeitung zu lesen. Er ignorierte meine missliche Lage oben auf dem Zaun und ließ seine drei Hunde einen nach dem anderen durch. Dann stand er mit hochrotem Kopf wutschnaubend da.

»Was ist jetzt, gehen Sie durch oder was?«

Ich kletterte hinunter und verließ den Halbkreis, gefolgt von Moth, damit der dickliche Mann nicht länger warten musste. Auf der anderen Zaunseite wurde heftig geklatscht.

»Wow, das war ja großartig, die perfekte Art, das Tor zu passieren.« Ein adrettes älteres Paar spendete uns jubelnd Beifall. »Könnten Sie das vielleicht noch einmal machen, damit ich es filmen kann?«

Bereitwillig wiederholte Moth seine Kletterpartie durch das Tor, während das Paar entzückt filmte. Als das Meisterwerk fertig war, schüttelten sie ihm heftig die Hand.

»Die vom Buchclub werden begeistert sein. Macht es Ihnen etwas aus, wenn ich das auf unserem Blog poste?«

»Nein, nur zu.«

»Wir kommen nach St Ives, um Sie zu sehen. Wir können es kaum erwarten.«

»Wirklich?« Moth zog sich den Hut tiefer ins Gesicht und trat einen Schritt zurück. »Und wen genau hoffen Sie dort zu sehen?«

»Na, Sie natürlich! Oh, ist das ein Hinweis? Wird es um unsere verschiedenen Persönlichkeiten gehen? Ausgezeichnet, wer sind Sie heute?«

»Ich bin nur ein obdachloser Penner, der eine Wanderung unternimmt.«

»Ach, das ist ausgezeichnet, ausgezeichnet. Ach, wir sind ja so aufgeregt, wir können es kaum erwarten, Ihren Auftritt zu erleben, Simon. Bis dann.« Sie gingen in die andere Richtung weiter. »Persönlichkeitsspaltung, Widersprüche, Gegensätze. Toll, dass wir schon einen kleinen Vorgeschmack haben, das müssen wir bloggen, sobald wir zurück sind.«

Wir sahen ihnen nach, wie sie tief ins Gespräch versunken weiterzogen.

»Warum hast du es nicht abgestritten?«

»Inzwischen finde ich es einfach nur witzig. Stell dir bloß vor, wenn die vom Buchclub den Blog lesen. Damit wird man ihn ewig aufziehen.«

»Gemein.«

»Aber wir wissen immer noch nicht, wer dieser Simon Armitage ist.«

»Nein, aber wir haben immerhin einen Anhaltspunkt: Ein Buchclub interessiert sich für ihn, also muss er Schriftsteller sein.«

»Und sie werden sich in St Ives seinen Auftritt ansehen.«

»Schriftsteller treten normalerweise nicht auf, oder?«

»Vielleicht eine Lesung mit Signierstunde oder so.«

»Wahnsinn. Wer immer er ist, wir lernen ihn vielleicht sogar kennen.«

»Ich weiß nicht, ob ich das jetzt überhaupt noch will, so langsam gefällt mir diese Geschichte.«

***

Wir hingen über der Kante von Hell's Mouth, um die Robben auf dem Felsenstrand darunter zu beobachten, graue Leiber, die sich in der Sonne aalten oder ins Wasser plumpsen ließen. Wir hatten Glück, trotz all der Touristen, die in Scharen vom Parkplatz und vom Strandcafé hierher strömten, einen stillen Moment erwischt zu haben. Ein ozonhaltiger Wind wehte über die Felsen herauf und trug die tiefen, klagenden Rufe der Tiere zu uns. Dass sie traurig waren, bildeten wir uns bestimmt nur ein, eine Interpretation von Tierlauten nach menschlichen Maßstäben. Sie fürchteten sich weder vor Unheil, noch litten sie an Sehnsucht, wahrscheinlich stritten sie sich nur um den besten Platz in der Gruppe. Leben und Sterben zwischen Felsen und Meer. Kein Ausdruck einer Emotion, nur ein Echo des Grundrauschens des Lebens.

Als die Touristen zahlreicher wurden, machten wir uns davon, ließen den Leuchtturm von Godrevy hinter uns, der in der vom Wasser reflektierten Sonne glitzerte. Ein greller Lichtschein, der über endlose Landzungen hinweg bis zurück zum Leuchtturm von Trevose reichte und ganz schwach vielleicht sogar noch bis zum fernen Hartland Point. Unmöglich sich vorzustellen, dass wir noch dieselben Menschen waren, die am Hartland Point mit seinem wimpelgeschmückten Café gestanden hatten; oder die gebrochenen Seelen, die in Minehead aus dem Bus gestiegen waren. Und alles davor? Das war gar nicht mehr greifbar, so weit weg, unser Haus völlig außer Reichweite. Es existierte, doch die Entfernung machte es unerreichbar. Der stechende, tiefsitzende Schmerz des Verlusts war verschwunden, geblieben war nur die Erinnerung daran, wenn ich die Augen schloss. Ich hatte den Schmerz nicht nach Godrevy mitgenommen, sondern auf einer der anderen Landzungen zurückgelassen, konnte nur noch das Echo davon spüren.

Der Wind nahm zu, wühlte das Meer zu schaumgekrönten Wogen auf. Vor uns erstreckte sich kilometerweit Hayle Beach; der Strand badete im weißen Licht von St Ives, das sich jetzt jenseits der Carbis Bay deutlich abzeichnete. Wir gingen leichten Schrittes über festen Sand – nicht wie der weiche Horror von Perranporth, in dem man versunken war –, den Blick immer aufs Wasser gerichtet, das nun rasch näher kam, anstieg und gischtend ans Ufer schlug. Im Wind tanzende Silbermöwen kreischten laut und machten sich über unser langsames Vorwärtskommen lustig. Kitesurfer hoben zu Sprüngen ab, zähmten Luft und Wasser und hingen sekundenlang dazwischen, befreit von beidem. Bei Ebbe und mit extremer Vorsicht kann man die Hayle-Mündung zu Fuß überqueren, aber sobald die starke Gezeitenströmung in die Mündung fließt, wird sie zur Todesfalle. Die Flut drängte uns landeinwärts, und wir folgten dem Küstenpfad an einer Reihe von winzigen Holzhütten entlang, verziert mit Muscheln, Bojen, Treibholz und gesammeltem Strandgut. Es hätte mir gefallen, in einer dieser Hütten zu leben, in einem winzigen blauen Unterschlupf für den nahenden Winter. Mit den kürzeren Tagen wurden die Sommerurlauber spärlicher, und die meisten Hütten standen leer, bald würden sie zum Schutz vor den Stürmen verrammelt werden.

Der Küstenpfad verlor sich in einem Betongewirr in der Nähe des alten Kais und ging dann in einen gepflasterten Weg über, der über Kilometer hinweg parallel zur Straße verlief. Laut Paddy entscheiden sich manche Wanderer dafür, den Siedlungsausläufer zwischen hier und St Ives zu überspringen und den Bus zu nehmen. Es war schon später Nachmittag, und wenn wir weitergegangen wären, wären wir bei Dunkelheit mitten in einem Wohngebiet gelandet, wo wir nirgends zelten konnten, daher entschieden auch wir uns für den Bus. Wir hatten gerade genug Geld für die Fahrkarten, und hinter St Ives gab es eine Landzunge, wo wir einen Schlafplatz finden würden, also stellten wir uns an die Haltestelle.

»Wohin soll's gehen? Ist schon ein bisschen spät in der Saison für Backpacker.« Ein junger Mann Mitte zwanzig in Bermudashorts und einem Kapuzenshirt stand in der Schlage vor uns.

»Land's End, und danach hängt es vom Wetter ab. Vielleicht noch weiter.«

»Wie lange habt ihr Zeit?«

»So lange wir wollen.«

»Was, ihr müsst nicht irgendwohin zurück? Das ist unglaublich, in eurem Alter so was zu machen. Ihr geht einfach da raus und tut, was ihr wollt.«

»Ganz so ist es nicht.«

»O doch, Mann, wenn ihr nicht zurückmüsst, seid ihr frei, lebt euer Leben. Toll!« Er stieg in den Bus in die andere Richtung, aber er rief noch zurück: »Lebt euer Leben, Leute.«

Wir saßen im Bus; es war ein seltsames Gefühl, so schnell voranzukommen, eine Strecke in wenigen Minuten zurückzulegen, für die wir zu Fuß Stunden gebraucht hätten. Der Küstenpfad hatte uns gelehrt, dass die zu Fuß zurückgelegten Kilometer anders waren; wir kannten die Entfernung, den räumlichen Abstand von einem Punkt zum anderen, von einem Schluck Wasser zum nächsten, wir kannten sie mit unseren Knochen, kannten sie wie der Turmfalke im Wind und die Maus, die er im Blick hatte. Bei gefahrenen Kilometern ging es nicht um Entfernung; da ging es nur um Zeit.

Eine Stunde bevor es dunkel wurde, stiegen wir in St Ives aus, auf der falschen Seite der Stadt, wenn man zur offenen Landzunge wollte. Es machte nichts, nichts machte etwas. Moth war immer noch neben mir, und wir waren frei, lebten unser Leben.

14 DICHTER

Selbst im nachlassenden Licht hat St Ives etwas Leuchtendes. Die Stadt liegt nach Norden hin, ist jedoch an drei Seiten vom Atlantik umgeben und badet daher in ultraviolettem Licht, das vom Wasser zurückgeworfen wird, was den getünchten Häusern sogar in der Dämmerung einen irrealen Schimmer verleiht. Bernard Leach eröffnete hier 1920 eine Töpferei, die immer noch in Betrieb ist, ihm folgte Barbara Hepworth mit ihren riesigen Skulpturen. Das Licht zog Künstler aus der ganzen Welt an, und das kleine Fischerdorf verwandelte sich in eine Künstlerkolonie. Dann kamen die Touristen, dann die Tate Gallery St Ives und mit ihr noch mehr Touristen, schließlich verschwanden die Sardinen und das Schicksal der Stadt war besiegelt. Ein wimmelndes Touristenmekka in Cornwall, wo die Fischer Bootsfahrten für Touristen anbieten, anstatt zu fischen, und es mehr Kunstgalerien als Künstler gibt. Aber das Licht ist immer noch echt, erstrahlt in den schmalen Gassen und auf den aneinandergereihten Cottages der Fischer in einem weißen, mediterranen Glanz.

»Wäre schön, sich hier einen Tag ein bisschen umzusehen.«

»Das geht nicht, hier kann man nirgendwo zelten.«

Wir saßen auf der Kaimauer am Hafen und sahen zu, wie nach und nach die Lichter angingen. Ein alter Mann in einem löchrigen Wollpullover, kurzen Gummistiefeln und einer Strickmütze, die er bis zum Bart heruntergezogen hatte, packte gerade eine Sammlung nagelneuer Hummerkörbe und einen halb fertigen ein. Einen Augenblick lang hätten wir Künstler aus den 1930er-Jahren sein können, die die Hafenatmosphäre in sich aufsaugten, um sie zu malen.

»Fischen Sie hier mit Ihren Körben?«

»Ich bin kein Fischer, Schätzchen, Sie werden mich nicht auf einem Boot erwischen.«

»Was machen Sie dann hier mit den Körben?«

»An die Touristen verkaufen. Warum, wollen Sie einen?«

»Nein, danke.«

»Sie brauchen wohl eher einen Campingplatz als einen Hummerkorb. Folgen Sie der Straße vorbei an der Tate zum Ortsrand und schlagen Sie den Küstenpfad ein, dann sehen Sie links oben am Hügel einen Campingplatz.«

Wir bogen vom Küstenpfad ab und gingen den Hügel hinauf, passierten ein Tor und steuerten die letzte einer Reihe von Wiesen an, die einen Caravan- und Campingplatz oberhalb der Stadt bildeten.

»Wir können das nicht bezahlen.«

»Nein, aber es ist schon dunkel. Heute wird keiner mehr zum Kontrollieren kommen. Morgen können wir zeitig aufbrechen.«

Das Zelt passte perfekt in die äußerste Ecke der letzten Wiese, hinter den Ginsterbüschen. Wir schliefen so, wie man schläft, wenn man zwanzig Kilometer über Hügel und Felsen, Sand und Asphalt gewandert ist. Als wir schließlich aufwachten, ließen wir es darauf ankommen und blieben.

Ich zog in der Duschanlage meine Stiefel aus und schälte die Socken von den Füßen, die ich drei Tage und Nächte lang getragen hatte. Mein großer Zeh war platt, der Nagel hatte sich an den Rändern abgelöst. Ich schnitt den losen Nagel ab, sodass nur noch ein schmaler Streifen in der Mitte eines hochroten, pochenden Zehs festhing. Aber der Boden war warm: Fußbodenheizung in einer Campingduschanlage – einmalig. Ich trocknete die Socken mit dem Föhn unter einem riesigen Spiegel, blies Sand, Staub und Hautpartikel auf den makellosen Waschtisch. Aus dem Radio dröhnte eine Stimme mit weichem Clotted-Cream-Akzent, die Benzingutscheine versprach, wenn man einen Pirate-FM-Sticker auf sein Auto klebte. »Da da da da Pirate FM.« Ich bekam den kleinen Jingle nicht mehr aus dem Kopf, dagegen half auch nicht, dass Jon Bon Jovi »Dead or Alive« sang, während ich unter der Dusche stand.

Ich trocknete meine Vogelnesthaare, die warme, trockene Luft war ein beinahe vergessenes Vergnügen. Durch das Leben in freier Natur auf dem Küstenpfad waren wir ständig nass. Nass vom Schweiß, nass vom Regen oder einfach nur nass von der feuchten Luft. Unsere Kleider waren immer klamm. Klamm oder triefend vor Schweiß tagsüber, klamm von der feuchten Luft nachts, klamm und eiskalt am Morgen. Es gab trockene Momente, wenn wir in der Sonne saßen, die Rucksäcke abgeschnallt, die Socken zum Trocknen ausgezogen, nur um nach dem Anziehen binnen Minuten wieder nass zu werden. Die Nässe war uns so vertraut wie die Trockenheit im normalen Leben, so vertraut, dass wir gar nicht mehr darüber nachdachten. Vielleicht war das der Grund dafür, dass ich tagelang die Socken nicht ausgezogen hatte. Wir hatten die moderne Zivilisation hinter uns gelassen und befanden uns in einem Zustand des reinen Existierens, Überlebens. Der warme, trockene Boden war wie eine Wellnesskur für meine Fußsohlen, und ich stand eine gefühlte Ewigkeit mit warmen Füßen, trockenen Haaren und Pirate FM im Ohr da. Ich mag die Zivilisation. *Da da da da Pirate FM.* Mist. Wenn die Dusche so grandios war, musste der Campingplatz ein Vermögen kosten. Wir mussten hier weg, bevor uns noch jemand Geld abknöpfen wollte.

***

In St Ives wimmelte es von Menschen, die sich in Scharen durch die engen Gassen schoben. Über unseren Köpfen gespannte Banner verkündeten, dass am Wochenende das St Ives September Festival beginnen würde, doch es war bereits jetzt voll hier, die Leute hatten offenbar schon vor dem Massenansturm eingecheckt. Wir schlenderten durch die Straßen, ohne die schweren Rucksäcke leichtfüßig trotz der Stiefel.

»Es müsste doch schon wieder Geld auf dem Konto sein.«

»Das ist eine Tortur; überall gibt es Essen.«

Am Schaufenster eines Fischrestaurants drückten wir uns die Nasen platt. Wir genehmigten uns ein virtuelles Frühstück bestehend aus poschierten Eiern und Räucherlachs, dazu ein Cappuccino, den wir allerdings nicht austrinken konnten, weil eine Kellnerin uns verjagte, wir würden die Gäste beim Essen stören. Leckere Snacks, Donuts, Eis, Clotted Cream, Kuchen und Pasteten. Wir gingen zum Geldautomaten.

Guthaben: fünfundzwanzig Pfund und zweiundsechzig Pence. Heute verfügbarer Betrag: zwanzig Pfund. Warum so wenig? Wir konnten nichts dagegen tun; wir hatten die Unterlagen zu unserer Steuergutschrift nicht dabei, und selbst wenn, hätten wir uns die Anrufe nicht leisten können, um der Sache auf den Grund zu gehen. Also hoben wir die zwanzig Pfund ab und setzten uns schweigend in eine winzige Grünanlage neben der Kirche.

Moth legte den Arm um mich.

»Wir kommen schon klar. Sind wir früher auch.«

»Ich weiß, aber ich hätte so gerne eine Pastete gehabt. Laufen wir trotzdem ein bisschen herum.« Ich musste mich zusammenreißen, um nicht in Tränen auszubrechen.

»Dann also wieder Nudeln. Wir lieben Nudeln.«

»Jaaa. Wir lieben Nudeln.«

Obwohl es schon ein wenig dämmerte, waren die Straßen immer noch von Besuchern und Straßenmusikern bevölkert. Wir folgten einer der winzigen Gassen hinter der Kirche und spähten durch die Fenster eines eleganten Hotels: gewachste Dielen, gebrochen weiß gestrichene Wände, Täfelung in Nantucket-Blau.

»Woher weißt du das?«

»Das sind dieselben Farben, die ich für die Küche in der Scheune verwendet habe. Erinnerst du dich nicht?«

Ein Esoterikladen erregte unsere Aufmerksamkeit, das Schaufenster voll mit Silberschmuck, Kristallen und Traumfängern. Auf einem Zettel an der Tür stand: »Heute Tarotkartenlegen«. Wir starrten blicklos durch das Fenster, ruhten einfach nur unsere Augen auf dem Geglitzer aus.

»Möchten Sie sich die Karten legen lassen?« Eine alte Dame in Jogginghose und Twinset hielt uns die Tür auf.

»Nein, danke, das können wir uns nicht leisten.«

»Kommen Sie trotzdem rein. Das große Geschäft hier im Ort geht anscheinend an mir vorbei – ich spendiere Ihnen eine kurze Sitzung.«

Ich ging einen Schritt auf sie zu.

»Okay, warum nicht.«

»Nein.« Moth blieb auf der Schwelle stehen und schüttelte den Kopf, weigerte sich, durch die Tür zu treten. Die Dame streckte ihm einladend die Hand entgegen.

»Ich lege die Karten nur für Ihre Frau. Sie können einfach dabeisitzen.«

Wir gingen in ihre Kabine in einem Hinterzimmer, abgetrennt durch Vorhänge und angefüllt mit allerlei Schnickschnack, wo sie die Karten mischte. Ich musste neun davon ziehen, und sie legte sie der Reihe nach ab.

»Meine Güte, Sie haben die Sonne im Zentrum und den Mond oben. Ihre letzten drei Karten sind Mutter Erde, die Kunst und die Waage. Eine bemerkenswerte, wundervolle Deutung. Lassen Sie sich Zeit für das, was Sie tun müssen, dann werden Sie bekommen, was Sie sich am meisten wünschen.«

»Wirklich?«

»Wirklich.« Sie nahm Moths Hand. »Sie werden wieder gesund. Ihre Frau hat eine lange Lebenslinie, und Sie sind auch darin enthalten.«

Wir gingen zurück zum Meer und spazierten an der Ufermauer aus Beton entlang. Am Strand legte ein Künstler Steine aufeinander, schuf Meeresskulpturen zur Besichtigung, bis die Flut kam. Seine Zuschauer warfen Münzen in ein Abflussrohr, das zu einem Eimer am Strand führte.

»Du wirst also ewig leben.«

»Und du mit mir.«

»Und du wirst haben, was immer du dir wünschst.«

»Dann lass es uns tun.«

»Was?«

»Eine Pastete kaufen.«

In Cornwall gibt es viele Pastetenbäcker, und so ziemlich jeder behauptet von sich, entweder der beste oder der älteste oder der einzig wahre zu sein. Wir kauften eine riesige Pastete in einem Laden, der sich rühmte, alle drei Attribute in sich zu vereinen, und setzten uns zum Essen an den Hafen. Menschenmassen bevölkerten die Bänke, genossen Pommes und Eis. Wir ließen unsere Beine über die Betonmauer baumeln, während Moth sich seine Hälfte der Pastete vornahm. Die Möwen machten Lärm, kreischten wütend und aufgeregt, hockten auf Dächern, Geländern und Laternenpfosten. Ein besonders angriffslustig wirkendes Exemplar besetzte den Schuppen für Ausflugsboote und fixierte uns mit seinen Seeglasaugen. Ich hielt die kostbare, krümelige Pastete in ihrer fettigen Papiertüte dicht an meinem Körper. Es war wirklich die beste Pastete, die ich jemals gegessen hatte. Herrlich weiches Rindfleisch mit Kartoffeln und Kohlrüben und genau so viel Soße, dass sie mir nicht über die Hand lief. Ich nahm einen zweiten Bissen, versuchte, langsam zu kauen, damit ich länger etwas davon hatte, ein Auge immer auf der Möwe. Als ich die Hand vom Mund wegführte, hörte ich ein Rauschen in der Luft, etwas schrappte von hinten über meinen Kopf und die Pastete war weg. Wie betäubt hielt ich die leere Tüte in der Hand, während auch die Möwe vom Bootsschuppen mit einem Schrei davonflog. Wie dumm von mir. Ich hatte mich nicht umgesehen. Jagen Möwen in Rudeln?

»Sie sagte, du würdest bekommen, was du dir wünschst – nur nicht, wie lange du es behalten würdest.«

»Du hast gut reden, du hattest deine Hälfte ja ganz.«

»Ach, komm schon, du musst zugeben, dass das lustig war.«

»Nein.«

Moth stand auf und warf die Papiertüte in den Mülleimer.

»Du kannst hier sitzen bleiben und in Selbstmitleid baden. Ich muss etwas aus dem Zelt holen. Rühr dich nicht von der Stelle, sonst finde ich dich nicht mehr.«

Und er war in der Menge verschwunden. Die Art, wie er sich bewegte, ließ mich stutzen, so geschmeidig, aufrecht, nicht hinkend vor Schmerzen. Normal. Sonderbar. *Da da da da Pirate FM.* Seit wir Wales verlassen hatten, waren wir kaum je getrennt voneinander gewesen, und ich fühlte mich merkwürdig unvollständig, als hätte er beim Aufstehen eine Hälfte von mir mitgenommen. Eine halb aufgegessene Pastete. Die meisten Möwen versammelten sich um die Fish and Chips-Bude, sie hatten ihren Instinkt nicht völlig verloren – Fisch war ganz klar ihre Lieblingsspeise –, aber wenn sich eine Gelegenheit bot, nahmen sie alles. Sie stießen herab, schnappten zu und waren zuweilen erfolgreich. *Da da da da Pirate FM.* Ich versuchte, ein Lied über St Ives zu reimen: »As I was going to St Ives, I met a man with ...« Nein, das gab es schon. Was, wenn er nicht zurückkam? Vielleicht hatte er mein Gejammer satt, packte einfach den Rucksack und verschwand. Nein, das würde er nicht tun; ich hatte das Geld. Dann kam es mir zu Bewusstsein, und das Dach über mir gab nach, jenes Dach, das ich den ganzen Sommer über mit meinem Leugnen gestützt hatte. Was würde passieren, wenn er nicht mehr zurückkäme, wenn er mich für immer verließ? Dann würde ich immer eine halb aufgegessene Pastete bleiben, nie wieder ganz werden. Ich umklammerte meine Knie und konzentrierte mich auf die Möwen, um mich von diesem Gedanken abzulenken. *Da da da da Pirate FM.*

»Ich meinte nicht, dass du genau hier sitzen bleiben musst.«

»Bin ich aber. Was war denn so wichtig?«

»Ich brauchte den *Beowulf*. Komm mit.«

»Wohin?«

Wir drängten uns durch die Menge zu einer Stelle, wo die Straße breiter wurde und die Straßenmusiker spielten. Er postierte sich in der Nähe des Delis und schlug den *Beowulf* mit seinem so vertrauten dunkelblauen Einband und der roten Schrift auf.

»Bereit?«

»Nein, nein, du kannst doch nicht …«

Moth lehnte sich lässig an die Wand, als wäre es das Normalste der Welt. Aber er war schon immer ein guter Geschichtenerzähler gewesen. Er hatte in Bauarbeiterunterkünften und Schlangen an der Bushaltestelle seine Geschichten zum Besten gegeben, vor Kindern bei seinen Gartenführungen und Feriengästen in unserer Scheune, vor jedem, der lange genug stillsaß. Die Themen, mit denen er seine Zuhörer fesselte, reichten von Historischem bis zur Botanik. Aber das hier war etwas anderes. Das war eine Straße mit lauter Fremden, kein hingerissenes Publikum. Und viele von ihnen waren keine normalen Strandurlauber, sondern kunstbeflissene Gäste, die wegen des Festivals gekommen waren.

»Nein, Moth …«

»›So‹.«

Oh mein Gott! Ich wand mich vor Verlegenheit und versuchte, auf Abstand zu gehen. Er hatte schon immer so eine laute Stimme gehabt, konnte gar nicht flüstern.

»The Spear Danes in days gone by
And the kings who ruled them had courage and greatness …« [1]

Ein paar Leute blieben stehen und drehten sich zu ihm um. Zwei alte Männer standen mit verschränkten Armen da und nickten. Inzwischen war er in Fahrt und bekam von seinem Publikum nichts mit, war wieder in der Bauarbeiterunterkunft.

»Then a powerful demon, a prowler through the dark …« [2]

Er warf mir seinen Hut zu – auch das noch –, und Münzen landeten darin. Pfundmünzen. Ich ging Geld sammelnd durch die Menge: zwanzig Pence, fünfzig Pence …

»Haben Sie eine Genehmigung?«, rief eine hohe Stimme von irgendwo seitlich aus der Menge, die fast schon die ganze Straße blockierte. Eine Genehmigung?

»Time and again, foul things attacked me …« [3]

---

1 »Hört! Von Ger-Dänen vergangener Tage klingt uns der Könige Ruhm«

2 »Schwer nur ertrug ein schrecklicher Unhold«

3 »Die wütenden Monster wieder und wieder«

Er schlug das Buch zu.

»Genug für heute. Ich danke Seamus Heaney und dem *Beowulf*, und ich danke euch, dass ihr zugehört habt, Leute.« Und sie klatschten frenetisch Beifall.

»Gut gemacht, eine schöne Würdigung, er wäre stolz gewesen.« Einer der alten Männer schüttelte Moth die Hand. »Ich hoffe, er schaut von oben auf das Festival diese Woche herab.«

»Entschuldigung, wann ist er noch mal gestorben? Auf so einer Wanderung verliert man das Zeitgefühl.«

»Vor zwei Wochen. Ein wundervoller, wundervoller Tribut, danke.« Die Menge zerstreute sich, und ich schob den Hut unter meine Fleecejacke.

»Ich wusste nicht, dass er gestorben ist. Ich fühle mich wie ein respektloses Schwein.«

»Ich glaube nicht, dass es ihn gestört hätte. Wahrscheinlich hätte er gelacht.«

»Wir sollten gehen. Hast du das mit der Genehmigung gehört?«

Zurück am ruhigen Ende des Hafens leerten wir den Hut aus und zählten die Münzen. Glänzende, schimmernde Münzen. Wir zählten sie noch einmal. Und noch einmal. Achtundzwanzig Pfund und drei Pence. Ganze achtundzwanzig Pfund! Wir hüpften und tanzten herum und lachten, bis uns die Tränen kamen, spielten die Szene noch einmal nach.

»Das war richtig gut, als du dich um den Pfosten geschwungen hast, so dramatisch.«

»Essen, Essen, Essen, Essen.«

Wir kippten die Münzen auf den Tresen des Co-op und füllten unsere Tasche mit Brot, Obst und Grünzeug, mit allem, wonach wir uns gesehnt hatten, bloß keine Nudeln. Ein Wollpullover für jeden im Wohlfahrtsladen und zwei Tüten Pommes. Danach hatten wir immer noch zehn Pfund übrig, zu den zwanzig in unserer Tasche. Und den fünf Pfund auf der Bank. Wir lebten unser Leben.

Auf dem Rückweg zum Campingplatz sahen wir in einer Galerie ein Poster. Simon Armitage. Ein Dichter. Er wanderte von Minehead nach Land's End und hielt unterwegs Lesungen ab. Eine am Sonntag in St Ives. Eintritt frei. Ausgebucht.

»Na ja, wenigstens wissen wir jetzt, wer er ist.«

»Er sieht dir aber gar nicht ähnlich.«

»Was soll ich sagen, vielleicht fühlen sich Menschen einfach durch meine poetische Art angezogen.«

»Blödsinn.«

***

Wir verbrachten den Abend damit, in der Dusche herumzutrödeln, wuschen unsere Kleider und spielten mit den Föhnen.

Da da da da Pirate FM. Ich versuchte erfolglos, mein gereimtes Liedchen über St Ives fertigzustellen.

»Ein Tribut an Simon Armitage
Möwen, Möwen überall,
in meinem Haar.
Pasteten, Pasteten überall,
in dem Vogel.«

»Ray, das ist kompletter Mist.«

»Nein, das ist ein siebenhebiger Jambus.«

TEIL 4

BROMBEEREN MIT EINEM HAUCH VON SALZ

Die Qual der Wahl – welchen werfe ich und welchen stecke ich ein und nehme ihn mit nach Hause.

Simon Armitage, *The Stone Beach*

15 LANDZUNGEN

Bei Sonnenaufgang herrschte ein kristallhelles Licht, in dem das Grün der Landspitze von Godrevy gestochen scharf hervortrat, und Trevose Head lag klar sichtbar am Horizont. So würde es nicht bleiben; auf einen solchen Bilderbuchmorgen folgt unweigerlich ein wolkenverhangener Tag und oft auch weitaus Schlimmeres. Doch wir mussten aufbrechen, denn wir hatten herausgefunden, dass der Campingplatz fünfundzwanzig Pfund pro Nacht kostete.

Von Clodgy Point aus erstreckte sich das grün schimmernde Licht Richtung Osten, aber im Westen türmten sich bereits Quellwolken mit der typisch weißen Oberseite, und der auffrischende Wind blies einzelne Wolkenfetzen als Vorhut in unsere Richtung. Der Coast Path führte in eine aus unzähligen Landzungen bestehende Wildnis: Hor Point, Pen Enys Point, Carn Nuan Point und viele weitere, die noch außerhalb unseres Blickfeldes lagen. Nur die Landspitzen und der Atlantik, eine schroffe, urtümliche, fast bedrohliche Landschaft. Eine Landzunge nach der anderen. Während wir weiterwanderten, wurde der Himmel im Westen dunkler, stürzten abbröckelnde Steine ins Meer, begann sich weißer Schaum auf dem Wasser zu bilden, das ebenso undurchsichtig wirkte wie die tief hängende Wolkenmasse. Ein geheimnisvolles Land aus Felsen, geformt von Wind und Wetter, isoliert und weltabgeschieden. Seit Jahrmillionen unverändert und doch den ständigen Veränderungen durch Meer und Witterung ausgesetzt, ein Widerspruch in sich am westlichen Rand der britischen Hauptinsel. Unbeeindruckt von Zeit und Menschenhand zehrte dieses alte Land an unseren Kräften und unserem Willen und zwang uns dazu, uns den Elementen, die es formten, zu beugen.

Das Gelände stieg und fiel, schob uns Felsblöcke in den Weg, scharfkantige, schier unpassierbare Steine. Wir kletterten hinauf, mitten hindurch, um sie herum, über sie drüber, hinter ihnen entlang. Der Himmel verschmolz mit dem Land, wir verschmolzen mit dem Himmel. Wasser drang durch unsere Kleider, quoll aus unseren Schuhen. Irgendwo zu unserer Rechten krachte das Meer gegen die Felsen, aber wir konnten es nicht sehen; der herabströmende Regen bildete einen dichten grauen Vorhang, sodass wir große Mühe hatten, dem Pfad zwischen den Felsen zu folgen. Es gab nichts, woran wir uns hätten orientieren können; verzweifelt stolperten wir durch den gewaltigen Steinhaufen und fürchteten schon, für immer durch dieses Geröllfeld irren zu müssen wie durch einen nassen, grauen Hades.

Gegen den Wind ankämpfend, eins mit dem Regen, merkte ich plötzlich, dass wir offenes Gelände erreicht hatten, ohne dass ich hätte sagen können, wie wir das geschafft hatten; instinktiv hatten mich meine Füße wieder auf den Weg zurückgeführt, der bergauf zum Zennor Head führte. Farndickicht löste die Felsen ab, während wir mit schmatzenden Schritten durch den Morast stapften, den Blick konzentriert auf den Weg gerichtet, aus Angst, ihn wieder zu verlieren. Endlich wurde das Gelände flacher, und als ich aufsah, stand ich zwei älteren deutschen Touristen gegenüber. Sie waren die ersten Menschen, die uns heute begegneten.

Die Freude über die Begegnung war gegenseitig.

»O Gott sei Dank. Wir dachten schon, wir müssten hier draußen sterben. Jetzt kommen wir schon zum dritten Mal an dieser Stelle vorbei. Wo sind wir?«

Ihr dachtet, ihr würdet sterben? Ich dachte, ich wäre schon im Jenseits gelandet. Moth zog einen durchweichten Paddy Dillon aus der Hosentasche und löste vorsichtig die Seiten voneinander, während wir anderen uns um ihn scharten und versuchten, unsere Lesebrillen an der nassen Kleidung zu trocknen.

»Wo wollen Sie hin?«

»Zennor. Wir haben ein Zimmer im Tinner's Arms reserviert.«

»Dann müssen Sie den Hügel runtergehen und der Straße landeinwärts folgen.«

Sie verabschiedeten sich und wurden bereits nach zwei Metern vom Nebel verschluckt.

»Im Tinner's Arms?« Der Gedanke an einen warmen, trockenen Pub hatte etwas Verlockendes.

Erschöpft schleppten wir uns über die Asphaltstraße, unsere Rucksäcke waren tropfnass und wogen doppelt so viel wie normal, aber nach dem ganzen Geröll war der ebene Untergrund eine Wohltat.

Die Legende der Meerjungfrau von Zennor erzählt von einer wunderschönen Frau mit einer zauberhaften Stimme, die gelegentlich die dortige Kirche besuchte. Eines Tages warf sie ein Auge auf Mathey Trewella, der ihr, über alle Maßen betört, folgte und nie mehr an Land gesehen wurde, außer vielleicht einmal, draußen auf See, als sich der Nebel im Westen lichtete ... So hatte es uns jedenfalls das Mädchen im Eiscafé Moomaid of Zennor in St Ives erzählt. Wohl zum Gedenken an das Paar hatten die Dorfbewohner eine Meerjungfrau in das Seitenteil der hölzernen Kirchenbank geschnitzt, auf der sie immer gesessen hatte, und es war ganz gewiss kein Marketing-Trick einer Kirchengemeinde im fünfzehnten Jahrhundert, die gerade ein Vanilledessert erfunden hatte.

Als daher die St Senara's Church aus dem Nebel auftauchte, mussten wir natürlich hineingehen. Und da war sie, die Dame mit dem Fischschwanz, in ihrer ganzen Pracht. Wir überlegten gerade, ob wir für die Nacht in der Kirche Schutz suchen sollten, als die Tür aufgerissen wurde und zwei Männer hereinmarschierten, perfekt ausgerüstet mit Regenhüllen über den Rucksäcken. Der größere der beiden steuerte geradewegs auf die Schnitzerei zu und warf einen Blick darauf.

»Aha, das ist es also.«

Dann machte er auf dem Absatz kehrt und polterte wieder hinaus, zog den anderen Mann mit, bevor der überhaupt bis zur Bank vorgedrungen war. Typische Marschierer.

Im Tinner's Arms fanden wir in einer schummrigen Ecke in der Nähe der Bar zwei freie Stühle, schälten uns aus unseren Regenjacken und bestellten eine Kanne Tee. Von der anderen Seite des Raums winkten uns die deutschen Touristen zu, die sich bereits eifrig ihren vollen Tellern widmeten. Ich hängte meine roten Socken über die Tischkante; sie trieften vor Nässe und trugen zu der Pfütze bei, die sich unter unseren Rucksäcken gebildet hatte. Bald wurde uns so warm, dass wir zu dampfen begannen, und in unseren eigenen Nebel gehüllt waren wir in der dunklen Ecke nahezu unsichtbar.

Da flog die Tür auf, und die beiden Männer aus der Kirche kamen herein, gefolgt von vier weiteren. Sie hatten geduscht und trugen trockene, saubere Sachen. Wir warteten darauf, dass sie mit ihrer Geschichte herausrückten; Backpacker können einfach nicht anders, früher oder später müssen sie sich anderen mitteilen. Es dauerte tatsächlich nicht lange.

»Wir wandern auf dem Coast Path, von Minehead nach Plymouth. In spätestens zwei Wochen müssen wir in Plymouth sein. Heute ist unser achtzehnter Tag, wir liegen gut in der Zeit.« Der große Mann war der Wortführer.

»Warum wir die Wanderung machen? Na ja, für einen guten Zweck natürlich. So was macht man doch nur, um eine Wohltätigkeitsorganisation zu unterstützen, und nicht einzig und allein zum eigenen Vergnügen. Wir haben ein Team, das uns betreut, unser Begleitfahrzeug kommt natürlich nach.«

Normalerweise würden sich an diesem Punkt der Unterhaltung andere Wanderer einklinken und in geselliger Runde Erlebnisse und Erfahrungen austauschen. Doch die Deutschen waren schon gegangen, und die restlichen Pubgäste waren ganz offensichtlich keine Wanderer. Tja, also wir gehen auch den Coast Path. Nein, nicht für einen wohltätigen

Zweck, wir wollten einfach wandern. Ob wir ein Begleitfahrzeug haben? Nein, wir haben nur das dabei, was in unsere Rucksäcke passt. Camping? Ja, das stimmt, und ja, das Zelt ist pitschnass. Wo wir heute übernachten werden? Wir haben nicht die leiseste Ahnung. Nein, auf ein solches Gespräch hatten wir keine Lust; lieber bestellten wir aus unserem Nebel heraus noch eine Kanne heißes Wasser. Die Wanderer marschierten um zehn Uhr aus dem Pub, sie wollten »früh ins Bett, damit wir morgen rechtzeitig starten können«.

Um elf Uhr hörte es endlich auf zu regnen, und der Nebel begann sich ein wenig zu lichten. Wir schlüpften in unsere nassen Sachen und traten hinaus in die Dunkelheit. Eine Wiese neben der Straße schien uns der geeignete Platz für unser Zelt zu sein, aber an dem Komposthaufen merkten wir, dass es sich um den hinteren Teil eines Gartens handelte. Auf der Landzunge waren wir an einem passenden Plätzchen vorbeigekommen, daher beschlossen wir, dorthin zurückzukehren. Wir stapften durch den Farn und kamen an eine Wiese, von der die Lichter einer Farm gerade weit genug entfernt waren, dass wir es riskieren konnten. Während wir das Zelt mit einem nassen Handtuch auswischten, frischte der Wind auf, also setzten wir uns ins Gras und hofften, das Zelt würde zumindest so weit trocknen, dass wir die Schlafsäcke ausrollen könnten. Nass und vor Kälte zitternd saßen wir um ein Uhr nachts auf einer exponierten Landzunge und aßen Reis und Thunfisch. Aus der Bucht unterhalb drangen die tiefen, klagenden Rufe der Robben zu uns; in der Ferne hörte man eine Antwort:

»Verdammt nass hier drüben.«

»Hier auch.«

»Kann diese blöde Meerjungfrau denn nicht mal aufhören zu singen? Da kriegt man ja kein Auge zu.«

Oder es waren nur ganz normale Robbenlaute, schwer zu sagen. Als ich auf dieser zugigen Landspitze in einem nassen Zelt in einen nassen Schlafsack kroch und den nächtlichen Rufen der Robben lauschte, war ich jedenfalls dankbar, dass ich nicht in irgendeiner Gasse auf einem Stück Karton hinter den Mülltonnen nächtigen musste.

***

Kühe, die auf einer fetten Weide grasen, machen beim Wiederkäuen ein spezielles Geräusch. Und dieses Geräusch war direkt neben meinem Kopf. Wenn eine Kuh direkt neben meinem Kopf rülpste, bedeutete das, dass sich ihre Hufe nahe am Zelt befanden; ein falscher Schritt, und sie würde sich in einer der Zeltleinen verfangen, oder, schlimmer noch, mit dem Huf die äußere Zeltplane aufschlitzen. Ich versuchte, ganz leise zu flüstern.

»Moth, Moth, da draußen ist eine Kuh.«

»Und?«

»Na ja, sie ist direkt neben uns.«

»Ignorier sie einfach, sie wird schon weggehen.«

Ich schaffte es nicht, sie zu ignorieren, und zog ganz langsam den Reißverschluss auf, damit sie nicht vor Schreck aufs Zelt sprang. Aber es ist unmöglich, einen Zelteingang leise zu öffnen. Und dann stolperte ich auch noch über den Kocher und fiel ins nasse Gras. Die Kuh jedoch hatte sich schon wieder abgewandt und trottete gemächlich davon, rupfte hie und da ein bisschen Gras ab und wirkte völlig unbeeindruckt.

Von ihrem Rücken stieg Dampf auf, und in der kalten, stillen Luft konnte ich ihren Atem sehen, während sie in den Nebel hineinwanderte und sich dort zu einer schemenhaften Herde gesellte. Im verhangenen Halbdunkel eines hinter den Wolken verborgenen Mondes lauschte ich darauf, wie sie Gras rupften, kauten, rülpsten und atmeten. Immer wieder ertönten die langgezogenen Rufe der Robben, nur gelegentlich unterbrochen vom Schrei eines Austernfischers. Ich holte den Schlafsack aus dem Zelt und wickelte mich darin ein, während im Osten der erste Schimmer des Tages am Horizont erschien und eine Landzunge nach der anderen beleuchtete, bis der Mond verblasste und sich der Nebel aufzulösen begann. Die Schreie der Möwen wurden laut und durchdringend, und im Farmhaus gingen die Lichter an.

***

Die Wolken hatten so weit aufgelockert, dass wir die Landspitzen bis hin zu Gurnard's Head erkennen konnten, aber der Himmel hing immer noch schwer und grau über uns. Der Weg verlief durch eine Schlucht mit einem kleinen Bach, an dessen Ufern unzählige Blumen blühten, fast so, als wären Samen aus sämtlichen Gärten Zennors in den Bach geweht, wo sie der feuchte Untergrund aufgenommen und in einen üppigen, ungebändigten, geheimen Garten verwandelt hatte.

Die nächste Landzunge. Wir saßen auf einer Bank und aßen einen durchweichten Fudge-Riegel, als wir Stimmen und sich nähernde Schritte hörten.

»Deine Blasen interessieren mich nicht. Wir werden heute Abend Land's End erreichen, genau nach Plan.« Ohne uns eines Blickes zu würdigen, marschierten sie vorbei und waren rasch verschwunden. Land's End, heute? Wir waren noch Tage entfernt von dem Fragezeichen, das Land's End für uns darstellte, von dem großen »was dann?«.

Zwei weitere Gestalten kamen den schmalen, gewundenen Pfad von Pendour Cove herauf und bogen unweit von uns auf den Coast Path ein. Vom Alter gebeugte Männer, ungefähr gleich groß und alt. Einer von ihnen war zweckmäßig gekleidet in Wanderstiefel, Regenjacke und Wollmütze, er war dünn, sein Gesicht grau und eingefallen, und er hatte ein Bündel Kleider über dem Arm. Der andere, ein wenig jünger, trug eine Badehose und Flipflops, hatte ein Handtuch um den Hals geschlungen und eine Tupperbox in der Hand. Als sie näher kamen, verrieten die Art, wie sie sich bewegten, die Form ihrer Köpfe und ihr Gezänk, dass sie Brüder waren.

»Guten Morgen. Wollen Sie schwimmen gehen? Wir waren gerade. Na ja, ich zumindest – er will ja nicht mal seine Stiefel ausziehen. Keine Ahnung, was er fürchtet, wenn seine Haut dem Sonnenlicht ausgesetzt wird, vielleicht hat er ja Angst, ihm könnte was abfallen.« Der Schwimmer war offenbar der Wortführer. Sein Bruder stand nur schweigend da und lächelte schief.

»Die Luft ist heute Morgen einfach perfekt. Warm und feucht, gut für die Haut. Ich sage immer zu ihm, ein Spritzer kaltes Meerwasser und warme, feuchte Luft halten einen jung und gesund.« Er streckte uns die Tupperbox entgegen, die halb mit glänzenden, reifen, schwarzen Früchten gefüllt war. »Möchten Sie vielleicht eine Brombeere?«

Die Brombeeren, die wir bisher gepflückt hatten, waren klein, sauer und herb gewesen, also nahm ich nur aus Höflichkeit eine. Als ich sie jedoch in den Mund steckte, schmeckte sie besser als alle Brombeeren, die ich je probiert hatte. Weich, süß, ein vollendetes herbstliches Aroma wie ein fruchtiger Rotwein, und im Abgang ein Hauch, wirklich nur ein Hauch von Salz.

»Sie dachten, die Brombeersaison wäre vorbei, oder? Oder Sie haben welche gegessen und gedacht, sie schmecken Ihnen nicht. Nein, man muss bis zum letzten Moment warten, den Moment zwischen perfekt und überreif abpassen. Die Amseln wissen, wann es so weit ist. Und wenn genau dann auch noch der Nebel kommt und sich die salzige Luft um die Früchte legt, dann ergibt das etwas, was man für kein Geld der Welt kaufen kann und was auch der beste Koch nicht hinbekommt. Eine vollendete, leicht salzige Brombeere. Man kann sie nicht herstellen; man muss Geduld haben und der Natur ihren Lauf lassen. Sie sind ein Geschenk, gerade wenn man glaubt, der Sommer wäre vorbei und alle guten Früchte geerntet. Ja, sie sind ein Geschenk.«

Er legte den Arm um seinen Bruder, der blass war und zitterte, ganz offensichtlich war er krank.

»Gib mir meine Sachen, alter Junge, wir bringen dich jetzt heim ans Kaminfeuer.« Der Bruder lächelte nur, und sie machten sich auf ihren Weg durch die Schlucht.

Wir aßen eine Handvoll Brombeeren nach der anderen, während wir den Windungen des Weges nach Gurnard's Head folgten, unsere Hände dunkelrot gefleckt.

***

Der Himmel öffnete seine Schleusen, verschlang das Meer und fiel in Form von Sturzregen aufs Land, verwandelte uns in glitschige, schlammbedeckte Leiber, die den felsigen Pfad entlangschlitterten. Gewaltige Brecher droschen auf die Steilküste ein, genau wie der Regen auf uns eindrosch. Das Wasser drang durch unsere Regenjacken – von wasserdicht konnte keine Rede sein – und unsere Kleider, sammelte sich in unseren Stiefeln und schoss als matschige, schwitzige Suppe wieder heraus. Am Nachmittag gaben wir auf, stellten das Zelt in eine Wiese, tauschten unsere nassen Sachen gegen etwas weniger nasse, aßen Reis, spielten »Ich sehe was, was du nicht siehst« (was in einem Zelt nur begrenzte Möglichkeiten bietet), überlegten, was wir nach Land's End anfangen würden (auch hier waren die Möglichkeiten begrenzt, denn es gab ohnehin nur zwei Optionen: weiterwandern oder nicht), spielten *Beowulf* nach (im Zelt ebenfalls nur begrenzt möglich, weil Schwertkämpfe dort nicht empfehlenswert sind) und schliefen danach zwölf Stunden.

Grelles Licht sickerte ins Zelt, seit zwei Tagen war es morgens nicht mehr so hell gewesen, aber im Moment war mir egal, ob es draußen hell war oder nicht. Ich hatte Bauchkrämpfe von den Brombeeren, nach Wochen mit Reis und Nudeln war mir die große Menge Obst nicht bekommen. Im Schutz einer im Fischgrätmuster aufgeschichteten Schiefermauer kauerte ich mich hin, um mich zu erleichtern, und sah den flauschigen weißen Haufenwolken zu, die über den blauen Himmel zogen. Plötzlich entdeckte ich sie: eine Frau auf einem Schemel. Sie hatte den Kopf gegen die Flanke einer Kuh gelehnt, die aus einem Eimer fraß. Wieso saß sie hier mitten auf der Wiese und molk eine Kuh? War ich krank, halluzinierte ich oder war ich in der Zeit von *Tess of the d'Urbervilles* aufgewacht? Heutzutage benutzt niemand mehr einen Melkschemel, schon gar nicht einfach so auf einer Wiese. Da winkte sie mir zu. Oh, Mist, sie hatte mich gesehen, wie ich auf ihrem Grund hockte und mein Bedürfnis verrichtete. Ich hatte zu dem Vorurteil der Einheimischen beigetragen, dass Touristen unzivilisierte, Sojamilch trinkende Barbaren sind.

»Moth, steh auf, wir müssen hier weg.«

***

Der Coast Path wurde flacher und wand sich ganz allmählich hinunter in die Portheras Cove. Der Wind trocknete unsere Kleider, während wir an einem Bach entlang Richtung Strand gingen. Ein Border Collie rannte an uns vorbei, sprang von Fels zu Fels, gefolgt von einer kleinen Frau mit graublondem Haar, das so lang war, dass es ihr selbst zum Zopf geflochten bis über die Taille hing.

»Hallo, machen Sie den Coast Path? Wo geht's denn hin?«

»Land's End oder vielleicht noch weiter.«

»Das ist nicht mehr weit. Wo sind Sie gestartet? Zelten Sie?«

»Minehead, und ja, wir haben die meiste Zeit wild gecampt.«

»Das sieht man, Ihr Blick hat es mir verraten.«

»Der Blick?«

»Es hat Sie berührt, ich kann es Ihnen vom Gesicht ablesen: Sie haben die Hand der Natur gespürt. Das werden Sie nicht mehr los; Sie haben jetzt das Salz im Blut. Ich bin vor dreißig Jahren hierhergekommen und nie wieder fortgegangen. Jeden Tag gehe ich mit meinem Hund zum Schwimmen. Die Menschen kämpfen gegen die Elemente, gegen das Wetter, vor allem hier, aber wenn man sich von der Natur hat berühren lassen, sich nicht dagegen wehrt, ist man nie mehr derselbe. Viel Glück, wo immer Sie Ihr Weg auch hinführen mag.« Mit federnden Schritten folgte sie dem Hund und verschwand über die Landzunge.

»Ist diese Küste das Land der Weisen und Propheten? Hier scheint man ja an jeder Ecke über einen zu stolpern.«

»Sie haben jetzt das Salz im Blut. Das gefällt mir. Wir haben Aroma bekommen, wir sind konserviert, wie die Brombeeren.«

»Die Sonne hat ganz schön Kraft. Wir sollten unser Zeug trocknen.«

Wir breiteten den Inhalt unserer Rucksäcke auf den Felsen aus, und die Sachen begannen in der Mittagssonne leicht zu dampfen. Gegenstände, die uns beim Kauf zwar praktisch, aber irgendwie fremd erschienen waren, kannten wir inzwischen wie Familienmitglieder. Wir sahen all ihre Eigenarten und Schwächen, und so sehr wir uns auch manchmal darüber ärgerten, war jeder einzelne lebenswichtig für uns, und wir hätten ihn bis zum letzten Atemzug verteidigt. Selbst unsere inzwischen verhassten hauchdünnen Schlafsäcke waren genauso unentbehrlich wie ein nerviges Geschwister. Das raue Granitgestein absorbierte und reflektierte die Hitze, wärmte unsere feuchte, runzelige Haut und war eine Wohltat für die schmerzenden Muskeln. Unser Mittagsschläfchen dehnte sich bis in den späten Nachmittag aus. Mühsam stand ich auf, die Haut sonnenverbrannt, steif und trocken wie unser Hab und Gut auf den Felsen. Ich begann, alles wieder einzupacken. Die Schlafsäcke und die Pullover aus dem Wohlfahrtsladen waren endlich wieder einmal trocken und warm von der Sonne. Hätten sie doch nur die Wärme bis in die Nacht hinein speichern können!

»Sollen wir einfach über Nacht hierbleiben und erst morgen weiterwandern?«

»Ja, warum nicht? Ich geh schwimmen.«

Moth glitt ins Wasser, das unweit vom Ufer schnell tiefer wurde. Er war dünner denn je, die Haut, die vom T-Shirt bedeckt gewesen war, leuchtend weiß gegen seine Sonnenbräune. Ich sah, wie sich die Muskeln auf seinem Rücken bewegten, es waren nicht die kräftigen Muskelpakete von früher, wenn er einen ganzen Sommer lang *clawdd*-Mauern aus Lehm und Steinen gebaut, Heu gemacht und Entwässerungsgräben ausgehoben hatte, aber zum ersten Mal, seit die Schulterschmerzen und der Muskelschwund angefangen hatten, waren schmale und wieder stärker definierte Muskelstränge erkennbar. Er kraulte hinaus ins Tiefe, das Licht der sinkenden Sonne glitzerte in goldenen Streifen auf dem dunklen Wasser. Dann mischte sich in das Tiefblau ein dunkles, weich schimmerndes Grau, erschien ein runder Rücken, der ab- und wieder auftauchte. Und noch einer und dann ein dritter: Große Tümmler bewegten sich auf die Küste zu. Moth hatte sie entdeckt und innegehalten, dümpelte reglos im Wasser, während sie die Bucht durchquerten. Gelegentlich sahen wir eine Nase oder einen Schwanz, wenn sie geschmeidig das Wasser durchpflügten, kaum von den Wellenkämmen zu unterscheiden. Sie waren das Wasser, die wogende See, eins mit ihrem Element. Zusammen mit der Flut und dem Licht verschwanden sie Richtung Horizont in den Tiefen des Meeres.

Anders als die Delfinpopulationen in Wales und Schottland genießen die kornischen Delfine in ihrem Gebiet keinen besonderen Schutz. Während sich die Delfinbestände in anderen Regionen stabilisiert haben, hat sich die Anzahl der hiesigen Delfine in den letzten zehn Jahren halbiert. Um vor Ort geschützt zu werden, müssten sie von den Naturschutzbehörden als ortstreu anerkannt werden, doch dafür liegen noch keine ausreichenden Studien vor. Biologen fanden heraus, dass die Tümmler in der Cardigan Bay in Wales einen anderen Dialekt sprechen als jene in Irland, was als sicherer Beweis für ihre Ortstreue gelten kann. Daher wurden diese Delfine als ortsansässig anerkannt, schließlich sprachen sie walisisch. Auch die Delfinschule in Portheras hat doch ganz eindeutig einen Clotted-Cream-Akzent, wie viele Beweise braucht es denn noch?

Aber selbst wenn man sie endlich unter Schutz stellen würde, wäre das noch keine Garantie für ihre Rettung, solange wir nicht darauf vertrauen können, dass die Entscheidungen staatlicher Stellen auch Bestand haben. Die walisische Regierung ist inzwischen der Meinung, dass die Tier- und Pflanzenwelt in den Naturschutzgebieten um die Cardigan Bay und die Lleyn-Halbinsel lange genug besonderen Schutz genossen hat, und hat im Parlament ein Gesetz eingebracht, um die Region wieder für die Trawler freizugeben, die den Meeresboden mit Grundschleppnetzen nach Jakobsmuscheln abgrasen. Nachdem man das vorher stark umgepflügte Gebiet einige Jahre in Ruhe gelassen hatte, kehrte das Leben nur sehr zögerlich wieder zurück, woraus die Nationalversammlung den Schluss zog, eine sandige Unterwasserwüste sei der Normalzustand unserer Küstengewässer. Doch zusammen mit den Jakobsmuscheln haben die Stahlzähne der Schleppnetze alles Leben ausgeharkt: Miesmuscheln, Seeanemonen, Seefächer, Schwämme, Algen, alle Arten von Fischen, eine Unterwasserwelt, die sich nicht innerhalb weniger Jahre erholen kann, sondern Jahrzehnte, vielleicht sogar Jahrhunderte brauchen wird. Und von genau dieser Meeresfauna ernähren sich Delfinmütter, solange ihre Jungen noch klein und langsam sind.

***

Das den Strand umschließende Kliff bestand aus bröckelndem Tongestein, daher stellten wir das Zelt in sicherer Entfernung auf, auf der anderen Seite eines Süßwasser führenden Bachs und ein gutes Stück oberhalb der Flutlinie aus Seetang und Muscheln. Die Wochen, die wir im Rhythmus der Gezeiten verlebt hatten, hatten uns ein Gespür dafür verliehen, wie weit die Flut steigen würde. Es wurde Nacht; das Licht des Leuchtturms von Pendeen wanderte in regelmäßigen Abständen über die Landzunge, ohne dabei den Strand zu erreichen; die Austernfischer kamen und mit ihnen eine beißende Kälte, die durch den Sand aufstieg und uns in die Knochen kroch. Ich trug alle meine Kleidungsstücke und zusätzlich einige von Moth, der überhaupt nicht fror, und fiel schließlich in einen unruhigen Schlaf, der jedoch nur von kurzer Dauer war.

Denn dann kam die See, rasch und kraftvoll, stieg bis über die Flutlinie und weiter. Wir hatten das Zelt wegen seiner Eigenschaft ausgewählt, auch ohne Heringe aufrecht stehen zu bleiben, aber dass es selbst dann nicht zusammenfallen würde, wenn man es samt Isomatten und Schlafsäcken anhob, hatten wir nicht erwartet. Noch erstaunlicher als das Stehvermögen des Vango-Zelts war Moth. In Unterhosen rannte er über den Strand und hielt dabei das Zelt über den Kopf. Sogar als er bis zu den Knien im Salzwasser versank, das in den Bachlauf geströmt war, lief er weiter. Sein Zustand hatte sich zum Besseren verändert, daran gab es keinen Zweifel, obwohl das laut Aussage der Ärzte nicht möglich war.

Auch er spürte es.

»Ich habe mehr Kraft. Ich kann wieder einen Fuß vor den anderen setzen und dabei sicher sein, dass der Fuß auch da landet, wo er soll. Ich lasse kaum noch etwas fallen. Auch meine Schulter – sie tut nicht mehr so weh. Als ich mit dem Pregabalin aufgehört habe, war es wirklich schlimm, aber irgendwann vor Newquay ist mir aufgefallen, dass ich fast keine Schmerzen mehr habe. Es ist Jahre her, dass es meiner Schulter so gut ging, und mein Kopf ist viel klarer, ich kann wieder richtig denken. Ich weiß nicht, ob das nur vorübergehend ist, ob so was überhaupt möglich ist, und ob sich vielleicht alles wieder verschlechtert, wenn ich nicht mehr wandere. Ich weiß es nicht.«

»Vor Newquay? Dann liegt es wahrscheinlich an Kurts Kräutermedizin.«

»Ich glaube, es ist eher die viele Bewegung – das ist Physiotherapie extrem. Womöglich muss ich mein ganzes Leben lang weiterwandern.«

»Mach keine Witze – vielleicht müssen wir das sowieso. Aber das ist mir egal. Wenn du dadurch gesund bleibst, würde ich ewig wandern.«

»Was machen wir nach Land's End?«

»Keine Ahnung.«

***

Der Hunger trieb uns hinein nach Pendeen. In einem winzigen Laden gab es frisch gebackenes Brot, die Laibe so groß wie Fußbälle; wir mussten einfach einen kaufen und verschlangen ihn auf der Stelle. Danach lechzten wir nach einer Tasse Tee; wir schnorrten eine Kanne heißes Wasser im Café und versuchten, das Handy aufzuladen, aber es hatte im Regen den Geist aufgegeben und zeigte nur ein weißes Display.

»Na, wohin sind Sie unterwegs?« Der Besitzer war sichtlich neugierig, was es mit den müffelnden Schnorrern in der Ecke seines Cafés auf sich hatte.

»Eigentlich hatten wir nur vor, bis Land's End zu wandern, aber jetzt sind wir uns nicht mehr so sicher, vielleicht gehen wir noch weiter.«

»Müssen Sie nicht irgendwann zurück sein?«

»Nein, wir haben kein Zuhause mehr.«

»Wow, alles verkauft, um auf Reisen zu gehen? Das ist aber sehr mutig in Ihrem Alter – es gibt nicht viele, die sich so etwas trauen würden.«

Das hatte Moth zwar nicht gesagt, doch wir beließen es dabei.

»Ich träume davon, mit dem Rad durch Frankreich zu fahren, das Kanu auf einem Anhänger. Wie fänden Sie das? Ich habe ein Haus in Nordfrankreich, Sie könnten es den Winter über mieten, fünfhundert Pfund im Monat. Dann machen wir zusammen Radtouren.«

»Das klingt fantastisch. Wir melden uns, wenn wir die Wanderung beendet haben, wann immer das auch sein mag.«

Es war schon wieder heiß draußen, als wir das Café am späten Vormittag verließen. Jemand hatte uns eine Unterkunft angeboten. Wir konnten sie uns nicht leisten, sie lag in einem anderen Land, und auch wenn es Moth besser ginge, war es äußerst fragwürdig, ob er die Kraft hätte, neunhundert Kilometer mit einem Kanu im Schlepptau zu radeln. Und dennoch: Jemand hatte uns ein Angebot gemacht. Selbst wenn es auf der Annahme beruhte, dass wir auf einem Sack voller Geld vom Verkauf unseres Hauses saßen, und der Mann es vermutlich nicht unterbreitet hätte, wenn er die Wahrheit gekannt hätte. Aber es taten sich Möglichkeiten auf; es gab Hoffnung.

Die Geevor-Zinnmine war bis 1990 in Betrieb; in demselben Jahrzehnt, in dem die letzten englischen Zinnminen schlossen, wurden auch dort die Pumpen abgeschaltet und die Schächte bis auf Meereshöhe geflutet. Einige Bergleute verschlug es danach bis nach Australien, andere fanden Arbeit beim Bau des Eurotunnels. Das Ende einer jahrhundertelangen Ära – der Bergbau in Cornwall war Geschichte. Aber lebendige Geschichte. Wie vieles in Cornwall wurde die Mine zu einer Touristenattraktion und gehört heute zur Bergbaulandschaft von Cornwall und West-Devon, die in die Liste des UNESCO-Welterbes aufgenommen wurde. Nun werden hier nicht mehr tonnenweise Metallerze gewonnen, sondern die Besucher selbst sind die Goldgrube, und das ist ein nachhaltigeres und langfristigeres Projekt als der Bergbau. Dieser mag Vergangenheit sein, aber das Erbe bleibt, und ohne dieses Erbe wären wir um einiges ärmer. Schließlich hätte es ohne die Zinnminen wahrscheinlich nie Cornish Pasties gegeben. Oder *Poldark,* die Romanserie.

An diesem Tag war die Mine geschlossen, ein verlassenes, sorgfältig renoviertes Gebäude. Hinter Geevor jedoch, zurück auf dem Coast Path, waren wir überall von den Ruinen einer untergegangenen Industrie umgeben. Verfallene Maschinenhäuser und eingestürzte Kamine, ein Land aus Abraum und Zerstörung, ein Kriegsgebiet. Der Kampf des Menschen mit dem Gestein hatte eine Verwüstung hinterlassen, die niemals richtig heilen wird. Man hatte sich die Erde untertan gemacht. Wir durchquerten diese surreale, von staunenden Touristen bevölkerte Landschaft so schnell wir konnten.

Der Weg verlief nicht weit von der Kliffkante entfernt zwischen Ginster, Schlehenbüschen und Brombeergestrüpp, und zu unserer Rechten erhob sich die Kuppe von Cape Cornwall mitsamt dem Minenschornstein, der die Spitze markiert. Auf Alt-Kornisch heißt das Kap »Kilgooth Ust«, was »Gänserücken von St Just« bedeutet. Für mich hatte es keinerlei Ähnlichkeit mit einer Gans, aber inmitten der schäumenden Gischt wirkte es wie eine Insel am Rande der Welt. Bis vor zweihundert Jahren hielt man es noch für den westlichsten

Zipfel Englands. Und das passt im Grunde auch: weltentrückt, ein Landvorsprung im Meer, ein letzter Außenposten. Wir saßen an den warmen Granit des Gipfelschornsteins gelehnt und blickten zum Horizont. In der Hitze erwachte sogar das Handy wieder zum Leben.

Nur wenige Kilometer zu unserer Linken lag Land's End, doch von unserem Platz am Schornstein aus kam es uns vor, als befänden wir uns auf einem riesigen Linienschiff, das auf den Ozean hinausfährt, so weit westlich, wie nur irgend möglich. Eine Plakette in Form eines Baked-Bean-Etiketts am Schornstein erinnert daran, dass die Heinz Company 1987 Cape Cornwall für Großbritannien erstanden hat; heute gehört es dem National Trust. Moth war schon immer ein riesiger Fan von gebackenen Bohnen, und als die Sonne tiefer wanderte und der Himmel in einem endlosen Spätsommerweiß erstrahlte, sodass uns das auf dem Wasser glitzernde Licht blendete, stieg er auf seinen Sitz, breitete die Arme aus und schrie in den Wind.

»Danke!« Selbst wenn es nur ein cleverer Schachzug war, um Steuern zu sparen, es wäre ein Verbrechen gewesen, diesen Ort den Bauunternehmern zu überlassen.

»Danke, Mr Heinz!«

***

Das Ende – des Landes und unserer Wanderung – war zum Greifen nahe. Wir konnten schon den Longships-Leuchtturm auf der winzigen, der letzten Landzunge vorgelagerten Felseninsel Carn Bras sehen. Wir hätten es noch dorthin schaffen können, aber wir ließen es langsam angehen. Wozu die Eile, wenn uns doch nur das große Unbekannte erwartete? Falls die Erde doch eine Scheibe war, würde man hinter Land's End herunterfallen. Wir wanderten bis zum frühen Abend. Hier war der Coast Path von niedrigem, widerstandsfähigem Gestrüpp eingewachsen, das Wind und Salz trotzte und zum Campen gänzlich ungeeignet war. Einige flache Stellen in Porth Nanven waren mit Wohnmobilen besetzt, daher wandten wir uns von dem felsigen Strand landeinwärts mit dem Gedanken, eventuell keinen Platz zum Übernachten zu finden und einfach weiterwandern zu müssen. Als wir uns noch einmal umdrehten, da der Weg tiefer ins Dickicht abbog, fiel uns eine ebene, grasbewachsene Stelle an der Flanke eines felsigen Fingers ins Auge, der von Carn Leskys aus ins Meer ragte.

»Was meinst du?«

»Exponiert, ziemlich exponiert.«

Ein schmaler Pfad führte zu dem winzigen grünen Fleck, gerade groß genug für das Zelt, wenn wir nicht alle Zeltleinen spannten. Am Rande des Felsvorsprungs ging es zwanzig Meter senkrecht in die Tiefe. Unten brachen sich die Wellen, und die Gischt sprühte bis zu uns herauf.

»Geh einfach nachts nicht raus.«

»Morgen sind wir auf Pirate FM: ›Zuletzt wurden die beiden auf dem Felsvorsprung von Carn Leskys gesehen.‹«

Die Sonne ging zwischen den beiden Brisons-Felsen unter und sandte dabei farbige Strahlen übers Meer, tauchte die Landzunge in Rosa und Orange. Wir lagen mit offener Klappe im Zelt, Silbermöwen saßen auf den umliegenden Felsblöcken, und der Longships-Leuchtturm begann zu blinken.

»Was ist das? Das Licht, das sich bewegt, schau, es kommt hinter dem Leuchtturm hervor.« Wir hatten den Punkt erreicht, an dem der Coast Path die Richtung wechselte; es war unser erster Blick auf die Schifffahrtsstraßen des Ärmelkanals.

»Verdammt, Moth, wir sind da, was machen wir jetzt?«

»Schlafen. Schlafen und abwarten, was der morgige Tag bringt.«

***

Ich schlief ein, und der Morgen brachte Wasser, das in regelmäßigen Abständen gegen das Zelt spritzte. Als ich die Zeltklappe halb öffnete, sprühte mir Gischt ins Gesicht. Ein scharfer Wind rüttelte am Zelt, das laut ächzte. Es regnete nicht, aber die Wolken jagten über den Himmel, und alle dreißig Sekunden klatschte ein Wasserschwall gegen das Zelt. Wir packten alles ein, schlüpften in unsere Regenjacken und sprinteten durch die Gischt, um die Rucksäcke in Sicherheit zu bringen. Über dem Atlantik braute sich etwas zusammen, Gott sei Dank hatte es uns noch nicht erreicht. Als wir das Zelt abgebaut hatten, waren wir triefnass, doch außer Reichweite der Brandung blies uns der Wind in Sekundenschnelle wieder trocken. Riesige Wellen rollten heran und krachten in einer kochenden Masse aus weißem Schaum gegen die Küste. Da kam definitiv etwas auf uns zu. Der Wind verwandelte die Rucksäcke in Segel, aber glücklicherweise führte der Weg in einiger Entfernung zum Steilabfall in sanftem Gefälle hinunter nach Sennen Cove. Der Strand war verlassen, die Rettungsschwimmer hatten sich zum Schutz vor dem landeinwärts fegenden Sandsturm in ihrer Hütte verbarrikadiert, während wir das Gefühl hatten, unsere Haut würde mit dem Sandstrahler bearbeitet.

Dann setzte der Regen ein, zuerst als leichter, mit Sand durchmischter Nieselregen, danach als ein heftiger Graupelschauer, der nahezu waagrecht gegen unsere Regenjacken prasselte und schmerzhaft auf der bloßen Haut brannte. Allerorts wurden die Türen geschlossen und Jalousien heruntergelassen, Sennen Cove machte die Schotten dicht. Wir flüchteten in ein Café und setzten uns ans Fenster, nur eine dünne Glasscheibe zwischen uns und dem heulenden Ungetüm dort draußen.

Wie immer hungrig, knickten wir ein und tauschten einen unserer kostbaren Geldscheine gegen Makrelenbrötchen und Tee. Eine Gruppe Wanderer ging vorbei; in dem strömenden Regen war schwer zu erkennen, ob es sich um Backpacker handelte oder um irgendwelche Verrückte. Aber das ist wohl ein und dasselbe. Am Nachmittag wollte die Besitzerin das Café schließen; wir waren die einzigen Gäste gewesen, und sie hatte genug. Wir schnallten unsere Rucksäcke um und wagten uns in den Rachen des Sturms.

»Also, auf nach Land's End?«

»Hab nichts Besseres vor.«

Das Ende des Landes. Beginn und Ende langer, abenteuerlicher Reisen. Ein Touristenmagnet, ein architektonischer Schandfleck, ein ökologisches Desaster. Ausgetretene Klippenpfade führten zwischen den tief hängenden Wolken hindurch zu dem riesigen Betongebäude, das verlassen dalag. Es war später Nachmittag, und sogar der Fotograf am Wegweiser nach John O'Groats hatte aufgegeben und sein Häuschen verriegelt. Wir stiegen über die Absperrungen und machten regenverschmierte Fotos mit dem Handy. Kein Empfangskomitee, keine Feier, nur zwei nasse Menschlein, die sich an eine Stange klammerten. Die Geschäfte waren geschlossen, das Ausstellungszentrum ebenso, und sogar König Artus und seine Tafelrunde hatten diesen Ort, der ein audiovisuelles »Erlebnis« mit ihnen versprach, gegen trockenere Gefilde eingetauscht. Triefnass und allein standen wir inmitten einer Betonlandschaft.

»War's das?«

Kaum hatte ich es ausgesprochen, als ein Doppeldeckerbus mit offenem Oberdeck auf den leeren Parkplatz rollte. Wir gingen darauf zu wie Zombies nach der Apokalypse, hinter uns verwüstetes Land. Die Türen des Küstenbusses öffneten sich. Wasser, das die Treppe vom Oberdeck herunterströmte, ergoss sich nach draußen.

»Wo fährt der Bus hin?« Moth musste schreien, um den tosenden Wind zu übertönen.

»St Ives. Dort ist das Wetter ganz annehmbar. Hier ist es ja schrecklich.«

»Ja, wirklich schrecklich.«

Über 240 Kilometer angefüllt mit Schmerzen, Erschöpfung, Hunger, unruhigen Nächten und Wetterextremen lagen hinter uns. Wir könnten in den Bus steigen und uns zurück ins vertraute Wales aufmachen, uns auf die Warteliste für eine Sozialwohnung setzen lassen und einen billigen Campingplatz für den Winter suchen. Moth hielt meine Hand, als sich die Türen des Busses wieder schlossen.

16 AUF DER SUCHE

Triefend vor Nässe saßen wir auf unseren Rucksäcken unter dem Portikus des Besucherzentrums und blickten dem davonfahrenden Bus nach. Es war Mitte September und der Herbst lag bereits in der Luft. Wir hätten die Wanderung abbrechen können, aber wir hatten nichts zu verlieren, und es gab einen guten Grund, weiterzuwandern. Hier waren wir frei, zwar den Elementen ausgesetzt, hungrig, erschöpft und durchgefroren, aber frei. Wir waren frei zu entscheiden, ob wir weitergehen wollten oder nicht. Wenn wir bei Freunden oder Verwandten unterkrochen, würden wir zu einer Belastung werden, einem Ärgernis, würden die Freundschaft strapazieren, bis man uns irgendwann nur noch duldete. Hier hatten wir immer noch die Kontrolle über unser Leben, über die Folgen unseres Tuns, über unser Schicksal. Wasser rann von unseren Rucksäcken, als wir sie schulterten. Wir entschieden uns, weiterzuwandern, und die Freiheit anzunehmen, die diese Entscheidung mit sich brachte.

Wenige hundert Meter hinter dem Themenpark von Land's End beginnt wieder die Wildnis. Selten hatten wir in Cornwall eindrucksvollere Klippen gesehen: festungsartige Steilwände aus Granit, gepeitscht vom Meer, von einer Urgewalt, die weit draußen im Atlantischen Ozean ihren Anfang nahm und mit unvorstellbarer Wucht gegen die erste und letzte Landspitze krachte. Wir erlebten die atemberaubende Kraft der Natur hautnah, als wir zusahen, wie Wasserfontänen aus dem Felsbogen des direkt vor der Küste liegenden Armed Knight Rock schossen. Zwei einsame Gestalten auf einem steilen Kliff. Kein Unterstand, keine Bäume, nur ein feuchtes Zelt, das auf uns wartete. Wir hatten noch fünf Pfund zwanzig, einen Mars-Riegel, einen Beutel Reis, eine Banane und eine halbe Tüte Weingummis. Aber es hatte aufgehört zu regnen.

In der Dämmerung bauten wir das Zelt im Schutz der Felsen auf. Zwei Lagen Nylon zwischen uns und Kanada.

***

Nach einigen kurzen Regenschauern riss der Himmel auf, und die Morgenbrise verjagte die letzten Wolken. Wir saßen auf Gwennap Head, hatten unsere Wanderstiefel ausgezogen, damit der Wind sie trocknete, und teilten uns den Mars-Riegel. Alles tat uns weh, wir bewegten uns wie eingerostet, der Wind und der Regen des gestrigen Tages hatten uns zugesetzt. Richtung Osten zu wandern fühlte sich wie der Beginn einer neuen Reise an. Oder gingen wir nach Süden oder Südosten? Wir waren immer näher an unser Ziel herangekommen, hatten es schließlich erreicht, aber nun wanderten wir ziellos dahin, ließen uns treiben. Als wir Porthgwarra erreichten, hatte sich die Landschaft verändert. Die Vegetation an der Nordküste hatte aus niedrigem, robustem Gestrüpp,

Gras und Strand-Grasnelken bestanden, die wenigen Bäume waren knorrig und verkrüppelt gewesen. Im Gegensatz dazu prangte Porthgwarra in üppigem Grün, die Bäume, wenn auch immer noch kümmerlich, wuchsen aufrecht, und in den Gärten blühten exotische Pflanzen. Wir waren um die Ecke gebogen und in einem anderen Land angekommen.

Am frühen Abend saßen wir an einem Picknicktisch auf einer frisch gemähten Wiese in der Nähe einiger Häuser und überlegten, das Zelt hinter den Bäumen aufzustellen. Bis die Autos kamen. Hier war ganz offensichtlich ein Parkplatz.

»Vielleicht ist in dem Dorf irgendeine Veranstaltung. Wo sind wir?«

»Keine Ahnung, hab schon länger nicht mehr auf die Karte geguckt. Vielleicht ist heute Bingo-Abend.«

Wir kochten Wasser, tranken Tee und teilten uns die Banane, während sich der Parkplatz füllte und die Menschen mit Mützen auf dem Kopf und Decken unterm Arm davonstrebten.

»Open Air Bingo?«

Ein Landrover hielt neben uns, dem ein älteres Ehepaar entstieg.

»Lassen wir die anderen Leute erst mal ein Stück vorausgehen.« Sie lehnten sich gegen das Fahrzeug und betrachteten die Szenerie, eindeutig nicht scharf auf die Menschenmassen.

»Entschuldigen Sie, was ist denn da los, wohin gehen die alle?«

»Zum Theater. Zum Minack, dem berühmten Freilichttheater.«

»Ach ja, mir war nicht klar, dass es hier ist.«

»Dann sehen Sie sich nicht die Aufführung an?«

»Nein, wir wussten gar nichts davon. Aber wir könnten es uns wohl sowieso nicht leisten.«

»Was machen Sie, zelten Sie?«

»Ja, wir campen und wandern auf dem Küstenpfad. Wir kommen von Minehead.«

»Möchten Sie denn die Aufführung sehen? Ich spendiere Ihnen den Eintritt, aber wir müssen los, sonst verpassen wir noch den Anfang.«

Wir folgten dem Paar durch das Gebäude am Eingang und hinaus auf das offene Kliff.

»Auf Wiedersehen. Sie sitzen ganz oben, wir dort unten. Viel Glück bei Ihrer Wanderung.«

»Vielen herzlichen Dank. Wir zahlen Ihnen das Geld natürlich zurück. Wie heißen Sie?«

»David. Vergessen Sie's, genießen Sie einfach die Aufführung.«

Auf der Landspitze, die die Form eines natürlichen Amphitheaters hatte, zogen sich in den Steilhang gebaute Sitzreihen terrassenförmig bis hinunter zur Bühne, deren Hintergrund das Meer bildete. Anfang der 1930er-Jahre war Rowena Cade auf die Idee gekommen, am Ende ihres Gartens ein Theater zu bauen, wo das örtliche Schauspielensemble seine Stücke aufführen konnte. Also machte sie sich daran, den halben Hang abzutragen. So steht es zumindest in der Broschüre, aber wie bei all solchen Projekten taten die Arbeit die Gärtner, während sie die Anweisungen gab und dabei einen kleinen Schubkarren geschäftig durch die Gegend schob. Das jedenfalls erzählte mir mein Sitznachbar, und er müsse es wissen, schließlich sei sein Vater einer dieser Gärtner gewesen. Behauptete er.

Die Aufführung begann, kein Schauspiel, sondern eine Oper: *Iolanthe* von W. S. Gilbert und Arthur Sullivan. Es war schwer, der Handlung zu folgen, da der Gesang nicht bis zu uns drang. Hoch oben auf dem Steilhang hörten wir nur Stimmfetzen, den Rest verwehte der Wind. Aber als das Meer dunkel wurde und hinter der Bühne der Mond aufging, wurden wir schlagartig in eine verzauberte Welt versetzt. Sie war bevölkert von mit Feenstaub besprenkelten Schäfern.

»Wo sollen wir unser Zelt aufstellen?«

»Warten wir, bis alle weg sind, und campen auf dem Parkplatz.«

Wir folgten den letzten Zuschauern die Stufen hinauf Richtung Ausgang.

»Ach du meine Güte, was wollen Sie denn mit diesen Riesenrucksäcken?« Ein Mann mit einem Haarnetz auf dem Kopf eilte den Hügel herauf. Ich erkannte ihn, es war einer der Sänger.

»Wir wandern auf dem Coast Path. Wir zelten.«

»Aber wie um alles in der Welt wollen Sie denn im Dunkeln einen Platz finden?«

»Das schaffen wir schon.«

»Jill, Jill, was machen wir nur? Diese armen Leute brauchen einen Platz zum Zelten, wir müssen sie vor dem Sturm retten.«

Ihr haltet das hier für einen Sturm? Ihr hättet gestern dabei sein sollen.

Eine Fee hüpfte die Stufen hinter uns herauf.

»Bringen wir sie zum Treen-Farm-Campingplatz, aber schnell, sonst verpassen wir noch die letzte Runde im Pub.«

Wir quetschten uns auf die Rückbank eines Vans und rumpelten gefühlt kilometerweit dahin, während das Ensemble aus Schäfern, Wirten und Feen laut durcheinanderschwatzte.

»Wie konntest du nur deinen Einsatz verpassen, Gerald? Ich musste die ganze Stelle wiederholen, um es zu kaschieren, ich bin ganz heiser.«

Die Fee hüstelte.

»Ich habe ihn nicht verpasst, ich musste nur noch eine Nachricht verschicken. Aber du stehst doch sowieso gerne im Rampenlicht.«

Der Schäfer nahm sein Haarnetz ab und setzte eine Wollmütze auf, als der Van mit kreischenden Bremsen vor einem Pub zum Stehen kam.

»Okay, zum Campingplatz geht's einfach die Straße lang. Viel Spaß bei der Wanderung! Und jetzt auf zum Bier!« Fort waren sie, und wir standen in irgendeinem fremden Dorf im Finstern auf der Straße.

»Also, warum noch mal sind wir hier?«

»Irgendwie surreal.« Moth hatte seine Stirnlampe eingeschaltet und Paddys Wanderführer hervorgeholt. »Das ist eine Premiere, ich habe den ganzen Tag kein einziges Mal auf die Karte geschaut. Guck mal, da steht sogar ›Freilichttheater‹, aber Treen ist nur zur Hälfte eingezeichnet.«

Wir folgten der Straße bis zu einem Campingplatz am Ende. Es war schon fast Mitternacht, und die meisten Zelte lagen im Dunkeln; wir schlichen uns aufs Gelände und bemühten uns, unser Zelt möglichst leise aufzustellen.

»Was machen wir eigentlich hier? Wir haben kein Geld.«

»Weiß auch nicht, wir haben uns einfach darauf eingelassen. Sollen wir jetzt duschen und gleich in der Früh abhauen?«

»Müssen wir wohl.«

In der Morgendämmerung zankten sich die Spatzen in der Hecke, ein weiches, gelbes Licht verlieh dem Himmel einen leuchtenden Schimmer. Der leichte Nebel löste sich bereits auf, aber alles war nass vom Tau, der auf dem Gras glitzerte. In der Ferne erstreckte sich der Ärmelkanal, und die Küste jenseits davon, an der sich die Brandung brach, war nicht mehr Kanada, sondern Frankreich. In den Schlafsack eingewickelt hockte ich auf der Kante eines Picknicktischs, endlich wurde mir nach der Nacht wieder warm. Ich konnte den Wechsel der Jahreszeiten spüren. Am anderen Ende des Campingplatzes fuhr ein Mann mit aufgetürmten blonden Dreadlocks und mehreren ausgewaschenen Kleiderschichten übereinander auf dem Fahrrad von Zelt zu Zelt und überprüfte die Quittungsabschnitte, die an die Leinen geheftet waren. Er kam immer näher, und wir konnten uns nirgendwo verstecken.

»Wo ist Ihre Quittung?«

»Wir haben keine, wir sind erst um Mitternacht angekommen. In nicht einmal einer Stunde sind wir weg.«

»Wenn Sie ein Zelt aufstellen wollen, müssen Sie vorher dafür bezahlen – können Sie denn nicht lesen?«

»Wir haben die Schilder nicht gesehen, und es war schon so spät …«

»Wer campt, ohne zu zahlen, begeht Platzraub. Fünfzehn Pfund bitte.«

Platzraub? Was zum …?

»Wir packen nur noch schnell zusammen und geben Ihnen das Geld dann beim Rausgehen.«

»Ich hab ein Auge auf Sie.« Er radelte davon, nach außen ein entspannter Hippie, aber darunter eine kleinkarierte Beamtenseele.

Es war ein fantastischer Campingplatz; in einem anderen Leben hätten wir nur zu gern ein großes Rundzelt hier aufgestellt und wären einen Monat geblieben. Doch in diesem Leben kletterten wir hastig über die Mauer und rannten zurück zur Steilküste.

Die Klippen gingen in ein Durcheinander aus Felsen, Baumwurzeln und schier undurchdringlichem Gestrüpp über. Das stickige, fliegenverseuchte Gehölz war immer noch besser als das offene Gelände, wo die Sonne knallte. Es war nicht so heiß wie an den glühend heißen Tagen an der Nordküste, aber es war windstill, und die Luft stand. Wir schwitzten, tranken das ganze Wasser, füllten unsere Flaschen in Bächen, schwitzten noch mehr. Und dann das Ganze von vorn. Das Felsengewirr war der reinste Backofen, immer wieder fiel das Gelände bis auf Meereshöhe ab, stieg danach wieder an, nur um erneut abzufallen. Solange wir es aushielten, blieben wir im Schutz der Bäume, aber irgendwann wurden die Fliegen unerträglich. Als wir wieder hinaus in die Hitze traten, entdeckten wir eine Frau, die gegen einen abgebrochenen Ast gelehnt auf dem Boden saß. Sie war blass und verschwitzt und in noch schlechterer Verfassung als wir.

»Hallo, ist bei Ihnen alles in Ordnung?«

»Mir geht's gut, ich ruhe mich nur aus.« Sie war eine hochgewachsene Frau, vermutlich in den Siebzigern, mit einem starken amerikanischen Akzent. Sie rappelte sich auf und lehnte sich gegen einen Baum. »Ich bin auf der Suche nach dem Haus meines alten Freundes John le Carré. Als ich jung war, habe ich ihn öfter besucht; wir haben manchmal den Sommer hier verbracht, haben geschrieben und sind schwimmen gegangen. Eine wunderbare Zeit. Ich reise jedes Jahr hierher und wandere auf Ihrem Küstenpfad, und ich habe überall gesucht, aber ich kann mich einfach nicht mehr genau erinnern, wo das Haus stand.«

»In Amerika haben Sie doch fantastische Fernwanderwege, viel schöner als hier, richtige Wildnis, den Appalachian Trail oder den Pacific Crest Trail?«

»Ja, aber man kommt nie aus den Bäumen raus. Bei uns daheim wandert man immer durch Wälder.«

»Die Leute hier träumen davon, die großen amerikanischen Trails zu gehen.«

»Ja, weil wir nie das schätzen, was wir haben, egal, auf welcher Seite des Ozeans. Da sind wir alle gleich. Ich probiere mal den Weg bergauf, vielleicht finde ich David da oben.«

»David? Ich dachte, Sie suchen John.«

»Das ist sein Pseudonym, Dummchen. Weiß doch jeder, dass er in Wirklichkeit David heißt.«

Die Dame spazierte davon, auf der Suche nach längst vergangenen Sommern, die womöglich gleich hinter der nächsten Biegung warteten. Im Grunde hatten wir alle, die wir auf dem Küstenpfad unterwegs waren, etwas gemeinsam; wir waren wohl alle auf der Suche. Suchten nach der Vergangenheit oder der Zukunft, oder nach etwas, was uns fehlte. Es zog uns an den Rand der Zivilisation, auf einen Streifen

Wildnis, wo wir frei waren und einfach darauf warten konnten, dass die Antworten kamen – oder eben auch nicht –, wo wir lernen konnten, das Leben, unser Leben zu akzeptieren, wie immer es auch aussehen mochte. Suchten wir auf diesem Streifen zwischen Land und Meer ein anderes Dasein und wurden dadurch zu Außenseitern? Wir bewegten uns auf dem schmalen Grat zwischen gezähmt und wild, verirrt und angekommen, Leben und Tod. Am Rande der Gesellschaft.

»Krieg dich wieder ein, Ray, du wirst noch zu einer dieser kornischen Weisen.«

»Vielleicht ist das die Antwort.«

»Und ich dachte, wir würden nur wandern, weil wir nichts Besseres vorhaben.«

***

Seit Porthcurno herrschte an der Küste eine andere Atmosphäre, was an der schwülen Luft liegen mochte, die aufgrund der Hitze aus dem feuchten Unterholz aufstieg, oder auch an der Windstille. Es war schwer zu beschreiben, jedenfalls lastete auf allem eine gewisse Melancholie. Wir saßen auf einem Felsvorsprung bei Carn-du und erlebten unseren ersten Sonnenuntergang über dem Ärmelkanal. Auch er war anders. Kein goldener Ball, der im Meer versank, nur das Licht, das die unterschiedlichsten Farbtöne aufs Wasser malte. Während wir auf einer Wiese kampierten, beobachteten wir die am Horizont entlangziehenden Schiffe. Die Nächte waren inzwischen sehr viel kälter. Moths Rücken und Schultern wurden wieder steif und schmerzten, nur die Wärme der Sonne brachte ihm etwas Erleichterung.

Bei unserer Ankunft in Mousehole – oder »Mousle« laut der Dame im Postamt – empfing uns sanfter Regen. Es war ein beschauliches Dörfchen, das sich auf das Ende der Saison vorbereitete. Wir überprüften unseren Kontostand und hoben die dreißig Pfund ab, die verfügbar waren, beschlossen aber, uns erst in Penzance mit Lebensmitteln einzudecken, in der Hoffnung, dass sie dort billiger wären. An der Fassade eines winzigen alten Häuschens aus Granitstein mit Blick aufs Meer entdeckten wir ein »Zu vermieten«-Schild. Eine ältere Dame, die gerade vom Einkaufen kam, sah uns davorstehen.

»Sie wollen dafür tausend Pfund im Monat. Das ist doch verrückt – es steht schon das ganze Jahr leer. Trotzdem wollen sie mit der Miete nicht runtergehen, sie sagen, wenn sie das nicht bekommen, vermieten sie es eben als Ferienhaus. Wie all die anderen auch. Seit der Sache mit dem Rettungsboot ist in unserem Dorf nichts mehr wie früher. Der ganze Presserummel – die Leute kamen in Scharen hierher, um sich das Dorf anzusehen.«

Kurz vor Weihnachten 1981 trieb das Frachtschiff *Union Star*, das sich gerade auf seiner Jungfernfahrt befand, aufgrund eines Motorschadens manövrierunfähig vor der Küste. Dort tobte ein Hurrikan mit Windstärke zwölf, die Wellen waren bis zu achtzehn Meter hoch. Das hölzerne Seenotrettungsschiff *Solomon Browne* in Mousehole wurde alarmiert und eilte zu Hilfe. Seine Besatzung konnte noch über Funk durchgeben, dass sie vier Menschen vom Frachtschiff gerettet hatte, dann brach der Kontakt ab. Niemand auf den beiden Schiffen überlebte. Ein öffentlicher Aufruf erbrachte eine gewaltige Spendensumme, und es erhob sich lautstarker

Protest, als die Regierung den Rettungsfonds besteuern wollte, obwohl immer noch Leichen und Wrackteile entlang der Küste geborgen wurden. Wochenlang war das Dorf weltweit in den Schlagzeilen, während die Einwohner den Tod von sechzehn Menschen betrauerten, der achtköpfigen Crew des Rettungsbootes und der achtköpfigen Besatzung der *Union Star*, darunter auch die Familie des Kapitäns. Am Jahrestag des Unglücks wird die Weihnachtsbeleuchtung zum Gedenken an die Opfer für eine Stunde ausgeschaltet, und man hat den Eindruck, dass sich die Ortsansässigen am liebsten gegen weitere Eindringlinge verbarrikadieren würden.

Das nahe gelegene Newlyn ist ein geschäftiger Fischereihafen. Die Boote der größten Fischfangflotte des Landes lagen auf dem sandigen Schlick und warteten auf die Rückkehr der Flut. Lastwagen auf der Straße warteten darauf, mit Plastikkisten voller Fisch beladen zu werden. Und Plastikkisten auf dem Gehweg warteten wiederum darauf, mit Fisch gefüllt zu werden. Unzählige Möwen kreisten über den Straßen, in denen ein durchdringender Fischgeruch hing. Wir wanderten weiter, bis Newlyn in Penzance überging.

Nachdem wir Proviant eingekauft hatten, durchkämmten wir die Ausrüstungsläden nach einer Gaskartusche für unseren Kocher. Zwar fanden wir dort keine passende, erstanden jedoch zwei Isomatten für vier Pfund und fahndeten dann im Rest der Stadt weiter. Schließlich entdeckten wir kurz vor Ladenschluss eine einsame Kartusche im hintersten Winkel eines Haushaltswarenladens. Wir gönnten uns eine Pastete von der angeblich ältesten Pastetenbäckerei des Landes und durchquerten auf dem Weg zurück zur Küste Bolitho Gardens, eine grüne Oase inmitten von Beton. Es war bereits früher Abend, und das nächste passende Fleckchen Grün lag etliche Kilometer Betonweg entfernt, noch hinter Marazion. Am Strand zu zelten, erschien uns zu riskant, denn es war schwer vorherzusagen, wie weit die Flut steigen würde; infolge der Stürme lag Treibgut über den ganzen Strand verstreut und war bis über die Ufermauer auf die Straße gespült worden. Wir ließen uns auf einer Bank in der Grünanlage nieder und warteten auf die Nacht. Ein Mann mit dünnem grauem Haar und einem vollen Rucksack setzte sich auf die Nachbarbank.

»Ihr seid Backpacker?«

»Ja, du auch?«

»Nein, ich lebe auf dem Pfad.«

»Auf dem Küstenpfad?« Sein Rucksack war nicht übermäßig groß. »Wie, auch im Winter? Wie hältst du dich warm?«

»Nein, für diesen Sommer bin ich durch. Ich übernachte noch einmal hier in diesem Grünstreifen, und morgen steige ich in den Zug.«

»Wo geht es hin?«

»Nach Thailand.«

»Thailand?«

»Ja. Dort ist es immer warm, es gibt tolle Strände, und die Frauen sind wunderschön.«

»Echt?«

Wir verließen den alten Mann und folgten dem Fußweg, doch schließlich gaben wir auf und errichteten das Zelt auf dem Beton. Die neu hinzugekommene Schicht aus Isomatten unter den selbstaufblasbaren Matten erwies sich als überraschend bequem, sie glich die Unebenheiten aus, und es war nicht mehr so kalt. Beton war zweifelsfrei wärmer als Sand. Vielleicht ist das der Grund, warum Leute, die im Freien schlafen, in den Städten bleiben. Eventuell war ein Karton hinter Mülltonnen doch keine so schlechte Idee für den Winter. Oder vielleicht sollten wir nach Thailand fliegen. Wir hätten den Mann fragen sollen, womit er sein Flugticket bezahlt.

In der Morgendämmerung streckte Moth den Kopf aus dem Zelt, nach einer etwas wärmeren Nacht war er beweglicher. Wir sollten die bereits recht umfangreiche Liste von Dingen, um Moths Krankheit nicht zu verschlimmern, um »nicht auskühlen« ergänzen. Was hatte der Arzt vor nur drei Monaten gesagt? »Vermeiden Sie Anstrengungen, laufen Sie keine zu weiten Strecken, machen Sie keine langen Wanderungen und passen Sie beim Treppensteigen auf. Tragen Sie nichts Schweres und planen sie nicht zu weit voraus.« Aber wie konnte ich aufhören, mir die Zukunft auszumalen, wenn für mich alles, was vor mir lag, mit Moth verknüpft war? Ich wollte mich nicht mit der Krankheit abfinden; wir würden sie besiegen, oder, falls uns das nicht vergönnt war, zumindest in Schach halten. Nein, der Arzt hätte sagen sollen: Wandern Sie jeden Tag, machen Sie Krafttraining, kämpfen Sie, bleiben Sie geistig beweglich, schauen Sie nach vorne, kämpfen Sie. Und wenn dich die Krankheit trotzdem besiegt, weißt du wenigstens, dass du alles versucht hast, dass du dich nicht einfach aufgegeben hast. Moth nahm Ibuprofen, und wir wanderten weiter. Der geschichtsträchtige St Michael's Mount wirkte im Sonnenaufgang wie die Kulisse eines mittelalterlichen Dramas. Die Flut ging zurück, erlöste den Berg von seinem Inseldasein, machte den gemauerten Damm wieder begehbar.

Wir verbrachten den Tag am Hafen von St Michael's Mount, eilten rechtzeitig vor dem Einsetzen der Flut wieder über den Damm zurück, verließen Marazion und die urbane Umgebung und wanderten zur Stackhouse Cove, wo eine winzige grasbewachsene Felszunge ins Meer ragte. Die Austernfischer auf den Felsen krakeelten die ganze Nacht, aber das störte mich nicht; ich wollte die Nächte und Tage und jede einzelne Sekunde dazwischen spüren, all diese Augenblicke, die uns vergönnt waren, in mich aufsaugen, bevor die kalte Wirklichkeit des Winters uns einholte.

Nach der Überquerung von Cudden Point war Land's End nur noch eine Erinnerung, die sich hinter einer schwarzen Wolke verbarg. Der Bogen der Lizard-Halbinsel zog sich nach Südosten, hinunter durch die Prussia Cove, einst die Heimat von Schmugglern und einem Posten der Küstenwache, mit hübschen, am Hang gelegenen Cottages. Inzwischen waren es Ferienhäuser, die Hälfte davon stand leer. Ich hätte gern dort gewohnt, zumindest für den Winter. Es fing an zu regnen, erst ein leichtes Nieseln, dann schüttete es wie aus Kübeln. Fast senkrechter Starkregen, der unglaublich laut auf unsere leider nicht wasserdichten Jacken trommelte, schmerzhaft auf den Kopf klatschte und uns bis auf die Haut durchnässte.

Als Porthleven vor uns auftauchte, hatten wir das Gefühl, zwei Stunden unter einer Massagedusche verbracht zu haben. Auf den Straßen stand das Wasser knöchelhoch und überschwemmte unsere ohnehin schon nassen Wanderstiefel. Der Ort wirkte verlassen. Werbekampagnen preisen Porthleven als das zukünftige Mekka für Feinschmecker. Gerüchten zufolge sind bereits Promi-Köche darauf aufmerksam geworden. Wir kauften eine Pastete und stellten uns im Eingang eines Ladens unter. Und dann öffnete der Himmel sämtliche Schleusen. Erst wurde die Hafenmauer durch den Regenvorhang verschluckt, dann der Hafen, dann die andere Straßenseite. Als der Regen endlich so weit nachließ, dass wir unsere Füße wieder sehen konnten, wanderten wir weiter und fanden schließlich einen einigermaßen geschützten Platz unterhalb der Klippen am Kiesstrand von Loe Bar.

***

Der Morgen war kalt und feucht, aber der Regen hatte aufgehört und Nebel auf der Landzunge zurückgelassen. Wir hörten ein Surren wie von einer Hochspannungsanlage, und als wir in den Nebel spazierten, rechneten wir damit, auf ein Transformatorenhäuschen zu stoßen. Stattdessen tauchten mit Motorsensen bewaffnete Männer auf, die dem nassen Unterholz zu Leibe rückten. Sie unterbrachen ihre Arbeit, um uns vorbeizulassen.

»Gute Arbeit, Jungs.«

»Gern geschehen.«

Der uns am nächsten Stehende nahm den Helm ab und schüttelte sein sonnengebleichtes, schulterlanges Haar, und der mit dem australischen Akzent tat es ihm nach. Sie wirkten wie aus einer Shampoowerbung – man hätte nur die Möwen durch Papageien und einen Wasserfall ersetzen müssen. Wäre bestimmt ein Renner.

»Wie kommt es, dass ihr Jungs hier arbeitet?«

»Im Moment ist bei uns zu Hause Winter, also arbeiten wir euren Sommer über hier, mähen die Straßenränder, gehen in unserer Freizeit surfen und arbeiten dann in unserem Sommer wieder zu Hause als Surflehrer.«

»Das ist ein Leben!«

»Ein großartiges Leben. Keine Verpflichtungen, keine Probleme.«

Die sensenschwingenden Surfer schalteten ihre Geräte wieder ein, und wir marschierten weiter durch den Nebel und die Buchten – Gunwalloe Cove, Church Cove, Poldhu Cove, Polurrian Cove und Mullion Cove. Der Nebel hielt sich hartnäckig; graue Landzungen, graue See. Wir setzten uns in ein gut besuchtes Café in Mullion Cove und bestellten eine Portion Tee mit zwei Tassen. Erschöpft und durchnässt wie wir waren, hatten wir dem Gedanken an ein warmes, trockenes Plätzchen in einem Café nicht widerstehen können. Ein junger Mann bediente, räumte die Tische ab, beschwichtigte unfreundliche Gäste, schnitt Kuchen auf, wischte den Boden, rückte alten Damen die Stühle zurecht und kassierte. Wir ließen uns Zeit mit unserem Tee, es war so gemütlich hier, dass wir uns nicht losreißen konnten. Da kam der Besitzer herein.

»Was zum Teufel treiben Sie die ganze Zeit? Draußen sind zwei Tische immer noch nicht sauber. Für was bezahle ich Sie eigentlich? Sie sind ein verdammter Faulpelz.« Klaglos räumte der junge Mann die Tische ab. Der Besitzer ging, kurz darauf verließen auch die meisten Gäste das Café. Wenige Minuten vor Ladenschluss kam der Kellner mit zwei Panini aus der Küche und legte sie vor uns auf den Tisch.

»Tut mir leid, mein Freund, das haben wir nicht bestellt.«

»Ich weiß, aber Sie sehen aus, als könnten Sie es vertragen. Sie müssen nur draußen essen, weil ich jetzt schließe.«

»Es tut uns leid, aber wir können uns das nicht leisten, wir können es nicht annehmen.«

»Doch, doch, es kostet nichts.«

»Das geht doch nicht.«

»Und ob, ich kündige nämlich. Seinen Job kann er sich sonst wohin stecken.«

Wir setzten uns nach draußen, er folgte uns, sperrte die Tür ab und warf den Schlüssel durch den Briefschlitz.

»Was haben Sie jetzt vor?«

»Ich weiß noch nicht genau, aber es muss doch mehr geben als das hier. Ich kenne ein paar Jungs, die hier den Küstenpfad instand halten, vielleicht gehe ich mit ihnen nach Australien.«

»Viel Glück.«

Die Leichtigkeit, mit der er seinen Job an den Nagel hängte, zeugte von jugendlichem Selbstvertrauen, von der Überzeugung, jederzeit getrost etwas aufgeben zu können, da sich mit Sicherheit morgen schon die nächste Gelegenheit ergeben würde. Verliert sich diese Zuversicht mit dem Alter, weil uns der Blick in die Zukunft verrät, dass uns die Zeit davonläuft? Ich musste an Tom denken. Sollte er sich nicht wie der Kellner und der surfende Mähtrupp vom Leben treiben lassen, dorthin, wo es die besten Wellen gab? Stattdessen wollte er nun möglichst schnell Arbeit und eine Wohnung finden. Hatte der Verlust eines sicheren Zuhauses seine Träume zerstört? Wieder einmal fühlte ich mich schuldig.

Die Sonne ging hinter Land's End unter, tauchte das Meer in leuchtende Herbstfarben, und wir schliefen, endlich trocken, zehn Stunden auf Predannack Head.

Seit 1970 ist ein großer Teil der Lizard-Halbinsel Naturschutzgebiet. Der Weg über die Klippen war eben und führte durch Abschnitte mit der seltenen Cornwall-Heide und anderen Pflanzen, die Moth in Begeisterung versetzten. Andere Wanderer auf dem South West Coast Path reden über ihr zurückgelegtes Tagespensum, aufgestellte Rekorde, erreichte Zielvorgaben. Wir dagegen wurden immer langsamer. Vielleicht lag es daran, dass wir eine Stunde lang die zierliche Herbst-Drehwurz, eine seltene Orchideenart, bewunderten, oder dass wir den ganzen Nachmittag versuchten, einen bestimmten Schmetterling zu fotografieren, oder dass wir den ganzen Abend lang an der Kante der Kynance-Klippen lagen und die Robben in der Bucht beobachteten – jedenfalls stellten wir bei Dunkelwerden fest, dass wir gerade mal fünf Kilometer weit gekommen waren. So bauten wir das Zelt quasi um die Ecke von unserem letzten Lagerplatz auf.

Im ersten Morgenlicht schossen kornische Dohlen zwischen den Klippen und Bellows Island hin und her, ihre leuchtend roten Schnäbel und Beine ein deutlicher Kontrast zu den dunklen Felsen. Feldlerchen stiegen hoch in den Himmel, wir sahen sie nicht, hörten nur ihren unaufhörlichen Gesang, bis sie zurück auf die Erde flogen, um wieder zu Atem zu kommen. Eine Handvoll Dreizehenmöwen zankte sich auf den Felsvorsprüngen. Müssten sie nicht schon fortgezogen sein, hinaus auf den Atlantik? Ob das ungewöhnlich warme Wetter sie durcheinandergebracht hatte? Merkten sie denn nicht, dass der Sommer vorüber war?

Nur widerwillig rissen wir uns los und stiegen hinab in die Kynance Cove, ließen uns auf einem Felsen nieder und setzten Wasser auf. Bei dem dortigen Gestein handelt es sich nicht um graue Granitquader, sondern um Serpentinit, der mit seinen dunkelgrünen und roten Flecken an die Musterung einer Schlangenhaut erinnert. Eine Bucht wie auf einer Postkarte, mit spiegelglattem türkisfarbenem Wasser und weißem Sand. Zumindest bis zum späten Vormittag. Dann strömten sie herbei. Hangabwärts, auf jedem Pfad, jedem Hohlweg. Alte, Junge, Vorschulkinder, Kinder, die eigentlich in der Schule hätten sein sollen, ausgerüstet mit Eimern, Liegestühlen und Trolleys voller Strandzubehör, alle beanspruchten einen Platz bei den Felsen und auf jedem Zentimeter Strand bis hin zur Flutlinie. Die Menschen schien das Wetter ebenso durcheinandergebracht zu haben wie die Dreizehenmöwen. Eine Invasion biblischen Ausmaßes, aber was suchten sie hier? Vermutlich nur die letzten warmen Sonnenstrahlen des Sommers; wenn sie auf spirituelle Erlebnisse aus waren, kamen sie zu spät, nach halb elf Uhr vormittags waren die nicht mehr zu haben. Wir packten den Gaskocher ein und stemmten uns gegen den Menschenstrom. Wanderten über offenes Heideland bis zum Lizard Point und zu den südlichsten Felsen Englands.

Die äußerste Kante, der Wendepunkt: Wollte man von hier aus Richtung Süden, müsste man schwimmen. Ab jetzt würden wir gen Norden unterwegs sein, uns wieder ins Landesinnere bewegen. Es war ein Ort der Wahlmöglichkeiten, der Richtungswechsel, der Entscheidungen. Und für Fotos. Phoebe Smith hat ein Buch mit dem Titel *Extreme Sleeps* über wildes Campen an extremen Orten im Norden, Süden, Osten und Westen Großbritanniens geschrieben. Am südlichsten Punkt wartete sie, bis es dunkel wurde, rollte dann ihren Biwacksack aus und verbrachte eine vorhersehbar unruhige Nacht auf einem Felsvorsprung über dem Meer, um mit dem ersten Hahnenschrei – oder besser Möwenschrei – aufzustehen, wieder hinauf zu ihrem Auto zu steigen und zum nächsten gefährlichen Felsen zu fahren. Ich wünschte, ich hätte auch nach einem guten Essen sorglos meinen Biwacksack ausbreiten können, in dem Wissen, dass diese Art zu leben, egal, wie nass oder ausgekühlt ich war, nicht von Dauer sein würde. Aber das war nicht unser Weg, es war ihrer. Unserer würde uns nordwärts führen, und wir würden entscheiden müssen, wie wir den Winter zu verbringen gedachten.

Wir würden nie mehr nach Hause zurückkehren, das war mir klar. Niemals mehr über die Schwelle unseres Hauses treten, die Rucksäcke auf dem Schieferboden absetzen, die Katzen füttern, das Gras mähen, in einer sternenklaren Nacht durch den Garten gehen und den Großen Wagen über den Bergen im Norden betrachten. Hier konnte man ihn nicht über den Bergen sehen. Zwar stand er immer noch im Norden, aber meine Perspektive hatte sich verändert; ich hatte die Orientierung verloren. Das Land ragte vor mir auf, ein leerer Raum, der nichts für uns bereithielt. Nur eins war real für mich, realer als die Vergangenheit, die wir verloren hatten, und die Zukunft, die noch ungewiss war. Wenn ich einfach einen Fuß vor den anderen setzte, würde mich der Coast Path vorwärtsführen. Ein schmaler Streifen Erde, oft nicht breiter als dreißig Zentimeter, war zu meinem Zuhause geworden.

Ein Wechsel der Jahreszeiten war nicht nur äußerlich spürbar – an der Kühle der Luft, am niedrigeren Sonnenstand, an der Feuchte am Morgen und den leiser gewordenen Rufen der Vögel –, sondern vollzog sich auch in meinem Innern. Ich sträubte mich nicht länger, kämpfte nicht mehr darum, das Unabänderliche zu verändern, hielt nicht mehr krampfhaft und voller Angst an einem Leben fest, das wir uns nicht hatten bewahren können, verspürte keinen Zorn mehr auf eine Obrigkeit, die vor lauter Bürokratie die Wahrheit nicht erkannte. In mir war eine neue Jahreszeit angebrochen, eine mildere Jahreszeit der Akzeptanz. Eingebrannt durch die Sonne, hineingepeitscht durch die Stürme. Ich konnte den Himmel spüren, die Erde und das Wasser, und es genießen, Teil der Elemente zu sein, ohne dass sich ein Abgrund des Schmerzes auftat bei dem Gedanken daran, dass wir unseren Platz im Gefüge der Welt verloren hatten. Ich war ein Teil des Ganzen geworden. Und dazu musste ich nicht mehr ein Stück Land besitzen. Ich konnte im Wind stehen und *war* der Wind, der Regen, das Meer; das alles war ich, und mein Ich war bedeutungslos. Das, was mich im Innersten ausmachte, war nicht verloren gegangen. Durchlässig, flüchtig, aber immer noch da und mit jeder Landzunge stärker werdend.

Der Leuchtturm, das südlichst gelegene Gebäude Englands, wimmelte von Hunderten – oder Tausenden – zwitschernder, pfeilschnell durch den Himmel schießender Schwalben. Als hätte die Schwerkraft sie zu diesem Punkt gezogen, ein letzter Augenblick des Verharrens, bevor sie sich in den Himmel schwingen und ihre Reise nach Süden antreten würden. Ob wohl die Schwalben von unserer Farm darunter waren? Hatten sie ihren Sommer im Schweinekoben verbracht und warteten nun mit ihrer neuen Familie hier auf den Moment, in dem eine unwiderstehliche Kraft ihre Flügel erfassen und sie in die Wärme tragen würde?

Steif stand Moth auf, ich hielt seinen Rucksack, damit er mit den Armen durch die Gurte schlüpfen konnte. Unser Blick richtete sich wieder auf den Weg, und wir folgten seinem Sog nach Norden.

17 KÄLTE

Wann akzeptiert man, dass ein geliebter Mensch krank ist? Wenn es ein Arzt sagt oder wenn man es mit eigenen Augen sieht? Und wenn man es endlich akzeptiert hat, was macht man dann? Normalerweise würde man sich instinktiv um den Kranken kümmern, seine Schmerzen lindern, sein Leiden erleichtern. Doch ich konnte nichts davon tun. Ich konnte es nicht akzeptieren, also tat ich so, als wäre es nicht wahr. Moth hätte jetzt warm und sicher in einer Jugendherberge sein können. Stattdessen hausten wir in einem Zelt auf der Landspitze Carrick Luz, wieder einmal auf einer Festungsanlage aus der Eisenzeit. Es dunkelte bereits, vom Ärmelkanal peitschte der Wind herein, wir beobachteten Schatzsucher mit ihren Metalldetektoren, und der Leuchtturm am Lizard Point ließ alle paar Sekunden das Meer aufblitzen. Unser Zelt hätte im Garten eines Freundes stehen können, in der Nähe eines Krankenhauses und mit Zugang zu einer Toilette. Aber wir pinkelten im Dunkeln zwischen die verkrüppelten Schlehenbüsche, wurden nass von der Gischt, die der Wind mitbrachte, und taten so, als wäre Moth nicht auf ärztliche Hilfe angewiesen. Wir hätten irgendwo im Warmen sein können. Stattdessen hausten wir in einem Zelt auf einer Landzunge in hauchdünnen Schlafsäcken, und es war schon fast Oktober.

In der Morgendämmerung trieb der Wind Bänder weißer Haufenschichtwolken auf die Küste zu, und eine Schule Delfine ging in Sichtweite auf Fischjagd, als wir unsere Rucksäcke schulterten und loszogen.

In einem ehemaligen Beobachtungsposten der Küstenwache auf Black Head legten wir eine Pause ein und lasen auf den dort angebrachten geologischen Schautafeln etwas über die verblüffende Vielfalt der Gesteinsschichten, die die Lizard-Halbinsel formen. Anscheinend hatten wir die Nacht auf serpentinisiertem, in Gabbro eingelagertem Peridotit verbracht, doch in unmittelbarer Nachbarschaft fanden sich auch Peridotit, Gneis, Troktolith und Basalt; der Lizard-Ophiolithkomplex verzahnte sich mit der Meneage-Formation. Es war eine fremde Sprache oder Geologenporno, das kam ganz auf den Blickwinkel an. Beim Weitergehen sangen wir eine Zeitlang die Namen der Gesteine vor uns hin, bis sie, als der Weg hinunter nach Coverack abfiel, alle zu einem Wort verschmolzen waren. Mit fünfundzwanzig Pfund in der Tasche, eingedeckt mit Reis, Thunfisch und Mini-Fudge-Riegeln und gesättigt von einer Portion Pommes im Café zogen wir weiter. Basalt, Troktolith, Gneis, und wir mussten einer weiträumigen Umleitung ins Landesinnere folgen, ob wegen einer Baustelle oder eines Erdrutsches oder wegen eines griesgrämigen Bauern war nicht ersichtlich. Peridotit, Gabbro, und der Weg verließ die Wiesen und wand sich durch einen Wald.

Landeinwärts, nur ein kurzes Stück landeinwärts, war es nicht mehr das Cornwall, das wir kannten. Üppige Vegetation, warm, geschützt, einladend. Wir konnten es uns nicht leisten, im Fat Apples Café einzukehren, aber der Name war so hübsch, dass wir dort einem Pfeil zu einem wilden Zeltplatz im Wald folgten. Wir stellten das Zelt auf einem terrassierten, grasbewachsenen Hang auf. Unter den hohen Bäumen war es windgeschützt, in den Zweigen huschten Waldvögel umher, und zwischen den Wurzeln scharrten Fasane nach Futter. Das Laub verfärbte sich bereits rostrot und gelb. Nach der Steilküste erschien es uns wie ein fremdes Land, eine Oase der Ruhe in einer von unzähligen Lebewesen bewohnten Welt aus Laub, und alles für nur fünf Pfund. Wir hatten eigentlich nicht vor, im Café zu essen, aber es war zu verlockend, wir knickten ein und teilten uns einen großen Teller vegetarischer Köstlichkeiten.

»Der Cafébesitzer hat gesagt, ihr seid Wanderer. Wo wollt ihr denn hin?« Zwei Australierinnen setzten sich zu uns an den Tisch und bekamen ein üppiges Frühstück serviert. Eine Portion für jede. Ich bemühte mich, nicht zu tief einzuatmen, es duftete so gut.

»Wir wissen es noch nicht genau, das hängt vom Wetter ab. Und ihr?«

»Wir haben bisher entweder gezeltet oder in Hotels übernachtet. Aber die Nächte werden kälter, daher haben wir uns für den Rest des Weges für Bed and Breakfast entschieden. Als Nächstes wollen wir nach Falmouth, das Zelt in einem Wohlfahrtsladen abgeben, und dann muss ich zum Friseur, mir den Haaransatz nachfärben lassen.«

»Wow, was für ein Luxus. Ich habe meine Haare schon seit Tagen nicht mehr im Spiegel gesehen.«

»Ist auch besser so. Meine Güte, sind das Portionen. Wenn ich zu Hause auch so reinhauen würde, wäre ich kugelrund. Auf dieser Wanderung könnte ich die ganze Zeit nur essen, essen, essen. Daheim muss das aufhören.«

War ich neidisch, weil sie solche Berge verdrücken durften und jede Nacht ein Bett und ein Bad zur Verfügung hatten? Ja, auf das Essen war ich zweifellos neidisch. Das ständig nagende Hungergefühl hätte ich nur zu gern gegen regelmäßige Mahlzeiten eingetauscht, aber auf ein Badezimmer und ein Bett konnte ich gut und gern verzichten. Allerdings hätte ich zu einem besseren Schlafsack nicht nein gesagt. Es fiel mir schwer, das Refugium des Fat Apple zu verlassen. Ich hätte nichts dagegen gehabt, den Winter hier im Wald zu verbringen und mich am Wasserhahn in der Außentoilette mit kaltem Wasser zu waschen, aber vermutlich hätte sich unsere Anwesenheit negativ aufs Geschäft ausgewirkt.

Hangabwärts am Strand von Porthallow befindet sich ein großer behauener Steinblock. Er markiert die Hälfte des Küstenpfades: 315 Meilen – rund 507 Kilometer – lagen hinter uns und ebenso viele vor uns. *Laufen Sie keine zu weiten Strecken und passen Sie beim Treppensteigen auf.* War Moth wirklich 507 Kilometer gewandert? Und ich auch? Unser powerwalkender Superheld Paddy Dillon erreicht diesen Punkt an Tag vierundzwanzig. Wir hatten an unserem vierundzwanzigsten Tag Tintagel verlassen, in einem anderen Leben, in einer anderen Welt. Heute war unser achtundvierzigster

Tag. An Tag achtundvierzig war Paddy in Poole angekommen, hatte einen Bummelzug nach Hause genommen, seine Wanderstiefel aufgehängt, war in den Pub gegangen, hatte alle mit seinen Wandererlebnissen gelangweilt, den Rasen gemäht und bereits den nächsten Trip geplant. Bei unserem Tempo würden wir erst in Poole ankommen, wenn die Weihnachtsbeleuchtung hing, falls wir bis dahin nicht in einer kalten Nacht an Unterkühlung gestorben oder verhungert waren.

Da Flut war, nahmen wir die Fähre über den Gillan Creek. Eigentlich war es keine richtige Fähre, sondern ein Holzkahn, der uns in eine andere Zeit versetzte. Es herrschte mildes Altweibersommerwetter; das Wasser war spiegelglatt, Kinder mit Keschern plantschten in Unterwäsche im Wasser, am Flussufer standen Schäferhütten, und der Hund des Fährmanns bewachte das Ruder. Ein Paradies. Moth war müde, und so setzten wir uns auf eine der Bänke und ließen uns von der Nachmittagssonne wärmen. In den nächsten Tagen würden wir noch drei Fähren nehmen müssen. Nein, wir hätten wirklich nicht im Fat Apples Café einkehren dürfen. Es lief wieder auf Nudeln hinaus. Wir campten am Rand eines Steckrübenfeldes oberhalb des Helford River. Die wilden, den Elementen ausgesetzten Landstriche des Nordens schienen unendlich weit hinter uns zu liegen; angesichts dieser gezähmten ländlichen Umgebung waren sie nur noch eine verblassende Erinnerung.

Es war ein strahlender Morgen, weiches Herbstlicht ließ die Tautropfen auf den Spinnennetzen glitzern, und ein zarter Nebel lichtete sich, als wir uns einen Weg durch ein Wäldchen mit dichtem Unterholz zu einem Aussichtspunkt über den Helford River bahnten, wo wir Tee kochten. Jachten fuhren auf dem glatten, dunkelblauen Band hinaus aufs Meer, alle unterwegs nach Falmouth. Die beschauliche Stille wurde jedoch durch wildes Geraschel in den Büschen gestört. Ein Dalmatiner stürmte heraus und kam am Klippenrand abrupt zum Stehen.

»Verdammt noch mal, Buster, SITZ!« Der Hund wich von der Kante zurück, wirkte einigermaßen erschrocken, soweit man das bei einem Hund beurteilen kann.

»Oh, guten Morgen! Haben wir Sie gestört?« Der Besitzer des gefleckten Hundes war eindeutig aus Liverpool. »Wir kommen immer an diese Stelle, eine tolle Aussicht. Jedes Jahr, aber der dumme Hund erinnert sich nie daran. Was machen Sie hier?«

»Wir trinken gerade Tee.«

»Verdammt gute Idee.«

»Möchten Sie auch eine Tasse?«

»Hätte nichts dagegen, aber bitte zwei mit je zwei Stück Zucker.« Der große Mann und seine Frau nahmen den ganzen Felsvorsprung ein.

»Milch gibt es keine.«

»Ach, kein Problem, dann muss es eben ohne gehen. Sie hätten bei den Schäferhütten am Flussufer zelten sollen, die hätten sicher nichts dagegen gehabt.«

»Oh, kennen Sie da jemanden?«

»Nein.«

Drei sich zankende Jack Russell Terrier zerrten ein weiteres Paar zum Aussichtspunkt.

»Was ist denn hier los? Eine Versammlung?«

Der Mann aus Liverpool antwortete für uns, bevor wir überhaupt den Mund aufmachen konnten.

»Wir trinken Tee. Möchten Sie auch welchen? Allerdings müssten Sie wegen der Tassen warten, bis wir ausgetrunken haben. Die beiden hier wandern den Küstenpfad.«

»Von wo aus? Falmouth?«

»Nein, Minehead.«

»Wo ist das denn?«

»In Somerset.«

»Nein, das kann nicht sein. Das ist doch meilenweit entfernt.«

Ich reichte ihnen die beiden nachgefüllten Tassen mit heißem Tee; sie tranken.

»Doch.«

»Nein, das kann nicht sein.«

»O doch.«

»Wieso haben Sie denn so viel Zeit dafür?«

Ich hörte Moth seufzen und spürte geradezu, wie er die Augenbrauen hochzog.

»Weil wir keinen Job haben und obdachlos sind.«

Betretenes Schweigen; die Hunde wichen zurück, die Frauen traten einen Schritt von uns weg.

»Also, wir müssen weiter, danke für den Tee.«

»Ja, wir auch, danke ebenfalls.«

Innerhalb von Sekunden waren sie alle fort, und Moth lehnte sich auf der Bank zurück.

»Willst du noch Tee?«

»Geht nicht, wir haben kein Wasser mehr.«

Wir packten den Kocher ein und nahmen die Fähre über den Helford River.

***

Wir hatten uns mit der Ankunftszeit in Falmouth verschätzt, und so war es bereits dunkel, als wir das Zelt bei Pendennis Castle aufstellten. Wir waren zu müde, um uns an einer Gruppe Teenager zu stören, die auf den Felsen saßen und Cider tranken. Sie ließen sich durch uns ebenso wenig aus der Ruhe bringen, blieben, wo sie waren, lachten und tranken, schwatzten, sangen, völlig in ihrer eigenen hormongesteuerten Welt versunken.

»Meinst du, Tom und Row machen das auch?«

»Na klar, schließlich sind sie Studenten. Na ja, waren Studenten.«

»Haben wir als Eltern versagt? Wir haben mit ihnen über den Verlust des Hauses gesprochen, aber nicht wirklich über deine Krankheit und was das bedeuten könnte. Wir haben immer über alles geredet. Über jede Beule und jeden Kratzer, über jeden kleinen Kummer. Aber nicht darüber, nicht über die wichtigste Sache, und welche Auswirkungen deine Krankheit auf uns alle haben könnte. Als wäre es zu schmerzhaft, das Thema überhaupt anzuschneiden; es ist wie mit dem sprichwörtlichen Elefanten im Raum. Niemand traut sich, darüber zu sprechen.« Ich drehte mich in der Dunkelheit des Zeltes zu Moth um. »Meinst du, dass das, was uns, unserer Familie gerade passiert, ihnen schaden wird? Ich kann den Gedanken nicht ertragen, dass sie davon vielleicht Narben zurückbehalten.«

»Sie reden nicht mit dir darüber, weil du das Problem hast, nicht sie. Mit mir reden sie sehr wohl. Wir haben ganz offen über alles gesprochen. Es wird schwer werden, es ist schwer, aber sie sind stark. Es verändert jeden von uns, und wenn du einfach versuchen könntest, es anzunehmen, kämen wir vielleicht alle damit klar. Es gibt keinen Elefanten. Geht auch gar nicht, wir haben ja nicht genug Platz.«

»Dann eben eine Giraffe.«

»Schlaf einfach, Ray.«

***

An der Universität von Falmouth hatte das Herbsttrimester begonnen, und die Studenten waren an die Kunsthochschule zurückgekehrt. In der Stadt wimmelte es von strahlenden jungen Leuten, die sich den lässigen Habitus des Künstlers zu eigen gemacht hatten und in schäbigen Schick gekleidet durch die Straßen flanierten. Selbst im Vergleich zu den Studenten wirkten wir, als wären wir schon eine Ewigkeit auf dem Trail unterwegs. Moths Armeehose bauschte sich in der Taille, da der Gürtel im letzten Loch steckte. Sein schwarzes T-Shirt hatte sich dort, wo der Rucksack saß, braun verfärbt. Das silbergraue Haar war schlohweiß geworden, und er hatte sich einen Bart wachsen lassen. Ich trug seit St Ives dasselbe Paar Socken und hatte meine kurzen Leggings über die langen angezogen; der Pullover aus dem Wohlfahrtsladen wurde mit jedem Tag länger und weiter, und mein Haar glich immer noch einem Vogelnest. Ich dachte an unsere australischen Bekannten, die sich irgendwo in Falmouth den Haaransatz nachfärben ließen und üppige Mahlzeiten vertilgten, und merkte, dass ich sie kein bisschen beneidete. Während wir durch die belebten Straßen schlenderten, reizte mich das alles nicht, ich fühlte mich stark und unbeteiligt, was ich mir noch vor zwei Monaten nicht hätte vorstellen können; unser Weg führte durch ein anderes Land als ihres.

»Sechs Pfund pro Nase? Aber wir sind Fußpassagiere.«

»Tja, das ist der Preis, machen Sie, was Sie wollen.«

Wir verließen den Fähranleger und suchten am Hafen nach einem Privatboot, das nach St Mawes fuhr, hatten aber kein Glück. Also gingen wir zurück in die Innenstadt, kauften für vier Tage Nudeln und planten kleinere Rationen ein, um uns die Fähre leisten zu können. Wir hätten wirklich nicht im Fat Apples einkehren sollen.

In St Mawes gab es an jeder Ecke Cream Tea und dementsprechend viele Wespen, und die Wartezeit auf die Anschlussfähre nach Place Creek zog sich endlos hin. Nachdem man uns am gegenüberliegenden Ufer abgesetzt hatte, schlugen wir uns in die Büsche wie flüchtende Kaninchen, denn im Unterholz fühlten wir uns inzwischen eher zu Hause als auf den Straßen.

Das Land fiel sanft zum Greeb Point hin ab, wo wir eine ebene, weiche Grasfläche unterhalb der Bergkuppe fanden, die von dem darüberliegenden Farmhaus nicht einzusehen war. Der nicht mehr ganz volle Mond hing am klaren Nachthimmel und überzog die Landschaft mit einem grau-silbernen Schimmer. Dunkles, sirupartiges Wasser schwappte träge gegen den nassen Felsen. Wir zogen unsere übelriechenden Kleider aus und ließen uns ins kalte Meer gleiten. Als wir uns von der Felskante abstießen, trug uns die Strömung zurück, und wir mussten vom Ufer wegschwimmen, um uns treiben lassen zu können. Dann kraulte Moth hinaus aufs offene Meer, tauchte kurz unter und paddelte wieder zu mir zurück.

»Du musst mit rauskommen, das musst du dir ansehen.«

»Nein, das ist mir zu tief.«

»Doch, du musst.«

Ein Stück vom Felsen entfernt, draußen im mondbeschienenen Wasser, war die Kälte kaum auszuhalten.

»Tauch unter und mach die Augen auf.«

»Ich kann nicht, das Salz …«

»Du kannst.«

Ich holte tief Luft. Unter Wasser dann, gegen all meine Instinkte ankämpfend, öffnete ich die Augen. Doch es war hier nicht wie befürchtet trüb und dunkel; Schauer aus Weiß und Silber zuckten durchs Wasser, in jeder Welle funkelten irisierende, kristallene Splitter aus Licht. Der Mondschein, der Ursprung des Ganzen, tanzte und schwankte und brach sich im Wasser, sodass selbst der Sand und die Felsen auf dem Grund glitzerten. Als ich wieder auftauchte, um Luft zu holen, perlten vor meinen Augen Lichtbläschen. Moth nahm mich bei der Hand und zog mich weiter hinaus. Und wieder ging es nach unten. Hier lag der Sandboden tief unter mir, war aber noch in Sichtweite. Moth ließ mich los und streckte die Arme aus. Schuppenbedeckte Leiber hingen still im Wasser, ihre Haut reflektierte schimmernd das Licht, als hätte das mondbeschienene Wasser Gestalt angenommen. Ich streckte die Hand nach einem der Körper aus, weich und kühl entwand er sich meinem Griff und nahm wieder seinen Platz in dem kleinen Schwarm ein. So schwebten sie reglos, bis ihre

Schwarmintelligenz ihnen sagte, dass sie sich zu nahe an der Küste befanden, und wie ein einziger Organismus huschten sie ins tiefere Wasser zurück, verwandelten die Lichtsplitter in funkelnde Bläschen.

Wir stiegen aus dem Wasser, zitternd und stumm, tief bewegt von einem zart aufkeimenden Gefühl der Zugehörigkeit. Zwischen Meer und Himmel legten wir uns schlafen, trocken, aber mit Salz auf der Haut, Salz im Blut.

***

Wir durchquerten Portscatho, in dem sich jetzt im Frühherbst viele Besucher tummelten – junge Familien in Gummistiefeln und stylischen Mänteln, beladen mit Sandspielzeug –, doch es berührte uns nicht, wir gehörten nicht dazu, wir gingen unbeteiligt vorbei, ganz so, als würden wir uns nur einen Film ansehen, und zogen uns wieder in die von Schlehen und Ginster gesäumten Hohlwege zurück. Am Pendower Beach überlegten wir kurz, den Seetang zu probieren, aber ihn zu kochen hätte zu viel Gas verbraucht. Das Wetter schlug um, es blies eine feuchte Brise, und im Süden und Westen verdüsterte sich der Himmel. Wir zogen Pullover und Fleecejacken an, der Wind fegte eisig durch undichte Stellen in unserer Kleidung, schlug uns beißend ins Gesicht, zerrte an unseren Rucksäcken und trieb uns vor sich her. Nicht stehen bleiben, bloß nicht stehen bleiben. Bereits am frühen Nachmittag hielten wir nach einem Platz zum Zelten Ausschau, doch vergeblich, da der Pfad an einem mit dornigem Gestrüpp bewachsenen Hang entlangführte. Letztendlich beschlossen wir, abseits des Weges zu suchen, kämpften uns durch Schlehen und Brombeerdickicht bis zu einer Wiese auf einem verlassenen Farmgelände. Während wir Nudeln kochten, setzte ein leichter Nieselregen ein, aber das war nur die Vorhut.

Der Regen kam in der Nacht, prasselte auf das Außenzelt und zerrte an den Leinen. Heftiger, strömender Regen, ein nicht enden wollender Trommelwirbel. Wir lagen vollständig bekleidet in den Schlafsäcken, hatten die Decke darübergelegt und froren immer noch. Nachts fiel die Temperatur dramatisch ab. Gegen vier Uhr morgens drängten wir uns in der Mitte des Zeltes aneinander wie Haselmäuse. Moth zuckte und stöhnte im Schlaf. Die Kälte warf uns zurück, das Hoch von der Portheras Cove hatte nicht lange angehalten; wieder quälten ihn Schmerzen. Körperliche Anstrengung tat ihm zweifellos gut, aber die Kälte war sein schlimmster Feind. Ich hüllte ihn in die Decke, legte die Regenjacken darüber, und endlich sank er in einen tiefen Schlaf.

Warum hatten wir uns nur für so nutzlose Schlafsäcke entschieden? Gewicht über Komfort: Es hätte genau andersherum sein sollen. Aber alles musste so leicht wie möglich sein, und sie waren so billig gewesen. Neue konnten wir nicht kaufen; unser Geld reichte gerade für das Essen. Ich lag wach, während der Wind am Außenzelt rüttelte, sah, wie die Stangen sich unter der Wucht bogen, und war froh, als es draußen langsam hell wurde und die Kraft des Windes nachließ.

Der schlimmste Regen war weitergezogen, und als wir loswanderten, war es nur noch ein starkes Nieseln; immer wieder bliesen uns stürmische Böen aus Südwest den Regen ins Gesicht, graue Vorhänge hingen von den Wolken ins Meer herab und machten den Kreislauf des Wassers sichtbar. Landspitzen waren nur noch verschwommen zu erkennen und verschwanden dann ganz. Da wir den Blick auf den Pfad gerichtet hielten, uns auf den steinigen, schlammigen, dreißig Zentimeter breiten Streifen konzentrierten, verpassten wir die landeinwärts führende Abzweigung zwischen West und East Portholland und standen plötzlich an einem aufgeschobenen Uferwall, der zwischen den beiden Dörfern verlief. Gebeutelt vom Wind, gefangen an der Uferkante, während unten die Brandung an den Kiesstrand krachte, balancierten wir auf einem schmalen Pfad aus Stein und Beton zwischen den Elementen. Als wir endlich wieder Asphalt unter den Füßen spürten, trat eine Frau aus einem Cottage.

»Kommen Sie herein, schnell. Ich möchte die Tür nicht so lange offen lassen.«

»Wir sind viel zu nass.«

»Stellen Sie einfach Ihre Sachen auf den Fliesen ab. Ich habe gesehen, wie Sie über den Wall gekommen sind. Warum haben Sie nicht den breiten Weg oben entlang genommen? Sie hätten heruntergespült werden können.«

Im Haus war es sehr warm, und der tropfnasse Synthetikstoff der Rucksäcke und Jacken verwandelte den Raum rasch in eine Sauna. Es war kein Wohnhaus, sondern ein kleiner Laden. Die Frau führte uns in ein Zimmer, das ursprünglich ein Wohnzimmer gewesen war, jetzt aber als Teestube fungierte. Wieso endeten wir immer in Teestuben, als würde hinter jeder Tür jemand mit einer Teekanne und einer Registrierkasse warten und als wären für jede freundliche Geste mindestens vier Pfund zwanzig fällig? Der Regen prasselte gegen die Fenster, sogar die Möwen hatten hinter einem Felsen Schutz gesucht, also entschieden wir uns für den Tee. Moth lehnte den Kopf gegen ein Kissen auf der Fensterbank und schlief sofort ein, sein Arm zuckte rhythmisch, und ab und zu verzog sich sein Gesicht zu einer Grimasse. Die Kälte und die Feuchtigkeit verursachten ihm stärkere Schmerzen, als er zugeben wollte, doch im Schlaf konnte er es nicht länger verbergen. Ohne das Pregabalin litt er an einem Stechen in Kopf und Schulter, an lähmenden Schmerzen im Bein und einem seltsamen Juckreiz am ganzen Körper, als hätte er Nesselsucht. Nicht die gesamte Palette, die die CBD zu bieten hatte, aber es reichte, um seinen Schlaf zu stören und seine Tage zu verdunkeln.

Stunden vergingen in dem gemütlich warmen Raum, bis der Regen zu Nebel wurde. Am frühen Abend quälten wir uns den glitschigen Pfad zur breiten, hohen Landspitze von Dodman Point hinauf. Wir saßen am Fuß eines riesigen Granitkreuzes, als der Nebel plötzlich aufriss, in feuchten Schwaden vorbeizog und einen kurzen Ausblick nach Süden zur Lizard-Halbinsel und nach Osten erlaubte, bevor er wieder seinen Schleier darüberbreitete. Ein alter Beobachtungsposten, von Ginster und verkrüppelten Bäumen gegen den Wind geschützt, tauchte aus dem Nebel auf: ein winziges Steinhäuschen mit einem Wachturm, von dem aus man während der Napoleonischen Kriege auf dem Ärmelkanal nach französischen Schiffen Ausschau gehalten hatte. Wir errichteten das Zelt im Schutz der verwitterten Gartenmauer und setzten uns in die Steinhütte, um Nudeln zu kochen. Wieder spielten wir Familie oder Landstreicher oder beides zugleich. Die Nacht kam früh, kurz nach sieben Uhr war es stockdunkel.

»Es muss inzwischen Ende September sein.«

»Wirklich?«

Wir überlegten, wann wir das letzte Mal das Datum gewusst hatten, und Moth zählte mithilfe des Wanderführers die Tage.

»Es ist schon fast Oktober. Noch ein paar Wochen, und wir müssen die Uhr umstellen.«

»Was machen wir, wenn es schon um fünf Uhr dunkel wird?«

Hinter dem Kreuz bewegten sich Lichtpunkte langsam an der Horizontlinie entlang; der Wind hatte nachgelassen, und die Geräusche der Nacht waren deutlich zu vernehmen. Möwen ließen sich auf den Klippen nieder; irgendwo auf den Felsen unterhalb lärmte eine Schar Austernfischer. Mit einem tiefen Grollen schlug das Meer gegen die Klippen. Geräuschlos, fast als würde es schweben, spazierte ein Reh vorbei, ein grauer Schemen im schwachen Licht des Mondes, und verschwand im Unterholz, ohne dass sich ein Blatt bewegt hätte. Wir folgten ihm, legten uns schlafen, umfangen vom dunklen Grün der Nacht.

***

Wir lagen auf dem Betonweg vor den Bänken am Kai von Gorran Haven, ließen uns von der Sonne wärmen und schauten den vielen über uns kreisenden Möwen zu.

»Also wissen Sie, so etwas macht man in Gorran Haven nicht, man legt sich nicht einfach auf die Straße, um seinen Rausch auszuschlafen. Die Polizei wird Ihnen schon Beine machen.«

Ich setzte mich auf, erwartete angesichts der dröhnenden Stimme, einen Riesen mit Anker-Tattoo vor mir zu haben, sah aber stattdessen ein älteres Ehepaar in Anoraks zusammengekauert auf einer Bank sitzen und ihre Pommes frites essen. Der Mann mit der dröhnenden Stimme warf einer Möwe eine Fritte zu, woraufhin drei Vögel sich um den Leckerbissen zankten und dabei auf dem Boden landeten.

»Wir sind nicht betrunken, wir wollen nur ein bisschen Sonne tanken.«

»Anständige Leute liegen nicht auf der Straße. Sind Sie Landstreicher oder so was?«

Landstreicher? Waren wir das? Jedenfalls lagen wir nicht auf der Straße.

»Das hier ist keine Straße, es ist ein Ort, wo man sich hinsetzen und die Aussicht genießen kann. Und genau das machen wir. Und was machen Sie?«

»Wir essen Pommes.« Seine Frau warf den Möwen noch eine Fritte zu.

»Nein, das stimmt nicht, Sie füttern die Möwen. Haben Sie das Schild nicht gesehen, auf dem steht: ›Bitte keine Möwen füttern‹? Seien Sie lieber vorsichtig, man weiß ja nie, wer einen so beobachtet.«

Wir schulterten unsere Rucksäcke und waren schon ein paar Schritte entfernt, da riefen sie uns nach:

»Landstreicher.«

Moth drehte sich um und winkte.

»Möwenfütterer.«

Wir wanderten durch das hübsche Dorf weiter nach Mevagissey. An den Unmengen von Silbermöwen konnten wir ablesen, dass wir angekommen waren. Sie wirkten genauso listig und angriffslustig wie die Möwen in St Ives, rotteten sich auf Fischerbooten und Kaminen zusammen, belagerten die Mülltonnen und lungerten bei den Bänken herum. Hastig kauften wir uns für ein Pfund eine Tüte Pommes und hielten sie ganz fest; während der eine aß, passte der andere auf. Eine Gruppe älterer Damen saß auf der Bank neben uns, jede mit einer Portion Fish and Chips. Wir belauschten ihre Unterhaltung.

»Ich sag's euch, ich habe schon an vielen Orten hier an der Küste gelebt, aber nach St Ives gehe ich bestimmt nicht mehr zurück. Weymouth, da würde ich vielleicht wieder hinziehen, oder auch Mevagissey, aber nie mehr nach St Ives.«

»Aber du wohnst doch noch in Mevagissey«, wandte eine zweite Dame ein.

Eine Möwe mit stählernem Blick trippelte von der Seite auf die Bank zu, den Kopf gleichgültig abgewandt.

»Also, wenn ich wegginge, würde ich hierher zurückziehen, aber nicht nach St Ives.«

»Warum dann überhaupt weggehen, wenn du sowieso zurückkommen willst?«

Die Möwe drehte ihnen den Rücken zu, schaute ein Weilchen andächtig hinaus aufs Meer und setzte dann ihre Seitwärtsbewegung fort.

»Theoretisch, Sheila. *Falls* ich wegziehen würde, würde ich auch wieder zurückkommen.«

»Aber theoretisch, Doris, wenn du eh wieder zurückkommen willst, warum würdest du dann überhaupt erst wegziehen?«

Diesen Augenblick nutzte die Möwe, und in einem Gestöber aus Pommes frites flog sie davon, das zerfledderte Stück Fisch im Schnabel.

»Diese verdammten Möwen! Darum gehe ich aus Mevagissey weg. Es ist genauso wie in St Ives.«

»Oh, Doris, so ein Mist – aber wenn es hier genauso ist wie in St Ives, warum würdest du denn zurückkommen wollen?«

»Sheila …«

Wir stellten das Zelt auf Black Head auf, in der Nähe des Gedenksteins für den Dichter A. L. Rowse mit folgender Inschrift: »Dies war das Land meiner Zufriedenheit.« Einigermaßen zufrieden, wenn schon nicht körperlich, dann wenigstens seelisch, aßen wir Nudeln, während sich wohlgenährte, vermutlich mit Pommes vollgestopfte Möwen auf den Felssimsen niederließen.

»Komisch, für die Nudeln interessieren sie sich kein bisschen.«

»So dumm sind die nicht.«

***

Die Gegend nördlich von St Austell ist das Land der Kaolingruben. Die sehr feine weiße Porzellanerde wird dort seit Mitte des achtzehnten Jahrhunderts abgebaut, nachdem William Cookworthy ein Verfahren erfunden hatte, um Ton von Verunreinigungen zu befreien. Zunächst entwickelte sich eine florierende Industrie rund um die heimische Porzellanherstellung, aber inzwischen wird Kaolin in alle Welt exportiert und findet in vielen Produkten Verwendung, angefangen von Teetassen bis hin zu Zahnpasta. Während die

Kupfer- und Zinnminen erschöpft waren oder schließen mussten, expandierte der Kaolinabbau. Leider erzeugt die Förderung einer Tonne Porzellanerde fünf Tonnen Abraum. Dadurch sind in den Abbaugebieten Schuttkegel entstanden, die die Einwohner Cornwalls liebevoll als Kornische Alpen bezeichnen, doch selbst ein Laie erkennt, dass es einfach nur Abraumhalden sind. Offensichtlich gibt es viele Möglichkeiten, mit einem riesigen weißen Loch im Boden umzugehen. Beispielsweise kann man es rekultivieren, indem man das Loch mit trübem grünen Wasser füllt und den Uferstreifen bepflanzt, und dann das Ganze als Industrie--lehrpfad bezeichnet; oder man kann einen zweiten Garten Eden schaffen, den man mit Pflanzen aus aller Welt und riesigen Gewächshäusern aus Kunststoffkuppeln bestückt, die dann von Millionen Besuchern für fünfundzwanzig Pfund pro Nase besichtigt werden. Man könnte natürlich auch den ganzen Schutt wieder in das Loch verfüllen und die Landschaft der Natur überlassen, aber diese Variante ist zu wenig spektakulär, und kein Tourist würde dafür bezahlen, über eine Wiese zu stapfen, in der Hand ein Faltblatt, auf dem steht: »Man sieht es nicht, aber hier war einmal eine Kaolingrube.«

Charlestown, das frühere West Polmear, ist ein malerisches Hafenstädtchen. Erbaut wurde es, wie der Name schon vermuten lässt, von einem gewissen Charles Rashleigh, der ganz uneigennützig aus einem Dorf mit neun Fischern, die Hummerkörbe flochten und Pfeifen schnitzten, eine Stadt mit dreitausend Lagerarbeitern aus dem Boden stampfte, die Frachtschiffe in solch aberwitziger Geschwindigkeit mit

Tonerde beluden, und zwar schneller, als man »Schlammpackung gefällig?« sagen konnte.

Die Zehntausende von Tonnen Kaolin, die im neunzehnten Jahrhundert jedes Jahr aus den örtlichen Häfen verschifft wurden, waren nichts im Vergleich zu den Millionen Tonnen im zwanzigsten Jahrhundert. Heutzutage vermarktet Charlestown clever sein Erbe und gehört darüber hinaus zu Ross Poldarks bevorzugten Aufenthaltsorten.

Als wir uns Par näherten, wurde die Welt weiß, alles war wie mit Talkumpuder überzogen. Der Weg führte direkt am Gelände einer Kaolin verarbeitenden Fabrik vorbei, eingeklemmt zwischen dem hohen Drahtzaun und der Bahnlinie, dann durch ein Dorf und zu einem Strand, an dem sich auf einer Seite ein Lagerhaus und die Kamine des Kaolinwerks befanden und auf der anderen Seite ein weitläufiger Caravanpark, und alles war weiß. Weiße Bäume, weißer Weg, weißer Strand, weiße Spaziergänger mit weißen Hunden. Wir durchquerten eine Ansammlung von Pubs und Cafés in Polkerris, wobei wir eisern die vielfältigen Essensdüfte ignorierten, und wanderten bergauf in das herbstliche Leuchten der alten Bäume, froh, in eine Welt voller Farben zurückgekehrt zu sein.

Auf der ebenen Grasfläche von Gribbin Head lagen wir im offenen Zelt und sahen den vorüberziehenden Schiffen und den Sternen zu. Wir befanden uns auf dem Land der vermögenden Rashleighs, in deren Besitz sich seit der Auflösung der Klöster der Landsitz Menabilly befindet. Wo einst Daphne du Maurier gewohnt und von Manderley geträumt hatte, lagen wir obdachlos und mittellos unter dem

Sternenhimmel. Wir hatten alles verloren, hatten nur noch uns und die Kinder, und doch gehörten uns das nasse Gras und der rhythmische Schlag der Brandung gegen die Felsen. Reichte das zum Leben? Wir kannten die Antwort darauf, aber das hier aufzugeben und in die normale Welt zurückzukehren, schien auch nicht der Weisheit letzter Schluss zu sein.

Wir folgten dem Coast Path über sanft geschwungene Hügel, durch gelb und orange gefärbte Wälder, an felsigen Stränden entlang. Wie immer begleitet von Möwen kamen wir nach Fowey. Das Dorf war um einen natürlichen Hafen an einer tief eingeschnittenen Flussmündung entstanden, und die engen Straßen mit den bunt gestrichenen Häusern zogen sich einen steilen Hügel hinauf. Hier stehen einige der teuersten Immobilien im Südwesten Englands, und angesichts der Jachten, die auch noch im Frühherbst hier vor Anker lagen, war das Geld offensichtlich übers Meer gekommen. Wieder eine Teestube, wieder eine Kanne heißes Wasser und die Möglichkeit, das Handy aufzuladen; wir hatten es ganz vergessen und seit Tagen nicht mehr draufgeschaut.

»Row wird schimpfen, weil ich das Handy nicht mehr aufgeladen habe.« Doch als es wieder zum Leben erwachte, fand sich neben den vielen Nachrichten der Kinder auch ein verpasster Anruf von Polly, einer alten Schulfreundin. Das letzte Mal hatten wir uns kurz nach unserem Auszug gesprochen; die Vorstellung, sie jetzt auf den neuesten Stand bringen zu müssen, war zu schmerzhaft. »Ach ja, wir sind immer noch obdachlos, immer noch todkrank, und wie geht es dir?«

Wir hoben wieder Geld ab, kauften einen Laib Brot und eine Dosensuppe und nahmen die Personenfähre über den Fluss nach Polruan, Foweys Ebenbild, nur in einer abgespeckteren Version. Am Kai sitzend sahen wir die Funken fliegen, als ein Schweißer in der Werft auf der anderen Seite der Slipanlage ein Boot reparierte. Der Küstenpfad wurde allmählich flacher, weniger zerklüftet, weniger sturmumtost, plätscherte eher sanft dahin. Mit dem Pfad hatten auch wir uns verändert, waren stärker und gelassener geworden, bewegten uns in ruhigerem Fahrwasser. Ein Kormoran flog knapp über der Wasseroberfläche hinaus aufs offene Meer. Der Himmel war grau, sah aber nicht nach Regen aus, war einfach ein grauer Himmel, der mit dem grauen Meer verschmolz. Hinter dem Boot flogen immer noch die Funken. Ich stellte mir vor, dass in den Kopfhörern des Schweißers gerade *Flashdance* lief, aber wahrscheinlich war es eher Pirate FM.

Wir erklommen den Steilhang hinter dem Dorf, wanderten oberhalb der Lantic Bay nach Pencarrow Head, bauten das Zelt im Schutz einiger Ginsterbüsche auf und beobachteten die Lichter der Schiffe, die vom weit entfernten Plymouth ausliefen.

Der Morgen kam als ein Streifen blasses Gelb zwischen Schichten von Grau. Unterhalb von uns erhob sich ein Vogel vom Kliff, eine Silhouette mit großer Flügelspannweite gegen den allmählich heller werdenden Himmel. Der Vogel glitt auf dem Wind dahin, legte sich schräg, sodass wir nicht nur den grauen Rücken, sondern auch die helle, quergebänderte Unterseite sehen konnten, bevor er davonschoss und innerhalb eines Wimpernschlags verschwunden war. Die Kaninchen waren auseinandergestoben, die kleinen Vögel verstummt.

Ein alter Mann kam über die Landzunge langsam auf uns zu. Er wirkte ein bisschen ungepflegt, seine Kleider waren schmutzig, und er stützte sich auf einen Wanderstock und eine Haselrute. Bei uns angelangt blieb er stehen. Als er den Mund aufmachte, rollten seine Worte wie geschmeidige Bällchen Clotted Cream von der Zunge.

»Haben Sie ihn gesehen, den Wanderfalken? Ein Weibchen, die is' schon seit ein paar Wochen hier, is' wunderschön, nich' wahr? Die war vorher noch nie da, nein, is' neu zugewandert. Haben Sie die schon mal gesehen? Ich nich'.«

»Wir sind erst seit gestern Abend hier, also war das heute unser erstes Mal. Ein überwältigender Anblick.«

»Auf der Durchreise, hm? Ich wohne schon mein ganzes Leben lang hier. Hab eine Hütte im Wald, halte ein paar Hühner, mache Holz. Sie is' wirklich wunderschön, nich' wahr?«

»Ja, das stimmt.«

»Sie gehen wohl nach Osten? Alle gehen in diese Richtung. Zum Rame Head und nach Bigbury und zum Bolt Tail. Die Ärzte meinen, ich hätte dieses Glau … Glauk-Dings an den Augen, sie meinen, ich könnte vielleicht sogar blind werden, sie meinen, ich hätte zu viele Kekse gegessen.«

»Glaukom.«

»Genau, so heißt es wohl. Ich komme her, sooft ich kann, wissen Sie, ich muss mir alles einprägen für die Zeit, in der ich nichts mehr sehen kann.«

»Es ist ja auch ein fantastischer Anblick, wirklich erinnerungswürdig.«

»Ich bin so froh, dass sie hierhergekommen is', sie is' was ganz Besonderes, wunderschön, nich' wahr?«

»Ja, das ist sie, wunderschön.«

Es wurde heller, der Himmel schied sich vom Meer. Hatte ich schon genügend Dinge gesehen? Wenn ich einmal nichts mehr sehen könnte, würde ich mich dann an sie erinnern, und würde die Erinnerung ausreichen, um mich erfüllt und vollständig zu fühlen? Langsam ging der alte Mann davon, denselben Weg, den er gekommen war. Kann man überhaupt jemals genug Erinnerungen haben?

***

Das Handy klingelte, schrill, beharrlich, aufdringlich.

»Wo seid ihr?«

»Immer noch an der Südküste. Warum, was ist los, Polly?«

»Also hört mal, ihr könnt doch nicht den Winter über dortbleiben. Ich habe einen Schuppen – früher wurde dort das Fleisch zerlegt. Es gibt jetzt ein Badezimmer, aber alles ist noch mit Kunststoff verkleidet. Wenn ihr wollt, könnt ihr ihn eine Zeitlang haben. Allerdings müsstet ihr ihn fertig renovieren.«

»Ich weiß nicht …«

»Die Entscheidung liegt ganz bei euch.«

Das Zelt stand im Schutz der Ginsterbüsche, der Eingang zeigte nach Osten, zu dem uns noch unbekannten Abschnitt des Küstenpfades. Es galt Buchten zu entdecken und Landzungen zu überqueren, es warteten Sonnenaufgänge, in die wir hineinwandern, und Sonnenuntergänge, in deren Farbenpracht wir uns schlafen legen würden, wir würden unterschiedlichstes Wetter erleben und Kälte aushalten müssen. Doch die momentane Kälte war nichts im Vergleich zu dem bevorstehenden Winter, in dem Stürme die Küste heimsuchen würden und wir daher landeinwärts ziehen müssten. Aber wohin? Polly lebte in Mittelengland, in einer Gegend, die wir kaum kannten; was würden wir dort anfangen, welche Zukunft würde sie uns bieten? Es erschien uns unmöglich, eine Entscheidung zu treffen.

Wir ließen das Zelt, wo es war, und erkundeten die Küste bis zur Lantivet Bay. Wanderten zu dem weiß gestrichenen Obelisken aus Granit und dem Beobachtungsposten, der sich in das Kliff schmiegte. Wir aßen Reis und Thunfisch und kletterten den steilen Abhang zur Lantic Bay hinab, wo wir entlang der mit Seetang übersäten Flutlinie nach brauchbarem Strandgut suchten. Drei Tage lang zog der Wanderfalke morgens seine Kreise über Pencarrow. Wir brauchten einen Unterschlupf, wir brauchten Wärme, wir brauchten Geld. Wir konnten versuchen, wieder in der normalen Welt zu leben, oder wir konnten den Winter auf dem Küstenpfad verbringen. Moth brauchte Wärme.

Manchmal erkennt man falsche Entscheidungen schnell und kann sie noch korrigieren: Wenn man den falschen Zug erwischt hat, steigt man bei der nächsten Haltestelle aus. In anderen Fällen merkt man erst, dass die Entscheidung nicht richtig war, wenn es zum Umkehren zu spät ist.

»Hi Row. Könntest du uns vierzig Pfund für ein Zugticket leihen?«

»Ich habe keine vierzig, aber zwanzig kann ich euch schicken.«

»Tom, kannst du uns zwanzig Pfund für den Zug überweisen?«

»Ja, okay, aber ich denke, es ist falsch. Mein Bauch sagt, ihr macht einen Fehler.«

TEIL 5

ENTSCHEIDUNGEN

Jeder braucht Schönheit genauso wie Brot.

John Muir, *The Yosemite*

18 SCHAFE

Fehl am Platz, ausgesetzt, entwurzelt. So weit entfernt von der Küste, wie es überhaupt möglich war. Während der Regen auf das Wellblechdach des ehemaligen Fleischverpackungsschuppens prasselte, bauten wir mitten auf dem Boden das Zelt auf und drängten uns in unserer vertrauten Umgebung aneinander. Wir kamen uns verloren vor; das bisschen Seelenfrieden, das wir gefunden hatten, war schnell dahin.

Unsere Rucksäcke standen einsam in der Ecke und hielten eines der sich ablösenden Kunststoffpaneele, mit denen die Wand verkleidet war, an Ort und Stelle. Obwohl hier schon zeitweise jemand gewohnt hatte, fühlte es sich immer noch wie ein Fleischverarbeitungsraum an. Ein Holzofen war zu nahe an der Kunststoffverkleidung aufgestellt worden, sodass diese geschmolzen war und sich eingerollt hatte; an den Fenstern wuchs Moos; Dämmmaterial hing von offenen Dachsparren herab; eine Neonröhre flackerte an der fleckigen Decke. Aber es gab ein Dach, und dafür waren wir fürs Erste dankbar.

Polly war so froh, dass wir da waren, so froh, dass sie helfen konnte. Nein, sie wolle keine Miete, aber wenn wir bei der Renovierung und auf dem Hof mit anpacken könnten, wäre das prima. Ob Moth wohl damit anfangen könnte, den Schuppen mit Gipskarton auszukleiden und zu verputzen? Wir waren alte Freundinnen, hatten Teenager-Krisen miteinander durchgestanden und als Erwachsene unsere Sorgen geteilt. Es könnte funktionieren, wir würden uns gegenseitig unterstützen.

***

Ich folgte der Hecke bis zum Wald an der Hügelkuppe, fühlte mich fremd in der unvertrauten Landschaft Mittelenglands. Es war Ende Oktober, über mir kreisten Krähen in der kalten Luft. Ein Bussard segelte vorüber, ließ sich von den Luftströmen nach unten tragen, sein klagender Ruf erfüllte das Tal. Die großen Zapfen einer umgestürzten Lärche lagen auf dem Boden verstreut, Gras und Brennnesseln wucherten um die längst abgestorbenen Zweige; ein Fasan erhob sich aus dem Unterholz, aufgestört aus seinem sicheren Unterschlupf flog er wild flatternd und einen Alarmruf ausstoßend davon. Ich kam hierher, wann immer ich mich von Pollys Farm freimachen konnte.

Obwohl ich zutiefst dankbar für unsere Behausung war, fühlte ich mich innerlich hohl, eine Leere hatte sich in mir ausgebreitet. Meine Tage hatten ihren Sinn verloren, waren nur eine endlose Schufterei mit dem einzigen Zweck, uns warm und trocken zu halten. Ich war allein unter Freunden. Die Obdachlosigkeit hatte mich eins gelehrt: Wie sehr einem die Menschen auch helfen möchten, sobald man ihr Haus betritt, wird man schnell zum Kuckucksei in ihrem Nest, zu einem Gast, der länger bleibt, als er willkommen ist. Oder als er ihnen nützlich ist. Doch hier waren wir nützlich, zumindest noch für eine Weile.

Als Moth den Rucksack absetzte und aufhörte zu wandern, kehrte die Steifheit zurück, und seine Nervenschmerzen verstärkten sich; er schlief jede Nacht zwölf Stunden und konnte sich morgens kaum rühren. Wir suchten noch einmal den Arzt auf und erzählten ihm, wie viel besser es Moth während der Wanderung gegangen war und dass seine Symptome, bevor es kalt wurde, fast verschwunden gewesen waren.

»Damit haben Sie es nur noch schlimmer gemacht, den Verfall beschleunigt; Sie sollten sich ausruhen, gelegentlich leichte Spaziergänge machen, aber nicht zu weit, und beim Treppensteigen vorsichtig sein.«

»Aber könnte die konstante, anstrengende, immer gleiche Bewegung nicht sogar positiv sein? Vielleicht bringt der zusätzliche Sauerstoff, der durch den Körper gepumpt wird, den Prozess irgendwie zum Stillstand, bremst die Bildung des Tau-Proteins? Oder hat eine andere günstige Wirkung?«

»Definitiv nicht. Sie verschließen nur die Augen vor der Wahrheit, das ist ganz normal – die meisten Menschen durchlaufen diese Phase.«

Wann immer wir konnten, gingen wir wandern, aber es hatte nicht denselben Effekt wie die über viele Stunden anhaltende Bewegung mit einem Gewicht auf dem Rücken. Wir probierten es mit dem Fitnessstudio, doch danach litt Moth tagelang an starken Schmerzen. Er setzte sich auf einen Heimtrainer; die gleichförmige Belastung half ein bisschen, aber nicht genug, und ganz allmählich wurde er verkrampft und schwerfällig, sporadisch begleitet von einem Zittern in seinem Arm.

Ausruhen war keine Option; wir mussten uns das Dach über unserem Kopf durch unserer Hände Arbeit verdienen.

Langsam und mühselig verkleidete Moth die Wände des Schuppens mit Gipskarton, was für seine Schultern endlose Qualen bedeutete. Er flieste den Boden. Frierend errichtete er in der Kälte eine Betonsteinmauer. Mehr als vier Stunden täglich konnte er nicht arbeiten, da ihm jede Bewegung zunehmend schwerfiel.

Der Winter brach mit Macht herein, es war beißend kalt, die Temperaturen sanken unter den Gefrierpunkt, und auf dem steinharten Boden lag eine fünfzehn Zentimeter dicke Schneedecke. In Momenten wie diesen war ich dankbar, dass wir nicht draußen im Zelt kampierten. Wir hatten ein Dach über dem Kopf und einen Ofen, der uns wärmte, selbst wenn wir das Holz dafür selbst hacken mussten.

Weihnachten verbrachten wir bei Moths Bruder, wo wir auf dem Boden schliefen und Behaglichkeit, Wärme und ein glückliches Familienleben genossen. Wir versuchten so zu tun, als ob nichts passiert wäre, als ob unser Leben noch so wäre wie früher. Ende Dezember waren wir wieder bei Polly im Wald, zerlegten umgestürzte Bäume in zum Hacken geeignete Stücke. Wir schnitten ganze Tage lang Büsche zurück und lichteten das Unterholz, wobei wir riesige Mengen Brennholz produzierten. Wenn es dunkel wurde, kehrten wir zurück in den Packschuppen, und Moth legte sich gelähmt vor Schmerz auf den Boden. Ich setzte einen Herd instand, der im Schuppen aufgestellt werden sollte, riss eine Trennwand heraus, vertäfelte den Eingangsraum mit Holz, putzte Ferienwohnungen und machte die Wäsche. Wir mussten keine Miete bezahlen, nur den Strom, aber wir hatten kein Geld. Ich hätte mir einen Job suchen müssen, doch ich wollte

Moth nicht allein lassen; er war erschöpft und wurde immer schwächer. So froh wir auch über die Unterkunft waren, die Polly uns zur Verfügung gestellt hatte, der körperliche Preis, den Moth für diesen Luxus bezahlte, war hoch.

»Du kannst so nicht weitermachen, es bringt dich um.«

»Aber wir haben ein Dach über dem Kopf, und dafür bin ich dankbar.«

***

Der Frühling kam, und der Waldboden erwachte zum Leben, ganze Teppiche aus Glockenblumen sprossen aus der Erde und legten sich wie eine blaue Krone über die Hügelkuppe. Eine Damhirschkuh stieg über die umgestürzte Lärche, ihre zierlichen Beine trugen sie sicher über den Baumstamm und hinaus auf die Wiese, wo sie in der Dämmerung äste. Wir beobachteten sie heimlich, aus Angst, sie könnte in der Gefriertruhe enden. Sie war allein, wunderschön, frei und unser Geheimnis.

Mit dem Frühling kam die Zeit des Ablammens. Wir suchten bei den Hunderten von Schafen in riesigen Wellblechhallen nach Anzeichen für die Geburt: Die trächtigen Schafe wurden unruhig und sonderten sich ab, scharrten auf dem Boden, legten sich auf die Seite, streckten den Hals und reckten den Kopf nach oben. Dann feuchtes, neues, sich windendes Leben. Eine aufregende Zeit der Hoffnung und des Neubeginns. Doch ich fühlte mich nicht als Teil davon, war nur eine leere Hülle, die mechanisch funktionierte. Ich sprühte den Nabel der Lämmchen mit Jod ein, um Infektionen zu verhindern. Reinigte die Ablammboxen und füllte sie mit frischem Stroh. Vertraute Verrichtungen aus einem vertrauten Leben, das nun jedoch für mich vorbei war. Ich lebte nicht mein eigenes Leben, ich existierte nur im Leben eines anderen.

Alles, wofür wir in unseren langen gemeinsamen Jahren gearbeitet hatten, war weg. Unser erstes Zuhause, ein winziges viktorianisches Reihenhaus, das an einen Wald grenzte und das wir jeden Abend nach der Arbeit renovierten. Wir rollten an Sonntagnachmittagen abgezogene Tapeten zusammen, reparierten um zwei Uhr morgens undichte Mörtelfugen am Schornstein, träumten davon, ein Haus mit ein bisschen Land zu kaufen, damit wir unsere Angestelltenjobs aufgeben konnten. Verkauften das Reihenhaus und steckten das ganze Geld in unseren Traum. Der Traum zerplatzte, die Erinnerungen daran wurden leer und wertlos, weil alles weg war. Ich empfand Dankbarkeit dafür, dass wir dieses Leben gehabt hatten, ein Refugium, das sich manche Menschen ihr Leben lang wünschen und doch nie bekommen. Aber wir hatten so schwer dafür gearbeitet, unseren Traum wahr werden zu lassen; wir hatten unsere gesamte Zeit und Energie und unseren ganzen Ehrgeiz in dieses Projekt gesteckt. Es bedeutete uns alles. Wenn unsere Freunde im Ausland Urlaub machten, erneuerten wir das Scheunendach. Unsere Kinder gingen mit anderen Familien an den Strand, weil wir Gräben aushoben, um Drainagerohre zu verlegen. Es hatte uns alles abverlangt, und jetzt waren die ganzen dreißig Jahre futsch. Und was nun? Was, verflucht noch mal, nun?

Ich vermisste mein Zuhause wegen der Erinnerungen an unser Familienleben, wegen des Gefühls von Geborgenheit, wegen der Sicherheit zu wissen, wo ich nächste Woche, nächstes Jahr schlafen würde, wegen der Jahrzehnte, für die es stand. Aber jetzt vermisste ich noch etwas anderes ebenso sehr. Wenn ich nachts aufwachte, roch ich den heißen, staubigen Geruch des ausgedörrten Küstenpfades oder den leicht zitronigen Duft eines salzigen Regenschauers auf nasser Erde. War erfüllt von der Vorfreude, den Flug eines Bussards über stille, sonnengesprenkelte Wälder hinaus auf helle, offene Landzungen zu verfolgen, erfüllt von der Hoffnung auf eine Zukunft gleich hinter der nächsten Bucht. Wenn ich nachts aufwachte, hörte ich die Rufe der Möwen, die der Wind durch den aufgewühlten Himmel trug, sah den endlosen Horizont, der mir Mut machte und mich mit unendlichen Möglichkeiten lockte. Doch dann wurde mir wieder bewusst, wo ich mich hier befand, und ich realisierte die traurige Wahrheit: Ich lebte das Leben von jemand anderem, während Moth langsam starb. Die Zeit lief rückwärts, die Vergangenheit wurde zur Zukunft, was gewesen war, wurde zu etwas, was noch vor uns lag, die Erinnerungen strömten auf mich ein, wuchsen zu den Flüssen von morgen an. Wenn ich im Dunkeln lag, begann ich den Ärzten zu glauben und zu akzeptieren, dass ich mir etwas vorgemacht hatte, begann zu begreifen, dass ihre Worte wahr sein könnten. So sehr ich auch dagegen ankämpfte, er würde sterben, und ich würde irgendwie ohne ihn leben müssen. Ich befand mich in einer Abwärtsspirale. Der Hinweis in Ratgebern, es handle sich um einen ganz normalen Zustand der vorweggenommenen Trauer, tröstete mich nicht. Moths Geister, die ihn bereits zu Lebzeiten verfolgten, suchten auch mich heim. Eine Abwärtsspirale.

Wir versuchten, in der Umgebung etwas zum Mieten zu finden, aber nichts hatte sich verändert; wir schleppten unsere mangelnde Kreditwürdigkeit überallhin mit. Ich sah mich nach einem Job um, aber hier auf dem Land gab es nichts, was gut genug bezahlt wurde, um mehr als die Benzinkosten zu decken. Und wer stellt schon eine Fünfzigjährige ein, die in den vergangenen zwanzig Jahren als Selbstständige gearbeitet hat? Es zählte nicht, dass ich mich als Bäuerin, Klempnerin, Bauarbeiterin, Elektrikerin, Gärtnerin, Dekorateurin, Designerin, Buchhalterin, Baumchirurgin und Vermieterin von Ferienwohnungen betätigt hatte. Ich hatte es nirgendwo schwarz auf weiß stehen und konnte auch keinen Chef vorweisen, der es bestätigte. Ich würde mich umschulen lassen müssen. Doch selbst dann, wer würde eine umgeschulte Fünfzigjährige einstellen, wenn er dasselbe von einer Dreiundzwanzigjährigen bekommen konnte? Ohne Job und ohne Einkommen würden wir nie auf eigene Faust eine Unterkunft finden. Eine unaufhaltsame Abwärtsspirale.

Moth war ausgebildeter Stuckateur. Sein Körper musste die Bewegungsabläufe beim Verputzen von Gipskarton nicht neu erlernen, es war etwas, was er in seinem Leben schon so oft ausgeführt hatte, dass es ihm in Fleisch und Blut übergegangen war. Trotzdem schrie sein Körper, als hätte er noch nie zuvor eine Kelle in der Hand gehalten. Ich konnte ihm nicht helfen; die Fähigkeit, Feinputz auf Gipskarton aufzutragen, ließ sich nicht in ein paar Stunden erlernen. Das Aufstehen am Morgen wurde immer schwieriger; ich hob ihn aus dem Bett, half ihm, seine störrischen Gliedmaßen zu bewegen, bis er gegen Mittag allmählich bereit war anzufangen. Er erledigte seine Arbeit im Schneckentempo und verwandelte den Packschuppen allmählich in einen gemütlichen, bewohnbaren Raum. Jetzt musste nur der instand gesetzte Rayburn-Herd angeschlossen und ein bisschen gestrichen werden, dann war es fertig. Wir sehnten uns nach der Sicherheit, die es bedeutet hätte, hier wohnen zu bleiben, doch gleichzeitig brauchten wir mehr: Wir brauchten eine Zukunft, die wir selbst in der Hand hatten.

»Manchmal wache ich auf, Ray, und weiß nicht mehr, was ich tun soll. Es ist, als hätte mein Körper vergessen, wie er funktioniert. Ich muss mir befehlen, zu essen oder zu trinken oder auf die Toilette zu gehen, nicht weil ich es möchte, sondern weil es notwendig ist. Ist es jetzt so weit? Sterbe ich?«

***

Es war Ende April, die Schwalben kehrten zurück, die Lämmer auf dem Hügel wuchsen heran. Im dichten Wald, hinter der umgestürzten Lärche, erspähte ich die Hirschkuh, sie war nicht mehr allein, sondern vier dünne Beinchen standen neben ihr. Sie wollte den Schutz der Bäume nicht verlassen und glitt zurück ins Waldesdunkel. Eine Schar lärmender Seemöwen sammelte sich über einem umgepflügten Feld, in dichteren Schwärmen als an der Küste. Meine Gedanken wanderten nach Süden, wie immer, wenn ich einen Moment für mich hatte. Dort waren die Möwen jetzt bestimmt schwer beschäftigt. Sie zogen auf Klippen und Dächern ihre Jungen auf, lungerten auf der Jagd nach Pasteten in Häfen herum.

Eines Morgens im Mai kam Polly in aller Frühe in den Schuppen gestürzt.

»Ich habe Arbeit für dich gefunden, wenn du sie willst.« Natürlich wollte ich sie. »Die Schafscherer brauchen jemanden, der die Felle zusammenpackt. Glaubst du, du kannst das?«

»Klar.« Ich hatte keine Ahnung, ob ich das konnte. Unsere paar Felle nach dem Scheren zusammenzuwickeln, war das eine. Dasselbe für drei professionelle Schafscherer zu erledigen, von denen jeder für ein Schaf unter vier Minuten brauchte, war etwas ganz anderes.

***

Um sechs Uhr morgens hielt der Pickup vor dem Packschuppen, einen rumpelnden Anhänger im Schlepptau, der einen verwirrenden Aufbau aus Brettern und Metallteilen enthielt. Ich saß auf der Rückbank, umgeben von Werkzeugen, schmieriger Kleidung, Lunchboxen und einem schwarzen, hechelnden Hund. Auf dem Weg zur Farm, die uns beauftragt hatte, über achthundert Schafe zu scheren, holten wir die anderen Scherer ab.

»Wenn alles gut läuft, brauchen wir ungefähr zwei Tage.«

In dem heruntergekommenen Bauernhaus wohnte ein altes Paar in löchriger Kleidung, sie trug eine zerrissene Baumwollschürze und er eine mit einer Schnur zusammengehaltene Hose. Der gebeugte, von Arthritis gezeichnete alte Mann führte uns aus dem Hof in eine Senke neben einem Hügel. Dort befand sich ein riesiges Wellblechding, eine hochmoderne Halle, vollgestopft mit Quads, Traktoren und landwirtschaftlichen Geräten. Ich hatte noch nie zuvor achthundert eingepferchte Schafe gesehen. Sie wollten gar nicht mehr aufhören, füllten über die Hälfte der Halle und quollen noch in das daran anschließende Sammelgatter und auf die Wiese. Gordon, der Chef, fuhr mit dem Pickup rückwärts in die Halle und fing an, die Vorrichtung aus Brettern und Metallteilen aufzubauen. Zu ihr gehörte eine Rampe, über die man die Schafe auf den Anhänger und in den dortigen Treibgang trieb, der einen halben Meter breit und so lang wie der Anhänger war. Von diesem führten drei Türen auf eine Plattform, auf der die Scherer standen; jeder hängte seinen eigenen Scherapparat über die Tür. Die kleinen Motoren, die die Scherköpfe antrieben, wurden mit dem Stromnetz verbunden. Alle Scherer zogen die Stiefel aus und schlüpften in dicke, vom Wollfett dunkel gewordene Ledermokassins. Ich stellte mich vor die hüfthohe Plattform, hinter mir ein Metallrahmen, an dem ein zwei Meter langer Sack aus Kunststoffgewebe hing. Dort hinein kamen die Vliese. Um acht Uhr waren wir startklar.

Jeder Scherer öffnete seine Tür, packte ein Schaf am Fell, rollte es auf die Plattform und schloss die Tür hinter ihm. Sobald über die Zugschnur Strom in die Scherköpfe floss, ging es los. Zuerst war der Bauch dran, wobei das Schaf auf seinem Hinterteil saß, dann kam die Wolle am Kopf und am Hals an die Reihe. Anschließend wurde das Tier auf die Seite gewendet, zwischen den Beinen festgeklemmt und mit gleichmäßigen, langen Strichen an der Flanke und am Rücken geschoren; dasselbe auf der anderen Seite. Schließlich wurde das Netzkabel gezogen und das Schaf freigelassen, das sich sofort umdrehte und vom Anhänger in einen Pferch für die geschorenen Schafe sprang: dünne, weiße Gestalten ohne Fell, deren Köpfe auf den nackten Körpern riesig wirkten.

Wenn das erste Vlies auf die Plattform fiel, begann meine Arbeit. Das Vlies auf die saubere Seite drehen, Kopfende zu mir, die Beine auf den Rücken falten, mit einer Breite von etwa dreißig Zentimetern fest zusammenrollen, den letzten Zipfel am Rumpfende in die vorherige Windung stecken, sodass eine feste Rolle entstand. In den Sack stopfen. Mit einem flachen Stab die Reste von der Arbeitsfläche streichen. Sobald der Scherer das Vlies fallen ließ, nahm er sich bereits das nächste Schaf vor, daher musste sich das Einpacken auf engstem Raum abspielen. War ich zu nah am nächsten Schaf, verwandelte sich die Plattform in eine Masse verknäuelter Wolle, die sich um die Füße des um sich schlagenden Tiers wickelte. Und das Ganze mal drei.

Die ersten Stunden waren schwierig, alle schoren ungefähr mit derselben Geschwindigkeit, und ich rannte von einem zum nächsten. Doch im Laufe des Vormittags stellten sich allmählich Unterschiede in der Schurzeit pro Schaf ein, und ich kam in einen festen Rhythmus. Wenn der Sack ganz voll war, nahm ich einen zwanzig Zentimeter langen hölzernen Stift aus einem Eimer und steckte ihn zweimal durch beide Seiten des Sacks, um ihn zu schließen. Mit vier Stiften war der Sack zu, und einer der Scherer sprang zu mir herunter und half mir, ihn auf die Seite der Halle zu ziehen.

Da wir bereits um sechs Uhr aufgebrochen waren, zog sich der Vormittag hin, um zehn Uhr dreißig gab es eine Pause und um ein Uhr Mittagessen. Der Nachmittag kam mir noch länger vor, es gab eine Pause um vier, bevor um sieben Arbeitsschluss war. Am Ende des Tages brachte der Bauer die letzten Schafe in den Pferch. Die Böcke. Muskulöse Texelschafe. Wenn sie auf ihrem Hinterteil saßen, waren sie beinahe so groß wie die kleineren Scherer. Sobald auch sie erledigt waren, trieben wir die Schafe noch hinaus: die geschorenen auf eine Weide, die anderen auf eine andere. Dann die Rückfahrt. Kurz nach acht kroch ich in unseren Kunststoffschuppen.

»Wie war's?«

»Ja, war in Ordnung. Ich habe noch nie so geschuftet, aber es war okay.«

Als ich in der Dusche stand, lief grüner Lanolinschleim in den Abfluss. Ich aß einen Teller Suppe und war um neun eingeschlafen. Mitten in der Nacht wachte ich auf, meine Arme pochten vor Schmerzen, ich stand auf, nahm eine Handvoll Ibuprofen und legte mich wieder hin, auf den Rücken, die Arme durch Kissen gestützt, bis um halb sechs der Wecker klingelte.

Und das Ganze wieder von vorn.

Manche der Höfe, zu denen wir fuhren, waren kleine Familienbetriebe mit drei Generationen auf vierzig bis achtzig Hektar, tief in den Weiten des hügeligen Moorlands. Aber es gab auch einschüchternd große Industriebetriebe mit Tausenden von Schafen. Die Scherer waren eine eingeschworene Clique, sie redeten kaum ein Wort mit mir, sondern unterhielten sich nur untereinander über ihre Ausrüstung und Schafrassen. Mir lag auch gar nichts an Gesprächen, ich begnügte mich damit, ihnen zuzusehen. Aus Tagen wurden Wochen, nur wenn es regnete, hatten wir frei in diesem warmen, trockenen Frühsommer. Der Rayburn-Herd wurde angeschlossen, die Wände wurden gestrichen, Jalousien installiert. Ich verbrachte Zeit mit Polly und frischte unsere Freundschaft auf, die bis in unsere Jugend zurückreichte. Damals war unsere Beziehung noch nicht getrübt durch die Zeit und die Ereignisse. Es konnte nie wieder so werden wie früher. Ich war jetzt eine unbezahlte Arbeitskraft, eine Mieterin, eine Empfängerin ihrer speziellen Art von Almosen, dankbar, unterwürfig und mir meiner Position stets bewusst. Sie war eine Hausbesitzerin mit einer Mieterin, die keine Miete bezahlte, eine Arbeitgeberin, deren Angestellte keinen Lohn erhielten, hatte ein Leben, das alles repräsentierte, was ihre Freundin verloren hatte. Sie saß am längeren Hebel. Gelegentlich lud sie mich ins Bauernhaus ein, und wir saßen im am Hang gelegenen Garten und beobachteten die Sterne. Der Große Wagen stand wie eh und je im Norden, während sich alles um ihn herum verändert hatte.

»Der Packschuppen sieht großartig aus, besser, als ich erwartet hätte. Bleibt, solange ihr wollt, von mir aus für immer.«

Ein Zuhause, ein Platz zum Verweilen, eine Basis, um sich wieder neu zu organisieren. War es das wirklich? Konnte es funktionieren?

***

Es entstand ein aufgeregtes Gerangel, als alle versuchten, das Schaf aufzuhalten, bevor es von der Plattform sprang. Das passierte mindestens fünfmal am Tag; die Schafe im Treibgang waren eng zusammengedrängt und wollten raus, und wenn eines durch die Tür gezogen wurde, drängten sich hinter ihm andere durch und sprangen über die Plattform zu den bereits geschorenen Schafen. Es kostete wertvolle Zeit, sie wieder herauszuholen.

Die großen Kreuzungen aus Leicester- und Suffolkschafen produzierten große, dicke, flauschige Vliese, von denen nur halb so viele wie sonst genügten, um einen Sack zu füllen. Als Gordon das Schaf durch die Tür zerrte, schlüpften zwei weitere hinterher und zertrampelten die großen Vliese zu einer matschigen Suppe aus Wolle und grünem Schleim. Oh nein! Eines fuhr herum und machte direkt neben meinem Kopf einen Satz durch die Luft; instinktiv packte ich es an der Wolle und hielt es fest. Der Boden der Halle, zu Beginn jedes Tages trocken und sauber, war rutschig von Lanolin und Dung, und das Tier lief davon und schleifte mich mit sich, bis ich mit einem Fuß an einer schadhaften Stelle im Beton hängen blieb und wir uns beide in einer Schleimpfütze wälzten, zwei Köpfe und sechs Beine umhüllt von Grün.

»Das hier scherst du, Gordon, das rühr ich nicht an.«

»Ich glaube, es ist Zeit für eine Pause.«

Ich wusch mir am Wasserhahn die Hände und die Haare, bevor ich meine Thermoskanne mit Tee holte und aufschraubte.

»Du hast nicht losgelassen, alle Achtung.« Machte mich mein grüner Überzug zu einer von ihnen? Redete Gordon tatsächlich mit mir? »Den Packschuppen habt ihr toll hingekriegt; gefällt mir, vor allem der Boden.«

»Hast du ihn dir angesehen?«

»Ja, Polly hat mich rumgeführt – ihr wart nicht da. Nein, für mich reicht das vollauf.«

»Reicht dir vollauf?«

»Mehr brauche ich wirklich nicht, seit meine Frau weg ist. Ich ziehe wieder in eine Junggesellenbude. Die Miete ist happig, es ist ja nicht groß, aber es ist praktisch, die Lage ideal für mich.«

Ich trank meinen Tee, und während er mir davon erzählte, dass er in den Packschuppen ziehen würde, hörte ich die ganze Zeit *von mir aus für immer* in meinem Kopf.

»Es hat keine Baugenehmigung, weißt du.«

»Noch besser – dann spare ich mir die Grundsteuer.«

***

Als ich zurückkam, verputzte Moth gerade die Wand um das Ofenrohr herum; der Herd war nun fertig installiert und ganz glänzendes Chrom und cremefarbene Emaille. »Warum überrascht mich das nicht? Ich nehme an, sie müssen Geld machen, wo immer sie können. Allerdings frage ich mich, wann sie es uns erzählen wollte. Vermutlich nach dem Scheren. Wir müssen uns etwas überlegen.«

»Ich weiß, aber was?« Ich sah Moth an, der steif und gebückt dastand. Er schaffte es kaum, die Hände auf Schulterhöhe zu heben und arbeitete mit einer kleinen Kelle so nahe an der Wand, wie es gerade noch ging. Welche Pläne konnten wir schon schmieden?

»Ich habe in den letzten beiden Monaten, wenn du weg warst, viel nachgedacht. Dass ich nicht mehr in der Lage bin, körperlich schwere Arbeit zu verrichten, ist offensichtlich, aber ich habe den Großteil meines Lebens in der Natur verbracht; ich habe so viele Fähigkeiten, die ich weitergeben könnte. Also dachte ich ans Unterrichten. Ich könnte zur Uni gehen und einen Abschluss machen und mich anschließend als Lehrer ausbilden lassen. Noch mal neu anfangen. Wir könnten uns eine billige Studentenunterkunft suchen.«

»Aber glaubst du, du schaffst das? Und wenn es nun schlimmer wird? Dir geht es jetzt viel schlechter als nach unserer Ankunft hier. Ich dachte, ich wäre diejenige, die sich was vormacht.«

»Und was, wenn nicht? Ich habe im Internet recherchiert. Ich könnte in Cornwall studieren, auf einem Campus, der zur Universität von Plymouth gehört, und anschließend irgendwo anders die Lehrerausbildung machen. Es ist noch nicht zu spät für eine Bewerbung, es gibt noch freie Studienplätze. Vielleicht braucht mein Gehirn einen kleinen Schubs. Ich kann mich doch zwingen. Schau, ich war in viel besserer körperlicher Verfassung, als ich mich gezwungen habe zu wandern; das könnte doch auch bei meinem Gehirn funktionieren. Ich muss es versuchen.«

»Warum hast du nichts gesagt?«

»Weil du wieder bei deinen Freunden warst; ich dachte, du wärst glücklich.«

»Wirklich? Na ja, sicher, es ist irgendwie tröstlich, mit Menschen zusammen zu sein, die wir so gut kennen. Aber selbst wenn wir nicht rausmüssten, wäre es schwer, uns hier ein neues Leben aufzubauen.«

Moth bewarb sich, führte per Skype ein Bewerbungsgespräch und wurde angenommen. Wir beantragten ein Studiendarlehen – zum Glück hatten wir aufgrund unserer mangelnden Bonität einen Anspruch auf diese regelmäßige Einkommensquelle. Von dem Studiendarlehen konnten wir zu zweit leben, bis ich Arbeit fand; wir waren schon mit weniger ausgekommen. Vorerst würden wir hierbleiben und abwarten, wie es mit dem Packschuppen weiterginge, bevor wir eine endgültige

Entscheidung träfen. Den Schutz eines festen Daches über dem Kopf aufzugeben und uns freiwillig wieder der Obdachlosigkeit preiszugeben, erschien uns geradezu widernatürlich.

***

Anfang Juli wurde es richtig warm. Die Schafe, die noch nicht geschoren waren, litten an Maden. Fliegen legen ihre Eier in die verschmutzte Wolle der Schafe, normalerweise um das Hinterteil herum; aus den Eiern werden Larven, die sich durch die Wolle in die Haut bohren. Das Fell fällt aus, und es bilden sich wunde, entzündete Stellen. Wenn man nichts unternimmt, fressen sich die Larven unter die Haut bis in die Wirbelsäulenregion hinein, sodass das Schaf irgendwann verendet. Ich pulte Madenknäuel aus dem letzten Vlies der Saison, warf die letzte grüne Handvoll Wolle, Haut und Fischköder auf den Boden. Zweieinhalb Monate Arbeit waren zu Ende. Wir gingen in den Pub, und Gordon zahlte den Lohn für die ganze Saison aus. Alles auf einmal, ich hielt fünfzehnhundert Pfund in der Hand. Ein Vermögen verglichen mit dem Tag in Bude, als wir mit elf Pfund eine ganze Woche auskommen mussten.

Wir deponierten das Geld in einer Metalldose unter dem Bett, und ich ging meinen früheren Tätigkeiten nach, machte die Wäsche und putzte die Ferienwohnungen. Moth hatte solche Schmerzen, dass er überlegte, wieder Pregabalin zu nehmen. War das mit der Uni eine dumme Idee? Er verfiel zusehends. Vielleicht, wenn wir einfach abwarteten, würde Gordon gar nicht in den Packschuppen ziehen, vielleicht hatte er da etwas falsch verstanden. Wir erzählten Polly nichts von der Bewerbung an der Uni, weil wir ohnehin nicht wussten, ob Moth es würde durchziehen können. Bis zu einem heißen Nachmittag in Pollys Küche, als sie mit verschränkten Armen und besorgter Miene an der Arbeitsplatte lehnte und uns erklärte, dass sie unbedingt zusätzliche Einkünfte für die Farm brauche, da es finanziell eng sei.

Ich konnte das verstehen; schon in guten Zeiten ist es nicht leicht, sich mit einer Farm über Wasser zu halten, und ich sah ihr an, dass sie uns etwas zu sagen hatte. Ich wollte ihr das abnehmen. Jetzt war der richtige Moment. Wenn wir in unserem Leben noch einmal einen Schritt nach vorne machen wollten, dann jetzt. Tief Luft holend teilte ich ihr mit, dass Moth sich um einen Studienplatz beworben habe; es kam mir vor wie ein Sprung von der Klippe, und ich breitete meine Arme aus im freien Fall.

»Gordon hat erzählt, dass du ihm den Schuppen gezeigt hast, wenn dir die Miete dafür also weiterhilft, gehen wir, sobald wir können.«

Wir packten unsere Sachen, meldeten den Lieferwagen an, legten genug Geld für eine Mietkaution und eine Monatsmiete auf die Bank und gaben ihr die Schlüssel zurück. Da das Studiendarlehen erst ab Ende September laufen würde, konnten wir jetzt noch keine Unterkunft mieten. Wir mussten über zwei Monate ohne Bleibe überbrücken, und Moths Gesundheit war auf dem Tiefpunkt. Mit zweihundert Pfund in der Tasche beluden wir den Lieferwagen und verabschiedeten uns. Aber ich konnte bereits den Wind in meinen Haaren spüren.

Wir fuhren ab, wieder der Obdachlosigkeit entgegen, doch diesmal wussten wir, wohin es gehen sollte.

TEIL 6

AM RAND

Triff mich, wo der Himmel das Meer berührt,
Verloren, aber endlich frei.

Inschrift auf einer Gedenkbank, *Mên-y-grib Point*

19 LEBENDIG

Warmer Wind strich über den Ärmelkanal. Dieses Mal stellten wir uns in den Sand, Salz im Haar. Blaues Wasser schwappte gegen unsere Füße, das Wasser des Lebens, das sich unaufhörlich mit den Gezeiten hob, unaufhaltsam höher stieg. Noch stand es uns nicht bis zum Hals, denn jetzt waren wir wieder obenauf, atmend, lebendig. Immer noch obdachlos, aber diesmal mit einem möglichen Ziel vor Augen.

Wir verließen die Fähre aus Poole und machten ein Foto des Wegweisers mit dem typischen Eichelsymbol: 630 Meilen – über tausend Kilometer – von South Haven Point nach Minehead. In einem anderen Leben, einem, in dem wir auf wundersame Weise den Winter im Zelt überlebt hätten, hätte dies unser Zielpunkt sein können. Stattdessen fingen wir am Zielpunkt an und liefen in westlicher Richtung zurück nach Polruan, zurück zu der Stelle, wo unsere Wanderung vor fast einem Jahr abrupt geendet hatte. Es fehlten nur noch vierhundert Kilometer. Die Stahlskulptur, die einen Kompass und ein Segel darstellt, markierte das Ende des Coast Path, blau gegen den blauen Himmel, ein Anfang am Ende.

Moth krümmte sich unter der Last des Rucksacks, das Tau-Protein ließ seine Muskelkraft schwinden. Immer wieder hatte er verwirrte Phasen, sie kamen still und leise wie die steigende Flut, die eine Sandburg in sich zusammenfallen lässt. Der Beginn des geistigen Verfalls, der die CBD begleitet. Salzwasser schwappte gegen meine Beine, immer höher, warm und klebrig wie Sirup. Der Schweiß und die Tränen des vergangenen Jahres – Wegmarken des Salzpfades, dem wir gefolgt waren – hatten uns hierhergezogen, zurück zum Meer, wo wir jedes Sandkorn spüren konnten.

Jenseits der drückenden Hitze auf den Dünen betraten wir den Pfad aus zertrampeltem Strandhafer und Heidekraut. Wir richteten unseren Blick auf die See, und Wellen der Erleichterung ließen salzige Rinnsale über mein Gesicht laufen. Nachdem wir monatelang im Landesinneren hatten ausharren müssen, an einem Ort ertrunken waren, der uns nicht halten konnte, erfüllte mich die Rückkehr zu diesem unerreichbaren Horizont mit purer Freude. Wir zogen uns aus der Hitze in den Schutz der Bäume zurück und folgten dem mit kurzem Gras bewachsenen Pfad, auf dem unzählige Menschen zu den weißen Bögen und Kreidesäulen der Old Harry Rocks und zum Rand der Steilklippe pilgerten. Schwalben stießen in der heißen Luft herab und schnappten sich Insekten, die über leuchtend gelb blühenden Ginsterbüschen schwebten. Tief einatmend wandten wir uns von den fotografierenden Massen ab, hielten unser Gesicht in den Wind, in Richtung des Pfades, der sich entlang der Kreidefelsen der Jurassic Coast nach Westen zog.

Die UNESCO-Weltnaturerbestätte erstreckt sich von den Old Harry Rocks rund hundertfünfzig Kilometer entlang der

Südküste Devons bis Orcombe Point nahe Exmouth. Dieser Küstenabschnitt ist durch natürliche Erosion entstanden, an den Felsformationen lassen sich über 185 Millionen Jahre Erdgeschichte ablesen, die Trias, Jura und Kreidezeit umspannen. Im Gestein und im Schlamm schlummern die versteinerten Überreste von Tieren und Pflanzen, von Baumfarnen bis hin zu Insekten, Mollusken und Säugetieren, zum Teil noch mit Resten ihrer letzten Mahlzeit im Magen.

Meine Füße fanden zurück zu dem kurzen, windgeschorenen Gras, zur Sonne, zum Wind, zum Salz auf meinen Lippen, zu der Vertrautheit des Unbekannten, zu der magnetischen Kraft des Pfades, die mich weiterzog. Wie auch immer das hier ausgehen mochte, es fühlte sich richtig an. Wir zelteten auf Ballard Down, sahen die Lichter von Swanage entlang der Bucht, glitzernde Reflexe auf dem schwarzen Wasser.

»Haben wir wirklich das Richtige getan?« Moth hatte vier Schmerztabletten genommen und saß auf einem Felsen, während ich seine Schultern mit einem chinesischen Schmerzbalsam einrieb, der nach gekochtem Kohl roch.

»Was soll daran falsch sein? Wir werden uns mit selbst verdientem Geld eine Wohnung mieten, du wirst studieren, und ich werde mir irgendeine Arbeit suchen. Falls ich nichts finde, lasse ich mich auch noch irgendwie umschulen. Aber wir werden eine eigene Wohnung haben und nicht auf die Barmherzigkeit anderer angewiesen sein.«

»Ja, ich weiß, ist schon klar. Ich habe gemeint, dass wir unsere Wanderung fortsetzen.«

»Wir haben noch nie etwas Richtigeres getan.«

»Gut. Ich habe gehofft, dass du das sagen würdest.«

Wir verbrachten eine warme Nacht in unseren nagelneuen Drei-Jahreszeiten-Schlafsäcken. Ganze fünfzig Pfund und etwas Platz in unseren Rucksäcken hatten wir dafür geopfert. Wir konnten ohne Teller und eine Ersatztaschenlampe auskommen, aber Wärme war lebenswichtig.

Verglichen mit der Nordküste zu Beginn war die Südküste leicht; es gab nur vereinzelt steile Auf- und Abstiege, dazwischen lagen weite Strecken über sanfte farn- und ginsterbewachsene Hänge. Aus diesem Grund hatten wir unsere Wanderung ursprünglich hier beginnen wollen, bis uns klar wurde, dass wir den Wanderführer dann von hinten nach vorne hätten lesen müssen. Das fanden wir jetzt nicht mehr so schlimm, inzwischen waren wir mit Paddys Schreibstil so vertraut, dass wir auch rückwärts verstanden, was er meinte. In der Nähe des Dancing Ledge graste friedlich Rotwild oberhalb des Pfades, während unter uns Kletterer in der Felswand hingen, zwei Welten, die nichts voneinander zu ahnen schienen. Wir gingen zwischen ihnen hindurch, hinterließen kaum eine Spur, nur Moths unregelmäßige Fußabdrücke im Staub, weil er sein linkes Bein schwer und unbeholfen aufsetzte.

Über den Abendhimmel jagten dunkle Wolkenmassen, als wir auf einem grasigen Hang auf St Aldhelm's Head unser Lager aufschlugen. Unter der Landspitze treffen sich unterschiedliche Strömungen, prallen in einer schäumenden, brodelnden Masse aufeinander. Reihenweise kleine Boote mit Kurs auf Poole versuchten sich im starken Seegang zu behaupten und wurden ein ums andere Mal zurückgeworfen. Ein Fischerboot umfuhr das Strömungsgewirr in weitem Bogen und erreichte das Ufer lange vor den anderen, die sich immer noch durch das aufgewühlte Wasser kämpften. Das Licht verblasste zu Grau- und Silbertönen. Bevor uns die Dunkelheit gänzlich umhüllte, nahm ich auf dem Pfad eine leichte Bewegung wahr, und ein breiter schwarzer Körper zeichnete sich ab, der weiße Streifen auf seinem Dachsgesicht leuchtete im Dämmerlicht. Zwei Meter vor uns blieb er stehen – sein üblicher abendlicher Weg war durch das Zelt blockiert; die Zeit stand still, es mochten Minuten oder Sekunden sein, während wir alle drei in die Dunkelheit starrten, unschlüssig, wie wir reagieren sollten. Schließlich drehte sich der Dachs langsam um und zog sich ins Farnkraut zurück, um sich einen anderen Weg zu suchen. Wir sahen ihm noch lange nach, verzaubert durch dieses urtümliche Erlebnis in der Dämmerung.

***

Am nächsten Morgen kämpften immer noch kleine Boote gegen das Gezeitenchaos, aufmerksam beobachtet von zwei alten Männern in einer Hütte der Küstenwacht.

»Dürften wir bitte unsere Wasserflaschen auffüllen?«

»Das macht ein Pfund pro Flasche.«

»Oh. Ich denke, dann geht es auch so.«

»Und laufen Sie nicht hier herum und machen Fotos.«

War Fotografieren etwa verboten? Das erschien mir etwas übertrieben; ich wusste, in der Nähe war militärisches Sperrgebiet, aber ich dachte, nur Übungsplätze.

»Die Felsen sind nämlich brüchig, wissen Sie. Vor ein paar Wochen kam ein Mann hier herauf, trat einen Schritt zurück, um ein Selfie zu machen, und ging über die Kante. Als wir ihn das nächste Mal sahen, lag er dort unten am Strand.«

Moth mit seinem lahmen Bein trat noch einen Meter weiter von der Kante weg.

An einer Quelle am Fuße des West Hill füllten wir unsere Flaschen kostenlos auf und begannen den äußerst beschwerlichen Aufstieg zum Houns-tout Cliff in Richtung der Kimmeridge Ledges, wo Kletterer scheinbar mühelos in den Felsen hingen, bunte Tupfer aus Lycra und Kreidebeuteln. Mit zwanzig hatten wir jedes Wochenende beim Klettern im Peak District verbracht, aber als ich jetzt sah, wie geschmeidig sich die Körper über die Felswand schwangen, erschien es mir, als würde ich mich an das Leben von jemand anderem erinnern; so sehr ich mich auch bemühte, ich konnte nicht mehr abrufen, wie sich diese Leichtigkeit der Bewegungen anfühlte.

»So gut waren wir nie.«

»Doch, bestimmt; sie haben nur eine bessere Ausrüstung als wir.«

Aber das war lange vorbei, gehörte zu einem anderen Leben. Jetzt schienen wir ganz allmählich aus unserer gegenwärtigen Existenz in ein unbekanntes Leben hineinzuwandern, in dem alles, worauf wir hoffen konnten, der schleichende Verfall war. In einem fernen Jahrtausend würde jemand versteinerte Wanderer im Tonstein finden. Letzte Mahlzeit: Nudeln. Der drohende Schatten unserer Zukunft nahm Gestalt an, aber ich klammerte mich an meine Erinnerung an die Portheras Cove, wo Moth das Zelt hoch über seinem Kopf getragen hatte, und gab die Hoffnung nicht auf.

***

In sengender Hitze streiften wir durch Weizenfelder. Die ersten Mähdrescher waren unterwegs und hüllten unsere Rucksäcke, unsere Haare und unsere Kleider in eine Wolke aus Staub und Spreu. Das Jahr, seit wir unseren Grund und Boden verlassen hatten, ließ sich an den wenigen Tagen abmessen, an denen wir sauber gewesen waren. Schlammig vom Pfad, grün von den Schafen, staubig vom Gips. Schmutz war ein normaler Bestandteil unseres Lebens geworden. Als wir die Wolke hinter uns ließen, sahen wir den Parkplatz von Gaulter Gap in der Sonne glitzern. Dieser östliche Teil der Südküste ist sanfter, dichter besiedelt als die Nordküste, wo wir von dem Luxus, uns unter einem Wasserhahn in der Toilettenanlage das Gesicht zu waschen und unsere Rucksäcke neben einem Eiswagen auf die Wiese zu werfen, nur hatten träumen können. Immer dann Wasser zu finden, wenn wir es brauchten, war eine unschätzbare Wonne, trotzdem merkten wir, dass wir bereits nach schrofferen, wilderen und abgelegeneren Plätzen Ausschau hielten.

Eine Frau lag im Gras mit einem Hut über dem Gesicht, einen riesigen Rucksack zu ihren Füßen.

»Hallo, bist du eine Backpackerin? Sind nicht viele unterwegs hier.« Sie setzte sich auf und nahm die Sonnenbrille ab. Sie war in unserem Alter und Backpackerin, ein seltener Anblick. Dann wurde es dunkel. Ein riesiger Schatten schob sich vor die Sonne; zunächst dachten wir an eine Sonnenfinsternis, doch langsam wuchsen aus dem Schatten die Umrisse von zwei Eiswaffeln heraus, und er setzte sich nieder.

»Ich werd verrückt, ihr seid Backpacker? Wir treffen nie welche, oder, Ju? Nein, stimmt nicht, in der Nähe von Swanage haben wir zwei gesehen, die sind in die andere Richtung gegangen. Kamen angeblich aus Minehead. Das haben wir denen nicht abgekauft, was, Ju? Sahen zu sauber aus. Und dann noch die anderen beiden, aber die waren nur übers Wochenende unterwegs, deshalb kann man die nicht zählen. Wir sind in Poole gestartet. Na ja, eigentlich in Bournemouth. Wir wollten den Bus zur Fähre nehmen, dann dachten wir, nö, wir können genauso gut laufen, und jetzt sind wir hier, die haben hier Eis, echt super. Zeltet ihr? Wir schlagen immer dort unser Zelt auf, wo wir gerade landen. Haben uns gerade in der Toilettenanlage die Füße gewaschen. Stinken ganz schön, meine Füße.«

»Dave, halt mal die Luft an.«

»Was denn? Ich erzähl ihnen doch bloß, was wir so machen.«

»Ja, wir campen auch wild.«

»Dachte ich mir. Wir haben gestern Nacht auf St Aldhelm's gezeltet. Seid ihr durch diesen Staub gekommen? Wir konnten die Hand nicht vor den Augen sehen, was, Ju? Meine Güte, war das gut; ich werde mir noch eins genehmigen.«

Als er zurück zum Eiswagen ging, kam die Sonne heraus. Wir sahen uns an; dann kramten wir im Rucksack nach der Geldbörse. Wir mochten sie auf Anhieb, und Daves Begeisterung war ansteckend. Ohne lange zu überlegen, kauften wir uns zwei Eis am Stiel und legten uns ins Gras, wobei wir hauptsächlich den beiden zuhörten und dösten, bis die Sonne hinter Tyneham Cap versank. Wir ließen sie Kaffee trinkend auf dem Parkplatz zurück und machten uns auf, einen Platz für das Zelt zu suchen.

Der Hang direkt vor uns sah eigentlich ganz vielversprechend aus, bis wir an einer Pferdekopf-Ölpumpe vorbeikamen und vor einem sechs Meter hohen Stacheldrahtzaun standen, der den Beginn der Lulworth Ranges anzeigte. Das Militärgelände, auf dem sich Soldaten im Unterholz verstecken und rostigen, ausrangierten Panzern auflauern, erstreckt sich kilometerweit Richtung Westen, bis nach Lulworth. Ein großes Schild verbietet Camping, offenes Feuer, Alkohol, Herumlaufen, Fotografieren und unnötiges Atmen, aber jetzt am Wochenende war der Pfad nicht gesperrt. Wir hätten auch zurück zum Parkplatz gehen und dort kampieren können, aber dort hätte man uns bestimmt verjagt. Oder wir konnten versuchen, zum Tyneham Cap hochzusteigen, bevor es dunkel wurde, und in der Hoffnung, nicht erschossen zu werden, das Zelt an einer unauffälligen Stelle aufzubauen. Wir öffneten das Tor und gingen weiter. Moth hatte auf dem Parkplatz zu lange herumgesessen, sodass seine Muskeln steif geworden waren und er nicht mehr weit laufen konnte. Daher schlugen wir auf halber Höhe das Zelt auf, wo wir vom Dorf aus nicht zu sehen waren. Wir nahmen uns vor, zeitig aufzubrechen, bevor wir noch von als Schafe getarnten Soldaten überfallen würden.

Die Nacht war nicht so ruhig wie erhofft. Ich wachte von einem merkwürdig knackenden, röchelnden Geräusch auf, erst um das Zelt herum, dann bewegte es sich Richtung Kliff. Mit angehaltenem Atem wartete ich darauf, dass gleich die Zeltklappe aufgerissen würde und polierte Lederstiefel draußen stünden, doch das Geräusch verklang, von Stiefeln war nichts zu sehen, und Moth schnarchte eingekuschelt in seinen neuen Schlafsack einfach weiter. Bei Anbruch des Tages machten wir uns auf den Weg, bevor jemand unsere Anwesenheit bemerken konnte. Als wir die Hügelkuppe überquerten, sahen wir Dave und Julie an einem Picknicktisch sitzen und Kaffee trinken.

»Ihr seid aber früh auf! Du liebe Zeit, wir haben gerade erst den Kaffee aufgesetzt. Was sagt ihr zu den Hirschen gestern? Bin zum Pinkeln raus und dachte, meine Güte, die ziehen ja eine tolle Show ab. Die waren überall um euer Zelt herum, Hirsche, wahrscheinlich zwanzig Stück, standen ewig um euer Zelt rum, dann kamen sie hier herüber und verschwanden da unten in dem Gebüsch auf der Seite der Klippe. Waren wirklich verdammt beeindruckend.«

»Ich habe ein komisches Geräusch gehört, aber wir haben sie nicht gesehen.«

»Da habt ihr echt was verpasst. Erst dachte ich, es wären Rehe, aber das kann nicht sein, die sind Einzelgänger, außer zur Brunftzeit, und dafür ist es noch zu früh. Jedenfalls waren es entweder Hirsche oder Rehe, und sie gingen rüber in das Gebüsch, ich nehme an, um sich den Tag über zu verstecken oder so. Vielleicht waren es Rothirsche, keine Ahnung, es war ja dunkel.«

Julie trank still ihren Kaffee und unterbrach Daves Redeschwall nur gelegentlich. Sie gab sich lächelnd damit zufrieden, den Mann mit dem großen Herzen reden zu lassen.

Wir verließen die beiden, als sie sich daran machten, ihr Zelt zusammenzupacken, und folgten dem Pfad in der frischen Morgenluft hinunter nach Worbarrow Tout, vorbei an Tyneham, das 1943 von der Armee als Übungsplatz für die

Landung der Alliierten in der Normandie requiriert wurde. Die Einheimischen fordern noch heute die Rückgabe ihrer Heimat, obwohl das Land und die Gebäude nach dem Krieg enteignet wurden und das Dorf offiziell der Armee gehört. Der eingeschränkte öffentliche Zugang und das Fehlen intensiver Bewirtschaftung haben trotz des gelegentlichen Waffenlärms dazu geführt, dass Flora und Fauna in dem ganzen Areal prächtig gedeihen. Eine Art Naturschutz in Khakiuniform, woran sicher niemand gedacht hatte, als die Dorfbewohner ihre Häuser räumen mussten.

Die Klippen von Worbarrow und Mupe Bay leuchteten weiß gegen das Meer, das in der Morgensonne einen mediterranen Türkiston hatte. Der steile Anstieg hinauf zum Flower's Barrow rief uns in Erinnerung, wie der Küstenpfad wirklich war. Das spröde, trockene Gras wuchs so hoch, dass es leichter gewesen wäre, auf allen vieren zu kriechen als zu laufen. Schließlich kamen wir keuchend oben an, wo sich atemberaubende Aussichten nach Norden über die wogenden Hügel und Täler Dorsets und nach Westen entlang der weißen Kreidefelsen nach Lulworth öffneten. So steil, wie der Aufstieg nach Flower's Barrow gewesen war, erwies sich auch der Abstieg von Bindon Hill. Wir hätten bequem den Bergrücken entlang und dann gemächlich hinunter in die Lulworth Cove wandern können, fanden aber die Abzweigung nicht und schlugen stattdessen den stark abschüssigen Weg zur Mupe Bay ein, wobei wir auf halber Strecke dankbar anhielten, um eine große Familie auf dem Weg nach oben vorbeizulassen. Bewaffnet mit Picknickkörben, Decken, Kühltaschen und Hunden pilgerten sie im Gänsemarsch vorbei – junge Tanten, die mit ihren Nichten und Neffen ein »Fünf Freunde«-Abenteuer nachspielten, gefolgt von erschöpften Müttern und Vätern mit Campingstühlen, Hunden, murrenden Enkeln im Teenageralter mit dem Handy am Ohr und schließlich Großeltern, die bei jeder Gelegenheit anhielten und keuchend ausstießen: »Warum müssen wir uns das eigentlich jedes Jahr antun?« Als sie vorbei waren, setzten wir unseren mühsamen Abstieg fort, wobei unsere knirschenden Kniegelenke mit jedem Schritt um Jahre alterten. Unten angekommen legten wir an einem Felssims eine Pause ein, um uns die riesigen Versteinerungen in den Felsen darunter anzusehen: runde Gebilde von etwa einem Meter Durchmesser mit einer Vertiefung in der Mitte, die an frisch ausgedrückte Pickel erinnerten. Wie wir von Paddy wissen, ist das natürlich nicht die Versteinerung eines Trolls mit Akne, sondern es handelt sich um die Überreste von Koniferen, die vor 135 Millionen Jahren hier wuchsen.

Mit schmerzenden Gliedern, müde und jeden Schritt unserer Wanderung spürend, hielten wir am Ende des militärischen Sperrgebietes an, um unsere Stiefel auszuziehen. Der über den Winter verheilte Zehennagel hatte sich an der Seite erneut abgelöst. Bevor wir in der kreisrunden Lulworth Cove über den kiesigen Strand wanderten, verband ich ihn mit Pflaster und hoffte, er würde dranbleiben. Aufgrund der weißen Felsklippen, die mit schwarzen Einsprengseln durchsetzt sind, sind die Kiesel am Strand schwarz und weiß gemischt. Die malerische Bucht ist wahrscheinlich eines der meistfotografierten Motive auf dem South West Coast Path, und natürlich wimmelte es dort von Touristen. Doch als die

Sonne allmählich sank und die Klippen in gedämpfte Töne tauchte, hätte es sich gelohnt, für einen Schnappschuss das Gedränge in Kauf zu nehmen. Wir besorgten uns im Dorf ein Faltblatt und versuchten herauszufinden, ob wir uns von der Kreidezeit in die Jurazeit bewegten, gaben es jedoch auf und kauften stattdessen Schokoriegel und heißes Wasser.

Am frühen Abend verließen wir das Dorf und wanderten an der zerklüfteten Küste entlang bis zu dem mächtigen Felsbogen von Durdle Door. Die Dämmerung senkte sich über die weißen Kreidefelsen, als wir schließlich hinter Swyre Head unser Zelt aufstellten, und ich sah zu, wie das letzte Licht des Tages die Klippen blau und rosa überzog, erfüllt von einem wohligen Gefühl, das nicht nur durch meinen Drei-Jahreszeiten-Schlafsack, sondern auch durch das Krakeelen der Möwen und Austernfischer hervorgerufen wurde. Eine große Ruhe erfasste mich, wie ich sie nicht mehr erlebt hatte, seit ich auf Pencarrow Head den Wanderfalken beobachtet hatte, und zum ersten Mal seit Wochen fiel ich in einen langen, erholsamen Schlaf.

Die dramatischen weißen Steilklippen endeten, als der Pfad bis auf Meereshöhe abfiel und uns zu einem kleinen Strandbistro führte, in dem man frühstücken konnte. Der Morgen war hell und klar gewesen, doch nun verdunkelte sich der Himmel. Hinter der Isle of Portland nahm er eine lila Färbung an, wodurch die Insel umso heller hervortrat. Portland ist eigentlich gar keine Insel, sondern eine ins Meer ragende Landmasse, die durch einen schmalen Streifen aus Kies und eine Straße mit dem Festland verbunden ist. Eines Tages wird auch diese Landbrücke weggespült werden und Portland eine richtige Insel sein. Da wir kaum noch Proviant hatten, teilten wir uns ein Würstchen-Sandwich und eine Kanne heißes Wasser. Obwohl wir unsere prall gefüllte Reisekasse im Rucksack eigentlich nicht hatten antasten wollen, konnten wir dem Duft des Frühstücks nicht widerstehen. Eine Gruppe Taucher kam platschend den Strand herauf, sie sahen aus wie Pinguine in ihren Trockenanzügen, die Taucherflossen in der Hand. Vor der Hütte schälte sich einer von ihnen aus dem Taucheranzug, darunter kam ein weiterer Anzug mit weiblichen Kurven zum Vorschein, und als die Neoprenkapuze heruntergezogen wurde, flatterte langes, dunkles Haar im Wind. Während sich die Taucherin mühsam von der schwarzen, wie angegossen sitzenden zweiten Haut befreite, verstummten die Fischer am Nebentisch schlagartig. Und als sie den Anzug über die Oberschenkel streifte und ein perfekter Körper in einem roten Bikini zum Vorschein kam, glitten die Männer in selbstvergessener Verzückung fast von den Bänken.

»Mein lieber Schwan, Schätzchen, Sie sollten sich was anziehen, sonst holen Sie sich noch den Tod.«

Sie blickte zu Dave hinüber, ohne anscheinend zu bemerken, welche Wirkung sie, tropfnass und fast nackt, auf die Fischer hatte. Diese befanden sich inzwischen in einem nahezu katatonischen Zustand.

»Klar, danke, mach ich.«

Ihre rauchige Stimme gab einem der alten Männer den Rest; er legte den Kopf in seine Hände und wiegte sich vor und zurück. Seine Freunde reichten ihm einen Becher Wasser.

»Nimm deine Herzpille, Doug, und schau in eine andere Richtung.«

»Schon gut, Kumpel, wenn du umkippst, kann ich dich wiederbeleben.« Dave und Julie saßen auf der anderen Seite der Picknickbank. Seit Tyneham Cap waren sie uns auf dem Küstenpfad gefolgt und hatten nur hinunter in die Lulworth Cove einen anderen Weg gewählt, ansonsten waren sie immer einen oder zwei Kilometer hinter uns gewesen. »Du liebe Zeit, alte Männer, hm? Ich für meinen Teil will nicht alt werden, Angina und Diabetes und Arthritis und solcher Kram. Nein, ich werde einfach immer weiterwandern, dann fehlt uns nichts, stimmt doch, Ju, oder?«

»Hoffentlich.«

»Das hoffen wir alle.« Moth gab mir mit einem warnenden Blick zu verstehen, dass ich nichts sagen sollte. Für die anderen trank er einfach nur fröhlich seinen Tee. Wir verabschiedeten uns von Dave und Julie, die ein riesiges englisches Frühstück verdrückten, und rechneten nicht damit, sie jemals wiederzusehen.

***

Der Küstenpfad verlief sanft und ohne Steigungen zwischen Bäumen und hohen Hecken hindurch. Der Wind ließ die Ginstersamen in ihren Schoten rasseln und fuhr raschelnd durch die Schlehenzweige. Unter dem Dach der Büsche sahen wir weder, dass sich die lila Färbung des Himmels nach Osten ausbreitete, noch die Wasserwand, die sich vom Meer her näherte. Ohne Warnung öffneten sich die Schleusen des Himmels, und die Wassermassen stürzten senkrecht auf uns herab, verwandelten den staubigen Weg in eine tückische Suppe. Regenpfeile prasselten auf unser Gesicht, so heftig, dass wir kaum erkennen konnten, wohin wir gingen. Auf einmal verloren meine Füße den Halt, und ich sah sie wie in Zeitlupe durch die Luft fliegen, während sich die Welt um mich drehte. Der Himmel war erst über, dann unter mir, und wie aus dem Nichts kam die Hecke auf mich zu. Ich versuchte aufzustehen, doch Dutzende Dornen fesselten mich an die Schlehenhecke. Als ich mich endlich aufgerappelt hatte, zog Moth sie einen nach dem anderen heraus, danach waren meine Hände und Beine ein pochendes rotes Nadelkissen. Die ohnehin undichte Regenjacke war noch undichter geworden, und ich war von Kopf bis Fuß mit schwarzem Schlamm bedeckt. Wir schleppten uns weiter durch Osmington Mills, wo jede Menge Menschen unter Gartensonnenschirmen Zuflucht gesucht hatten.

So schnell, wie der Regen aufgezogen war, kam auch die Sonne zurück, breitete ihren Schein über die Weymouth Bay aus, trocknete den Schlamm an mir, bis er mosaikartige Sprünge bekam und von mir abfiel. Die Wunden von den Dornen pochten. Wir entfernten die letzten Dornenspitzen und folgten den Lichtern in die Stadt, wo wir uns mit Vorräten eindecken wollten. Wir hatten vor, am Strand zu zelten, doch wir hätten wissen müssen, dass es besser gewesen wäre, gar keinen Plan zu haben.

Weymouth war die bei Weitem größte städtische Ansiedlung, die wir seit Newquay vor einem Jahr entlang des Küstenpfades gesehen hatten. Wir kauften uns in der Nähe der Statue von Georg III. ein Eis und schlenderten durch die Stadt, wo in der ersten Woche der Sommerferien ziemlicher Betrieb herrschte; Familien strömten in die Lokale, müde Kinder, die eigentlich im Bett hätten sein sollen, Schwiegermütter und Schwiegersöhne, die nicht traurig gewesen wären, wenn sie sich nie mehr begegnet wären. Da merkte ich, wie sich in meinem Bauch ein seltsames Gefühl breitmachte, als würde mein Magen auf Erbsengröße schrumpfen, um sich dann auf die Größe eines Fußballs auszudehnen. Vielleicht war ich nur müde, der Sturz saß mir noch in den Gliedern, oder es war der Hunger. Mein Magen schrumpfte und dehnte sich immer schneller, mir wurde glühend heiß, und dann erbrach ich mit einem heftigen Krampf das Eis und den Rest meines Würstchen-Sandwiches vom Frühstück. Eine halbe Stunde später hob sich mein Magen immer noch, obwohl er nur noch merkwürdig schaumige grüne Galle produzierte. Moth rief ein Taxi und bat den Fahrer, uns zum nächsten Campingplatz zu bringen.

»Hat keinen Sinn, Kumpel, die sind alle voll.«

Wir setzten uns auf eine Bank am Strand, wo der Brechreiz weiter anhielt. Nach zwei Stunden war ich vollkommen ausgelaugt, ich würgte und döste abwechselnd.

»Kannst du laufen? Ich habe ein Bed and Breakfast für uns gefunden.«

Ich hatte gar nicht mitbekommen, dass Moth mich allein gelassen hatte.

»Das geht nicht; dann ist unser ganzes Geld weg.«

»Und ob das geht. Es ist schon alles arrangiert.«

In dem winzigen Hotel gab es einen Aufzug, ein Bett und eine Toilette, und ungefähr sechsunddreißig Stunden lang bekam ich nichts anderes zu Gesicht. Ich lag auf dem Bett, erbrach mich in die Toilettenschüssel und stolperte zwischen beiden hin und her, dazwischen schlief ich immer wieder ein.

Dann wurde mir wieder schlecht. Dann schlief ich. Ungefähr um fünf Uhr morgens merkte ich, dass es nicht mehr derselbe Tag war, sondern dass wir schon die zweite Nacht in dem Hotel verbrachten. Ich rüttelte Moth wach.

»Was machen wir hier? Das können wir nicht bezahlen.«

»Alles in Ordnung, ist alles schon bezahlt, schlaf weiter.«

Ich schlief und träumte von grüner Eiscreme.

Am nächsten Morgen wagte ich mich aus dem Zimmer, um im Speiseraum einen trockenen Toast zu essen, ich hatte kaum genug Energie, um ihn an den Mund zu heben.

»Geht es dir besser? Siehst nicht so aus.« Eine riesige, vertraute Gestalt ließ sich auf den Stuhl gegenüber plumpsen. Dave. »Moth hat uns von den Schlehen erzählt. Allerdings habe ich noch nie gehört, dass ihre Dornen Übelkeit verursachen. Arthritis, das schon. Wir wollen heute runter nach Portland. Ich für meinen Teil mag Weymouth ganz gern, wir haben ein bisschen eingekauft, versucht zu waschen, aber es trocknet nicht, deshalb haben wir neue Socken und T-Shirts gekauft, sind ins Museum gegangen, sie hat mich sogar in eine Kunstgalerie geschleppt, stimmt doch, Ju, oder? Aber nicht lange. Also, wir wollen runter nach Portland. Wir haben nur noch zwei Tage, deshalb werden wir uns wohl nicht mehr wiedersehen.«

»Wie kommt ihr denn hierher? Ich weiß nicht, ob es die Schlehen waren. Vielleicht auch das Eis.«

»Gab ja sonst nichts, oder? Die Campingplätze waren alle voll, die Polizei hat uns nicht am Strand zelten lassen, und so sind wir auch hier gelandet, das Einzige, wo noch was frei war. Aber ich für meinen Teil mag Weymouth.«

Nach dem Frühstück winkten wir ihnen nach. Mit ihren riesigen Rucksäcken und ihren Wanderstöcken wirkten sie überlebensgroß, vollkommen fehl am Platz zwischen den Urlaubern. Wir waren traurig, dass wir erneut von ihnen Abschied nehmen mussten.

Der Strand hätte wie ein ganz normaler englischer Badeort angemutet, wären da nicht die eindrucksvollen georgianischen Häuser gewesen. Ehemals von Mitgliedern des Königshauses und des Adels bewohnt, beherbergten sie nun Hotels und Pensionen, Cafés und Andenkenläden. Der Strand, wo früher die Feinen und Vornehmen mit ihren Sonnenschirmen promeniert und gesunde Seeluft getankt hatten, war nun übersät mit Liegestühlen, Luftmatratzen, Pommesbuden und Silbermöwen, rosa Haut und streitenden Familien. Ich bin nicht sicher, ob Georg III. auf seinem Sockel mit Grauen beobachtete, was aus diesem Ort geworden war, oder ob er sich wünschte, es hätte auch schon zu seiner Zeit aufblasbare Dinos und Flipflops gegeben. Ich saß auf einer Bank, den Kopf auf Moths Knie gelegt, und schlummerte eine Stunde lang, danach schlief ich am Strand, bis die Straßenlaternen angingen.

»Also, hier könnt ihr nicht bleiben. Sobald es dunkel wird, kommt die Polizei und jagt euch weg. Besser, wenn ihr die Stadt verlasst.«

Zwei Männer standen vor uns, beladen mit Rucksäcken und Tragetaschen. Sie waren so schmutzig wie wir, mit sonnengegerbter Haut, das Haar unter ihre Mützen gestopft. Wahrscheinlich Backpacker, vielleicht auch Obdachlose. Nein, nach den Großpackungen Lebensmittel in ihren Taschen zu urteilen, doch keine Backpacker. Und auch nicht obdachlos, mit so viel Essen.

»Dann wohnt ihr hier?«

»Nein, außerhalb der Stadt. Wo wollt ihr denn hin?«

»Weiß nicht.« Moth war aufgestanden, aber ich konnte mich nicht dazu überwinden. »Die Campingplätze sind ausgebucht, Ray ist krank geworden, Lebensmittelvergiftung oder so, deshalb können wir heute nicht mehr weit laufen.«

Der Ältere der beiden musterte mich. Sein Gesicht entspannte sich ein wenig, die Falten glätteten sich, es war ein Gesicht, das lange Zeit den Elementen ausgesetzt gewesen war, monatelang gegen Sonne und Wind geblinzelt hatte. Er setzte sich, ohne die Taschen loszulassen. Etwas daran, wie ihm die Kleider am Körper hingen, wie er die Taschen fest umklammert hielt, ließ mich neugierig werden.

»Hallo, ich bin John. Und was seid ihr, Backpacker?« Und auch etwas daran, wie sich sein graues Haar unter der ausgefransten Wollmütze kräuselte.

»Nun, ja.«

»Das ist eine gute Entscheidung, wenn man nirgendwohin kann, muss man einfach weitergehen. Es ist der Stillstand, der die Menschen runterzieht. Ja, hier gibt es viele, die zu lange stillstehen – sie haben aufgegeben und akzeptiert, dass die Straße ihr Zuhause ist.«

»Woher hast du es gewusst? Bist du Sozialarbeiter oder so?«

»Nein, ihr habt euch selbst verraten. Wie ihr so daliegt, an den Rucksack gestützt mit den Armen noch in den Riemen. Ein Backpacker hätte ihn abgenommen, aber ihr nicht; was in euren Rucksäcken ist, ist zu wichtig, als dass es verloren gehen dürfte.«

»Wirklich?«

»Kommt mit uns, wenn ihr wollt. Wir leben außerhalb der Stadt; dort könnt ihr zelten. Allerdings nur für heute Nacht. Es ist ziemlich weit, aber wir haben ein Auto.«

Es mochte leichtsinnig gewesen sein, aber wir vertrauten ihnen instinktiv. Moth half mir auf die Beine, und wir ließen uns zu einem Lieferwagen führen, der am Straßenrand parkte. Wir lagen zugedeckt auf der Rückbank, während der Wagen die Lichter der Straßenlaternen hinter sich ließ und landeinwärts in die Dunkelheit fuhr. Ich döste eine halbe Stunde lang, vielleicht auch länger, dann hielten wir auf kiesigem Untergrund an. Beim Aussteigen stellten wir fest, dass wir uns auf einem Parkplatz mitten im Wald befanden, über uns rauschten die Wipfel mächtiger Kiefern im Wind.

Im schwachen Schein des Mondes folgten wir John und Gav in die Dunkelheit, drangen tief in den Wald vor. Als die Bäume sich etwas lichteten, war der kiefernnadelübersäte Weg besser zu sehen. Vor uns konnten wir zwischen den Stämmen Gestalten ausmachen, notdürftig beleuchtet von batteriebetriebenen Campinglampen. Zelte, Planen, Schutzhütten aus abgebrochenen Ästen. Ein Dorf aus Waldbewohnern, die ruhig zusammensaßen, sich unterhielten, kochten. John zeigte uns einen Platz, wo wir das Zelt aufbauen konnten, dann gesellten wir uns zu ihnen, während Gav die Tüten auspackte, die ihren Einkauf für die halbe Woche enthielten. Nachdem die anderen ihre Sachen in Empfang genommen hatten und ins Bett gegangen waren, setzte sich John zu uns und erzählte uns von ihrem Zuhause.

»Ich könnte nicht in der Stadt wohnen; wenn man das Landleben im Blut hat, hält man es dort nicht aus, es saugt einen vollkommen aus.«

Er war Landarbeiter, schon sein Leben lang. Früher hatte er in einem Pächterhaus auf dem Gelände der Farm gewohnt, auf der er arbeitete. Als die Farm jedoch verkauft wurde, trennte man die Gebäude vom Grundbesitz ab und verwandelte sie in Ferienhäuser; John wurde obdachlos. Zwar fand er wieder Arbeit, aber ohne dazugehörige Wohnung, und von seinem Lohn konnte er sich die teure Miete auf dem Land nicht leisten. Da hatte er zum ersten Mal im Wald kampiert. Bald gesellten sich andere zu ihm, bis aus ihrem Lager eine Art Dorf mit wechselnden Bewohnern wurde, die je nach Bedarf kamen und gingen.

»Maximal sind wir ungefähr dreißig, wenn alle gleichzeitig da sind, aber normalerweise sind wir so um die achtzehn, mehr oder weniger.«

Die meisten von ihnen arbeiteten in Teilzeitjobs oder in unsicheren, schlecht bezahlten, befristeten Jobs, was es schwierig machte, eine regelmäßige Miete zu erwirtschaften.

»Aber hier können wir leben und uns ein bisschen Selbstachtung bewahren. Manche verlassen uns, wenn sich ihre Lage bessert, und kommen zurück, wenn es schlecht läuft. Wir halten den Ort sauber; wir sind nicht von der Sozialhilfe abhängig wie viele, die auf der Straße leben, nur einfach Leute vom Land; das Land ist unser Zuhause, aber für uns ist es zu teuer geworden.«

Sie hielten sich versteckt, machten nie Lagerfeuer, aus Angst, sich durch den Rauch zu verraten. Im Winter wärmten sie sich mit Gasöfen und dicken Decken und legten den matschigen Boden mit Kiefernästen aus. Im Sommer war das Leben leichter; in warmen Nächten schliefen sie unter den Bäumen, umgeben von Kiefernduft.

»Bestimmt hat der eine oder andere von unserer Anwesenheit etwas mitbekommen, auch wenn wir aufpassen, dass man uns nicht als Gruppe sieht; hierher führen nicht viele Wege. Allerdings weiß ich nicht, wie lange wir noch bleiben können. Angeblich soll der Wald gerodet werden; die Puristen möchten, dass hier wie zu Thomas Hardys Zeiten wieder Heide wächst. Ich dachte, die hätten damals Wälder gehabt; hat er nicht sogar ein Buch über den Wald geschrieben? *Woodlanders*, so heißt es doch. Offenbar sind sie für die Schönheit des Waldes hier blind.«

»Früher waren es aber Laubwälder, vor der Aufforstung.« Ich hatte das Buch auch geliebt.

»Die Kiefern sind uralt. Sie gehören jetzt genauso zur Landschaft wie die alten Wälder. Ich weiß, hier leben nicht so viele Tier- und Pflanzenarten, weil es zu dunkel ist, aber es gibt Bussarde, die nisten hier jedes Jahr, und Füchse, Dachse und Waldschnepfen, und in der Heide am Waldrand und in den Lichtungen Blindschleichen und Kreuzottern. Wo sollen die Bussarde hin? Das ist ihr Zuhause. Es ist unser Zuhause.«

Wir schliefen im dunklen Zelt, warm und geschützt auf unserem Bett aus Kiefernnadeln, und lauschten dem Rauschen des Windes in den Ästen.

Am nächsten Morgen setzte John uns auf dem Weg zur Arbeit bei Ferry Bridge ab.

»Kommt zurück, wenn ihr eine Bleibe braucht. Na ja, zumindest dieses Jahr noch, danach gibt es vielleicht keinen Wald mehr.«

»Ich hoffe, ihr findet was anderes, falls es so weit kommt. Passt auf euch auf.«

»Ihr auch.«

Während John davonfuhr, standen wir auf dem Gehweg und betrachteten die lange Straße, die die Isle of Portland mit dem Festland verband. Sie schien sich endlos hinzuziehen.

»Sollen wir Portland auslassen? Und einfach ein paar Tage schön gemütlich am Chesil Beach entlangwandern? Ich bin total erschöpft.«

»Klar. Wir sind ja schließlich keine Puristen, oder?«

***

Chesil Beach ist im Grunde gar kein Strand, sondern eine fünfzehn Meter hohe, knapp dreißig Kilometer lange Kiesbank, die sich von der Isle of Portland im Osten bis jenseits von West Bay im Westen erstreckt. Man nimmt an, dass dieser als Strandwall oder auch Tombolo bezeichnete Uferstreifen aus Steinen, die von der Kraft des Meeres in Jahrmillionen perfekt rund geschliffen wurden, in einer Phase steigender Meeresspiegel entstand. In der Nähe von Portland sind die Kiesel faustgroß, bei West Bay nur so groß wie Trauben, was darauf hinweist, dass sie vermutlich aus zwei unterschiedlichen Kiesbetten stammen und, als der Meeresspiegel stieg, von den anrollenden Wellen hierher gespült wurden. Hinter der Kiesbank liegt die Fleet Lagoon, eine Gezeitenlagune, die vom Meer abgetrennt und dennoch mit ihm verbunden ist, ebenso wie Portland mit dem Festland. Bei Ferry Bridge im Osten, wo Meerwasser einfließt, ist das Wasser salzhaltig, am westlichen Ende hingegen, wo die Lagune von Süßwasserflüssen gespeist wird, ist der Salzgehalt nur halb so hoch. Ein riesiges Areal aus Land und Meer, gemeinsam in Bewegung, auf ewig verbunden in einer Partnerschaft, in der beide Teile in gleichem Maß gewinnen und verlieren und in der keiner ohne den anderen existieren kann.

Der Weg entlang der Lagune war ein angenehmer Spaziergang, im dunstigen Sonnenlicht und in meinem geschwächten Zustand nach der Krankheit wandelte ich wie im Traum durch den Tag. Auf der landeinwärts gelegenen Seite der Kiesbank lagen hie und da winzige Hütten, gelegentlich mit einem Ruderboot daneben. Ein langer, von Krähen belagerter Maschendrahtzaun zog sich am Pfad entlang, wie stumme Wächter saßen die schwarzen Vögel am Ackersaum. Wir scheuten uns, an ihnen vorbeizugehen. Im *Mabinogion*, einer Sammlung alter walisischer Sagen, ist die Krähe der Todesbote, auch sollen Zauberkundige ihre Gestalt annehmen und sich so aus Gefahren befreien können. In anderen Kulturen sind sie Boten des Wandels. Als wir zwei Schritte machten, stoben sie in einer schwarzen, krächzenden Wolke davon.

»Gut dass wir nicht abergläubisch sind.« Moth schritt lachend aus, seine Silhouette schimmerte in der flimmernden Hitze, und er hinterließ feste Fußabdrücke im Staub.

Der Pfad wand sich durch Röhricht und Schießstände und traf auf eine einspurige Straße und eine Ansammlung von

Hütten, deren blaue und grüne Farbe in der heißen, salzigen Luft abblätterte. Auf einer Holzbank saßen drei knorrige alte Männer im Schatten einer Hütte, schrumpelig und rissig wie die Farbe, bekleidet mit Unterhemden, Strohhüten und ausgebeulten Hosen – und barfuß. Oh nein, bitte nicht schon wieder Wahrsager. Einer sprach uns an.

»Wohin geht ihr?«

»Nach Westen.«

»Das ist ein weiter Weg.«

»Jo.«

»Da ist ein Hotel, ein Stück weiter, hinter den Schwänen.«

Weiter ging es durch Gebüsch und staubiges Ackerland, über flaches, leichtes Gelände, und unsere Füße fielen automatisch in einen gleichmäßigen Takt. In der Rundung der Lagune bildete sich ein weißer Nebel, der sich als Schwarm weißer Schwäne entpuppte, über hundert schwimmende, sich putzende und landende Schwäne.

»Ich dachte, er hätte es metaphorisch gemeint, wie bei der Prophezeiung mit der Schildkröte; ich habe nicht mit richtigen Schwänen gerechnet.«

»Nein, ich auch nicht, der Tag wird immer surrealer.«

Und tatsächlich, hinter den Schwänen lag ein Hotel namens Moonfleet Manor, wie in J. Meade Falkners Schmugglerroman *Moonfleet*.

»Gehen wir doch mal hin und schauen es uns an. Ich habe das Buch gelesen, als ich jung war; ich wusste nicht, dass es den Ort wirklich gibt.«

Bei heißem Wasser mit einem Teebeutel im Garten sitzend malten wir uns den halben Nachmittag lang aus, welch schändliches Treiben hier in mondhellen Nächten vor sich gegangen sein mochte. Bevor wir aufbrachen, suchte ich die Toilette auf, um mir den Luxus einer Wasserspülung zu gönnen. Als ich die Kabine verließ, trat Julie aus einer anderen.

»Was? Das wird ja immer surrealer.«

Einträchtig wuschen wir uns mit warmem Wasser und pflegten unsere sonnenverbrannten Hände mit fantastisch riechender Handcreme, als wären wir alte Freundinnen, die sich schon ihr Leben lang kannten.

Wir wanderten geruhsam mit ihnen weiter, in der süß duftenden, weichen Luft des absolut windstillen Abends. Die untergehende Sonne tauchte den Julihimmel in warme südliche Farben. In der zunehmenden Dunkelheit färbte sich das Land vor uns blau und Schweigen legte sich über die Lagune, die Vogelstimmen verstummten, als das Wasser sich ohne Welle oder Bewegung zurückzog und nur dünne Rinnsale in dem schlammigen Sand hinterließ. Ein kleines Boot fuhr zurück zum Ufer, ein schwarzer Schatten, der sich lautlos durch Bächlein aus flüssigem Himmel manövrierte und verschwand, als Schlamm und Steine in den letzten reflektierten Strahlen der tief stehenden Sonne miteinander verschmolzen. Nebel stieg auf in der silbrigen, nachtblauen Luft, die Schilfstängel zeichneten sich als dunkle Silhouetten vor der langgezogenen Kiesbank und dem dämmrigen Himmel ab. Wir stellten das Zelt im Sumpfgras auf und hörten nur die nächtlichen Rufe der Watvögel und das Rascheln der Samenkapseln im Wind.

Auch am nächsten Tag wanderten wir gemeinsam weiter und kampierten in der Nähe von West Bexington auf dem kiesigen Uferstreifen. Makrelenangler bevölkerten den Strand, das Licht ihrer Laternen schaukelte im Dunkeln, und das Rasseln der Kiesel in der Brandung schuf eine schaurigschöne Atmosphäre. Im Morgengrauen packten sie ihre Sachen und gingen, ihre Eimer quollen über vor Fischen.

Als wir das Zelt abbauten, brach eine Zeltstange an der Verbindungshülse aus Metall ab und durchbohrte den Kunststofftunnel. Dave kramte in seinem riesigen Rucksack und förderte eine Zange, eine kleine Säge und eine Rolle Klebeband zutage. Wir sägten die Bruchstelle sauber ab, klebten den Bruch und gingen weiter.

In West Bay verabschiedeten wir uns von Dave und Julie, die in den Bus nach Hause stiegen. Als wir sie umarmten, wussten wir, dass es diesmal wirklich endgültig war. Ein Stück des Weges mit ihnen zu teilen, war wohltuend gewesen, hatte uns so angenehm von unserem eigenen Leben abgelenkt, und ohne sie kam es uns vor, als würde die Sonne nicht mehr ganz so hell scheinen. Wir kauften eine Rolle Klebeband und setzten unsere Wanderung fort, wobei wir uns noch mehrere Kilometer lang immer wieder umschauten, ob sie nicht doch nachkamen.

Es wehte ein kalter Wind aus Südwesten, als wir uns am Fuß des Thorncombe Beacon niederkauerten, um die Zeltstangen zu inspizieren. Fast alle Fiberglasrohre begannen an den Enden zu splittern; ein paar weitere Tage oder ein starker Wind würden genügen, um das Zelt unbrauchbar zu machen. Es war fast dunkel, als wir jedes Ende sorgfältig mit Klebeband umwickelt und behutsam in den nun zu engen Tunnel gezwängt hatten.

»Es müsste halten – ich hoffe nur, dass wir es nie in Eile aufstellen müssen.« Ich rieb Moths Schultern mit Kohlbalsam ein, als der Wind zunahm und wir vorsichtshalber alle losen Gegenstände in die Rucksäcke packten, sollte das Klebeband doch versagen.

Tat es nicht, aber das erste Tageslicht brachte sturmartigen Wind mit Regen, der uns vom Hügel trieb. Der Wind jagte durch ein Maisfeld, ließ die hohen Stängel klappern, ehe er weiterzog, eine jähe, heftige Bö, die so schnell verschwand, wie sie gekommen war. Zurück blieb ein schier undurchdringlicher, erstickender Nebel. Den langsamen Aufstieg zum Golden Cap unternahmen wir in einer so dichten Nebelwolke, dass wir nicht nachvollziehen konnten, woher das Kliff seinen Namen hatte, dennoch feierten wir die Tatsache, am höchsten Punkt der Südküste zu stehen.

Die Vermessungssäule war umgeben von Ginsterbüschen, und mehrere Wege führten in alle Richtungen davon weg – wohin, war nicht zu erkennen. Unser Haus in Wales hatte inmitten von Hügeln und Bergen gestanden, und wann immer wir Zeit hatten, gingen wir wandern. Die Kinder waren noch nicht in der Schule gewesen, als sie auf ihren ersten Berg kletterten, doch als sie älter wurden, erforderte es oft einige Erfindungsgabe, um sie bei einer anstrengenden Wandertour draußen in der Kälte aufzumuntern. Jedes Mal, wenn wir eine Vermessungssäule erreichten, posierte Moth darauf für ein Foto. Er hechtete auf die Säule, legte sich mit dem Bauch flach wie ein Brett darauf und tat so, als würde er fliegen, probierte alles Mögliche, um die Kinder, die kurz vor dem Aufgeben waren, bei Laune zu halten. Es hatte sich zu einer

Familientradition entwickelt, und der Anblick der Vermessungssäule auf dem Golden Cap war einfach zu verlockend, CBD hin oder her.

»Glaubst du, du schaffst es, ohne dir wehzutun?«

Er ließ den Rucksack fallen, legte die Hände auf die Oberseite der Säule und hievte sich hoch. Ich wartete auf den Schmerzensschrei, den unvermeidlichen Selbstvorwurf für seine Dummheit. Doch der blieb aus. Stattdessen breitete er die Arme aus und flog in die Wolken, frei schwebend, ganz so, als würde er ewig leben. Ich rannte um ihn herum und machte Fotos, als wäre dies das erste Mal, dass er flog, oder das letzte Mal.

»Vielleicht liegt es am Kohlbalsam.«

Sein Gesicht war nicht verzerrt, er verbiss sich keine Schmerzen, ja, er lachte sogar. In der nebelverhangenen Heide umarmten wir uns und hüpften herum, lachten, küssten uns, jubelten. War das möglich? Von dem Punkt, nicht aus dem Bett aufstehen zu können, zu dem Punkt, wieder stark zu sein und die Kontrolle über seinen Körper zu haben, in nicht einmal zwei Wochen. Das sollte eigentlich nicht möglich sein. Trotzdem war es so. Ich hätte an seinen Fußspuren im Sand merken müssen, dass er nicht mehr hinkte, doch es war mir nicht aufgefallen.

»Vielleicht liegt es an unserer Ruhepause in Weymouth. Vielleicht hat sich mein Körper schneller angepasst, so, wie man sich in der Höhe akklimatisiert.«

»Aber wie kann das sein? Wie kann die Steifheit sich so schnell verflüchtigt haben? An der Nordküste hat es Wochen gedauert.«

»Ich habe keine Ahnung; schon seit einigen Tagen habe ich den Eindruck, dass meine Gelenke geschmeidiger geworden sind, aber ich habe es nicht zu hoffen gewagt.«

»Glaubst du, es ist der Sauerstoff? Das haben wir doch schon einmal gedacht, weil du auf der Wanderung so tief einatmest. Die große Sauerstoffmenge, die man aufnimmt – kann sich das irgendwie auf das Gehirn auswirken? Nein, unmöglich. Wenn es so simpel wäre, würde man im Krankenhaus einfach Sauerstoffflaschen verteilen.«

»Ich weiß es nicht. Offensichtlich hat es etwas mit dem intensiven Ausdauertraining zu tun. Dadurch wird wohl irgendeine Reaktion hervorgerufen, die wir nicht verstehen. Ich weiß nicht, wie es funktioniert, aber ich fühle mich einfach großartig.« Wir hüpften und tanzten im Nebel auf dem Golden Cap herum.

»Pass beim Treppensteigen auf.«

»Plan nicht zu weit voraus.«

»Müssen wir gar nicht – dafür haben wir ja Paddy. Auch wenn wir alles, was er sagt, rückwärts lesen müssen.«

20 ANNEHMEN

Mit einem Todesurteil zu leben, ohne zu wissen, wann es vollstreckt wird, ist, als würde man auf einem Seil über einem Abgrund balancieren. Jedes Wort, jede Geste, jeder Windhauch oder Regentropfen gewinnt auf schmerzhafte Art an Bedeutung. Vorerst hatten wir das hinter uns gelassen. Zwar saß Moth in der Todeszelle, doch man hatte ihm einen Aufschub gewährt. Er wusste, dass die CBD nicht plötzlich auf wundersame Weise verschwunden war, aber irgendwie hatte er sie, zumindest für eine Weile, unter Kontrolle. Nun, da der Tod nicht wie ein bösartiger, Furcht einflößender Stalker um unser Zelt strich, hatten wir Freiraum, uns zu sammeln, und Moth konnte es aussprechen.

»Wenn ich sterbe, wenn das Ende wirklich kommt, möchte ich verbrannt werden.«

Es hatte eine Stelle auf der Wiese hinter unserer Farm gegeben, bei der Hecke, mit Blick auf die Berge, an der wir gern begraben worden wären, damals, als wir dachten, dass wir bis an unser Lebensende dort wohnen würden. Aber jetzt hatten wir keine Wiese mehr, keinen Glauben, keinen Ort, den Moth sich als seine letzte Ruhestätte vorstellen konnte.

»Ich möchte, dass du meine Asche in einer Schachtel aufbewahrst, und wenn du stirbst, können dich die Kinder dazugeben, uns einmal kräftig durchschütteln und dann auf die Reise schicken. Zusammen. Das quält mich am meisten, der Gedanke, von dir getrennt zu sein. Sie können unsere Asche an der Küste im Wind verstreuen, dann fliegen wir gemeinsam zum Horizont.«

Stumm klammerte ich mich an ihn. Jetzt war es gesagt; wir hatten den Tod akzeptiert. Moth würde kämpfen, aber letztendlich würde er verlieren. Er war so stark gewesen, dem Unausweichlichen von Anfang an ins Auge zu blicken; inzwischen hatte auch ich mich genügend gefasst, um die Wahrheit anzuerkennen und loszulassen. Wir lagen am Rand von Lyme Regis im Zelt, auf einem Flecken Gras zwischen Hummerkörben und Ferienhäusern, und hatten dem Tod die Tür geöffnet. Und damit das Leben eingelassen. Die scharfkantigen, zersplitterten, verloren gegangenen Bruchstücke unseres Lebens setzten sich langsam, aber nahtlos wieder zusammen.

***

Das Meer im Rücken betraten wir Waldland, unsere Rucksäcke beschwert mit versteinerten Ammoniten, die wir am Strand gefunden hatten, Relikte anderer Leben, anderer Jahrmillionen, aus einer Zeit, als die ersten Lebewesen die Meere besiedelten. Die Bäume schlossen sich hinter uns, und wir kamen zum sogenannten Undercliff: ein gespenstischer, feuchter britischer Dschungel, entstanden infolge mehrerer

Erdrutsche. Der größte fand an Heiligabend 1839 statt, als acht Millionen Tonnen Erdreich Richtung Meer absackten und eine riesige Kluft hinterließen. Schafe, Kaninchen und eine Teestube wurden mitgerissen. Das Gelände, das durch die in Bewegung geratenen Erdmassen geschaffen wurde, wird heute als Goat Island bezeichnet. Auch ein Weizenfeld rutschte ein Stück ab, blieb jedoch intakt und konnte im darauffolgenden Sommer abgeerntet werden.

Man überließ den acht Kilometer langen Streifen sich selbst, und so siedelten sich Farne, Efeu und Bäume an, von denen es im momentanen Dauerregen tropfte und rieselte. Eine Landschaft, die sich von einem Augenblick zum anderen für immer verändert hat und nun so bleiben darf, wie sie ist. Wildpflanzen können dort ungehindert wachsen und ihre Samen abwerfen. Der Küstenpfad ist der einzige Weg hindurch, und er schlängelt sich dreizehn Kilometer dahin, bis man endlich wieder ins Helle tritt.

Mit jedem Tag fühlten wir uns fitter; wir liefen immer im gleichen Tempo und machten mühelos einen Kilometer nach dem anderen. Wir durchquerten Seaton und Beer, was uns wie eine Zeitreise in die Fünfzigerjahre erschien. Am Strand von Branscombe legten wir eine Pause ein und stellten den Kocher in den Kies. Branscombe gehört noch zur Jurassic Coast und zum UNESCO-Weltnaturerbe. Als im Jahr 2007 die MSC *Napoli* im Ärmelkanal in Seenot geriet, entschieden die zuständigen Behörden, das riesige Containerschiff nicht zum sehr viel näher gelegenen Hafen von Falmouth, sondern nach Portland schleppen zu lassen. Das Schiff schaffte es allerdings nicht dorthin; da es auseinanderzubrechen drohte, wurde es anderthalb Kilometer vor dem Strand von Branscombe kontrolliert auf Grund gesetzt, in einem Gebiet, in dem zahlreiche Seevögel überwintern und bedrohte Arten den Meeresboden bevölkern. Das Schiff hatte gekrängt, und Teile der Ladung wurden an den Strand gespült, darunter Parfüm, Wein und BMW-Motorräder. Trotz aller Bemühungen konnte die Polizei die Plünderer nicht aufhalten, von denen es später hieß, sie hätten angeblich »nur bei den Aufräumarbeiten geholfen«. Als wir am Strand entlangwanderten, deutete nichts mehr auf das sieben Jahre zurückliegende Ereignis hin, doch beim Verlassen des Ortes fiel uns ein chromblitzendes Motorrad im Schuppen hinter dem Café auf. Wir kampierten auf einer ebenen, frisch gemähten Wiese, die ein gewisser Mr Cornish der Gemeinde im Jahr 1935 vermacht hatte. Der benachbarte Gemeindeanger war mit niedrigem Gebüsch bewachsen, dort setzten wir uns auf eine von Weißbirken umgebene Bank und blickten hinunter auf die Lichter von Sidmouth. Ein Dachs tapste leise vorbei und verschwand auf einem der vielen Trampelpfade im Farn. Durch den Geruch von Menschen, die seit Tagen nicht mehr geduscht hatten, offenbar nicht gestört, verzog er sich ins Grün, nur um gleich darauf an anderer Stelle wieder aufzutauchen. Kurze Zeit später zeigte er sich auf einem anderen Pfad und kam letzten Endes wieder dort zum Vorschein, wo wir ihn zuerst gesehen hatten. Entweder war er sehr schnell, oder es waren gleich mehrere Dachse im Farndickicht unterwegs. Als wir uns die taunassen Wege am nächsten Morgen genauer ansahen, gewannen wir den Eindruck, dass Dachse in Rudeln auftreten. Jedenfalls waren wir dankbar, dass

Mr Cornish und andere Gleichgesinnte Rückzugsorte sowohl für Wildtiere als auch für Wanderer geschaffen hatten, denn an dieser Küste benötigten beide eine Zuflucht.

Hier in Süd-Devon hatten die Klippen anders als in Dorset eine rötliche Färbung, und praktisch hinter jeder Biegung befand sich ein Caravanpark, sodass es immer schwieriger wurde, eine geeignete Stelle für unser Zelt zu finden. Als wir Budleigh Salterton in der Abenddämmerung verließen, hatten wir schon fast die Hoffnung aufgegeben. Die Nacht brach herein, der Pfad verlief eingezwängt zwischen hohen Hecken auf der einen und dem unüberwindlich wirkenden Drahtzaun eines Golfplatzes auf der anderen Seite.

»Ich hab dir doch gesagt, wir hätten zurück zum Strand gehen sollen.«

»Nein, der war zu nahe an der Stadt.«

»Aber immer noch besser als das hier – es gibt einfach nichts.«

Wir erreichten eine Hügelkuppe, zu beiden Seiten des schmalen Pfades wucherten Ginster und Brombeergestrüpp. In der Ferne erstreckte sich das Lichtermeer von Exmouth, und direkt unter uns markierten ein Netz aus Straßen und eine Flutlichtanlage ein weitläufiges Feriendorf, das eher einem Gefängnis ähnelte als einem Ort, an dem man gern seinen Urlaub verbringen würde. Es blieb uns nichts anderes übrig; mühsam kletterten wir über den Zaun auf den Golfplatz. Das sechzehnte Loch war wie gemacht fürs Campen. Glatt wie ein Teppich mit samtweichem, kurzgeschorenem Gras und einer Bank. Ideal. Bis auf den Schein der unter uns liegenden Lichter war die Nacht pechschwarz. Der Golfplatz zog sich ein gutes Stück landeinwärts; zur Meeresseite hin waren die Büsche zwischen uns und dem zwei Meter tiefer liegenden Küstenpfad so hoch, dass sie uns vor den Blicken etwaiger Frühaufsteher verbargen, die ihre Hunde spazieren führten. Wenn wir aufbrachen, bevor die ersten Golfer kämen, war alles in Ordnung.

Klappernd fielen die Zeltstangen ins Gras. Wir brauchten nicht leise zu sein; die nächsten Wohnhäuser lagen mindestens anderthalb Kilometer entfernt – es sei denn, irgendwo im Ginster versteckte sich ein Haus, was eher unwahrscheinlich war. Außerdem hatten wir während der gesamten Wanderung nie Probleme mit Menschen gehabt – mit bröckelnden Klippen, fleischfressenden Ameisen, übermäßig anhänglichen Hunden, das ja, aber nicht mit anderen Menschen.

Trotzdem fühlten wir uns nicht wohl in unserer Haut, als es in den Büschen raschelte. Wir erstarrten und blieben mucksmäuschenstill. Vielleicht nur ein Dachs oder ein Fuchs; wir hatten oft welche gesehen, sie jagten uns keine Angst ein. Da hörten wir das Rascheln wieder, einige Meter links von uns. Es kam irgendwo vom Zaun, aus den Büschen, nicht vom Küstenpfad. Ein Reh oder ein kleiner Muntjak? Oder waren da eben ein Kopf und Schultern hochgeschnellt und sofort wieder verschwunden? Wir kauerten uns im Schutz des Dorngestrüpps zusammen. Und dann sahen wir eine dunkle Gestalt, die sich an den Zaun klammerte und den Blick über den Golfplatz schweifen ließ, die Lichter unterhalb zeichneten Reflexe in das helle Haar. Während der Mann so dastand, war kein Laut zu vernehmen; wir hofften, dass er allein war, aber er konnte Begleiter haben, die irgendwo versteckt warteten. Wir duckten uns, pressten die Knie zusammen, versuchten, leise zu atmen. Er bewegte sich, ging zurück auf unsere rechte Seite. Entfernte er sich, folgte er einer Abkürzung landeinwärts? Wir warteten eine halbe Ewigkeit, bis wir es nicht mehr in der Hocke aushielten und aufstanden. Da schoss der Mann zwei Meter vor uns erschrocken aus dem Ginster und fiel rücklings in die Büsche. Wir hörten ihn wild herumrascheln und dann auf dem Pfad davonrennen. Würde er zurückkommen? Und falls ja, allein? Vor lauter Angst, er könnte jede Minute mit Verstärkung auftauchen, wagten wir nicht, das Zelt aufzustellen, und ließen uns stattdessen auf der Bank nieder.

Erst um Mitternacht bauten wir dann endlich das Zelt auf, das inzwischen kalt und nass vom Tau war. Zu müde, um uns etwas zu kochen, aßen wir einen Fudge-Riegel, aber wir waren noch nicht eingeschlafen, als wir ein Rumpeln vernahmen. Es war nicht nur ein Geräusch, sondern eine Vibration tief im Untergrund. Kam er etwa mit einer ganzen Armee zurück? Reglos lagen wir da, warteten auf Stimmen, doch es blieb still. Als wir dann in die sternenklare Nacht hinausschlüpften, war alles ruhig bis auf ein kleines Boot, das in die Bucht hineinfuhr und dessen Licht rhythmisch über die Klippen schwenkte.

Am nächsten Morgen packten wir noch vor sechs Uhr das Zelt ein und setzten uns auf die Bank, um Tee zu kochen. Die Sonne ging auf, tauchte die roten Klippen in warme Rosttöne und warf ihren Schein auf das sechzehnte Loch. Abgesehen von dem zerdrückten taunassen Gras konnte man nicht mehr erkennen, dass wir dort gezeltet hatten. Wir waren

Meister im wilden Campen geworden, perfekt darin, keine Spuren zu hinterlassen. In einiger Entfernung führte ein Mann seine Hunde über den Golfplatz, schlenderte zwischen den Löchern umher und steuerte dabei unbestreitbar in unsere Richtung. Schließlich kam er zum sechzehnten Grün.

»Hallo. Ein wunderbares Plätzchen für den Sonnenaufgang, nicht wahr?« Wie üblich packte Moth den Stier bei den Hörnern und startete seine Charmeoffensive. Der Mann warf uns einen Blick zu, grunzte etwas und schritt, während die beiden Hunde um ihn herumsprangen, das Grün ab, inspizierte ganz offensichtlich sein Gras auf Schäden. Aber es gab keine; sorgfältig hatten wir die lose Erde, die beim Herausziehen der Heringe hängengeblieben war, wieder angedrückt.

»Sobald Sie fertig gefrühstückt haben, sind Sie weg, oder?«

»Natürlich, wir sind nur für den Sonnenaufgang raufgekommen.«

Wieder grunzte er etwas und ging davon, die ersten Sonnenstrahlen fielen auf sein weißes Haar. Erleichtert sahen wir ihm nach und machten uns eine zweite Tasse Tee.

Auf dem Weg hinunter zum Feriendorf entdeckten wir sehr bald den Ursprung des Rumpelns. Nur einige hundert Meter weiter hatte es einen Erdrutsch gegeben. Ein breiter Streifen roter Erde und Steine war ins Wasser abgerutscht und bildete eine brodelnde, mit rostbrauner Gischt gekrönte Masse am Fuß des Kliffs. Womöglich blühte dem gesamten Gelände zwischen dem Golfplatz und Straight Point dasselbe Schicksal. Dann würde das Rasenmähen mit einem Mal überflüssig, und unser weißhaariger Freund hätte ganz andere Sorgen als ein paar lockere Erdkrumen.

Wir spazierten zwischen den akkuraten Reihen aus Wohnmobilen und Ferienhäusern hindurch, folgten dem langen asphaltierten Fußweg nach Exmouth hinein, und ehe wir es uns versahen, lag die Jurassic Coast hinter uns. Eingedeckt mit Reis, Thunfisch und Schokoriegeln bestiegen wir die Fähre über den Exe nach Starcross. Von der Anlegestelle aus verlief der Pfad entlang der Straße und schlängelte sich danach zwischen Bahngleisen und Brachen aus Gestrüpp und Beton hindurch. Schließlich wichen wir vom Weg ab und wanderten nach Dawlish Warren, wo wir in der Dämmerung das Zelt hinter dem Besucherzentrum des dortigen Naturschutzgebietes aufschlugen.

»Ich habe gerade auf die Karte geschaut, es geht noch fast fünfzig Kilometer so weiter. Geschlossene Ortschaften, Bahnlinie, Uferpromenaden. Da können wir nirgendwo campen. Was hältst du davon, wenn wir unser letztes Bargeld auf den Kopf hauen und mit Zug und Bus nach Brixham fahren? Dort kommen wir wieder in offenes Gelände, dann wird es besser. Entweder das, oder wir müssen irgendwo in einem Hauseingang schlafen, und so was muss nun wirklich nicht sein.« Moth blätterte in einem Kapitel des Reiseführers hin und her.

Ich dachte an unsere unruhige Nacht auf dem Golfplatz, und mir wurde klar, dass noch mehr solcher Nächte definitiv nichts für unsere Nerven waren.

»Okay. Fühlt sich zwar komisch an, wieder ein Stück auszulassen, aber vielleicht kehren wir ja eines Tages zurück und holen diesen Teil und Portland nach.«

»Ich glaube nicht, dass es eine Rolle spielt. Wir machen ja keine Wallfahrt. Oder?«

***

In Brixham folgten wir einem gewundenen Weg zurück zur Küste. Ab Sharkham Point kehrte wieder Normalität ein. Der Rucksack war voll bepackt mit Reis und Nudeln, wir hatten dreißig Pfund in der Tasche, und meine Nase war knallrot und schälte sich. Es war August, Hochsaison, und auf dem äußerst beliebten Küstenabschnitt wimmelte es von Menschen. Die Route nach Plymouth würde durch belebte Städte und über trubelige Strandpromenaden führen, und es standen mindestens fünf Fährfahrten an. Da wir den Zug genommen hatten, würden wir uns in der nächsten Woche außer den Fährtickets nichts mehr leisten können.

»Pass auf, ich hab nachgedacht. Seit wir gestartet sind, haben wir uns eher Zeit gelassen, und bisher war die Strecke nicht allzu schwierig.« Wenn du meinst, Moth. »Was wäre, wenn wir einen Zahn zulegen würden, damit wir diesen Abschnitt mit den Fähren so schnell wie möglich hinter uns bringen? Wir wissen nicht, wie teuer die Fähren sind, und auf diese Weise hätten wir sie hinter uns und könnten genau sagen, wie viel Geld uns noch für Lebensmittel bleibt.«

»Was meinst du damit, einen Zahn zulegen?«

»Na ja, dass wir versuchen, mit Paddys Tempo Schritt zu halten.«

»Das ist nicht dein Ernst.«

»Wir könnten es schaffen.«

»Krank warst du mir lieber.«

***

Man Sands, Long Sands, Scabbacombe Sands, Ivy Cove, Pudcombe Cove, Kelly's Cove, Newfoundland Cove, da, schau, eine Silbermöwe, Mill Bay Cove, Fähre, Compass Cove, Combe Point, schlafen. Regen peitschte herab, wühlte das Wasser um die Dancing Beggars Rocks vor der Landzunge zu Schaum auf, doch als wir das Zelt abbauten, nieselte es nur noch.

Moth sah auf die Karte.

»Das wird heute ein ziemlicher Schlauch. Meinst du, du schaffst das?«

»Ob *ich* es schaffe? Du bist doch derjenige, der krank ist. Aber das ist Wahnsinn, wir könnten auch nur einen Teil der Fährfahrten machen und einfach abwarten, bis wieder Geld kommt.«

»Aber dann ist es nächste Woche wieder dasselbe, wir trauen uns nicht, etwas zu essen, weil wir nicht abschätzen können, wie viel die Fähren kosten. Bringen wir's hinter uns, dann wissen wir, was Sache ist. Hinter Plymouth gibt es einen tollen Strand, wenn du willst, können wir dort eine Woche bleiben.«

»O ja, das will ich. Also, brechen wir jetzt auf?« Was war nur los? Er war kräftiger geworden, hatte mehr Energie, wirkte klarer. Aber ich wagte nicht, mir Hoffnungen zu machen; irgendwann war die Wanderung zu Ende, und erst dann würden wir sehen, wie gut es ihm wirklich ging.

Wir saßen im Röhricht zwischen der Hauptstraße und dem Naturschutzgebiet Slapton Ley, nur eine langgezogene Kiesbank trennte den zweieinhalb Kilometer langen Süßwassersee Slapton Ley vom Salzwasser des Ärmelkanals. Eine Informationstafel am Seeufer verwies auf die Möglichkeit, eine Vielzahl von Wildtieren zu beobachten, darunter Haubentaucher und Otter. Ein einzelner, räudig aussehender Reiher stand schwankend auf einem Bein, und in den Schilfkolben lärmten einige Spatzen, aber weit und breit keine Haubentaucher oder Otter. Vielleicht konzentrierte sich das Tierleben auf das andere Ufer, entfernt vom nicht abreißenden Verkehrsstrom auf der Hauptstraße, die über die Kiesbank führte.

In Beesands legten wir eine kurze Rast vor dem Pub ein und gönnten uns ein virtuelles Essen, während wir zusahen, wie ein junges Paar sein Menü verzehrte: eine üppige Fischplatte mit Salat, dazu Unmengen frisches, knuspriges Brot und zum krönenden Abschluss einen Dessert-Traum aus Sahne und Schokolade. Danach wanderten wir mit angehaltenem Atem auf dem immer schmaler werdenden Pfad, der auf einem Felssims über die Landzunge Start Point führte, doch dafür konnten wir, nachdem der Nieselregen nachgelassen hatte und der Abend klar wurde, bis zurück zur Isle of Portland blicken, oder bildeten es uns zumindest ein. Auf Prawle Point errichteten wir das Zelt windgeschützt in einer Kuhle und machten Reis und Thunfisch warm.

»Das Essen in diesem Pub hat mich echt angelacht.«

»Wahrscheinlich hättest du es gar nicht geschafft. Ich verspüre irgendwie überhaupt keinen Appetit mehr.«

»Ich eigentlich auch nicht, aber es sah einfach so lecker aus.«

***

Am nächsten Morgen hätte einem das Wasser im Mund zusammenlaufen können, denn ein ganzer Abschnitt der Küste schien nach dem Warenangebot einer Metzgerei benannt worden zu sein: Räucherschinken, Kochschinken, Schweinerüssel – Gammon Head, Ham Stone, Pig's Nose. Fähre.

Salcombe. Wir wanderten zügig durch die Stadt, vermieden tunlichst den Blick auf alles Essbare und umrundeten die felsige, exponierte Landzunge Bolt Head. Schließlich stellten wir das Zelt auf dem Bolt Tail auf und verfolgten die Lichter der Schiffe, die nach Plymouth hineinfuhren.

Die Hitze nahm zu, als wir die Fähre über die Mündung des Avon von Bantham nach Bigbury-on-Sea bestiegen. Der Duft, der von uns ausging, erinnerte an totes Tier. Während wir die kurze Strecke über die Flussmündung tuckerten, rückte die Familie, die schon vor uns in dem kleinen Holzboot gesessen hatte, immer weiter Richtung Fährmann. Bei der Ankunft am anderen Ufer saßen auch die anderen Passagiere so dicht beim Fährmann im Heck, dass sich der Bug aus dem Wasser hob. Wir unterbrachen unseren Fähren-Marathon, um ins Meer zu springen, meine ausgedörrte Haut saugte dankbar das kühle Wasser auf, und Schichten von Schmutz und Schweiß trieben mit der Flut davon. Wir schwammen im Kreis, ließen uns auf den sanften Wellen treiben, bis wir nur noch Ozon und Salz riechen konnten. Unsere schmutzigen Kleider weichten wir in einem Felstümpel ein und ließen uns derweil in der Sonne trocknen. Mein Haar, das sich den Winter über erholt hatte, war erneut zum Vogelnest mutiert, und meine Haut, die endlich ihre trockenen, aufgesprungenen Schichten abgestoßen hatte, nahm rasch wieder die Konsistenz von gegerbtem Leder an.

Als es am Nachmittag kühler wurde, brachen wir auf. Erfrischt, gestärkt, die nassen Kleider zum Trocknen außen am Rucksack befestigt. In der Dämmerung standen wir auf Beacon Point und sahen zu, wie die Sonne hinter dem hügeligen Horizont von Dartmoor versank, bevor wir zur Erme-Mündung hinabstiegen. Die Flut zog sich zurück, stand aber immer noch zu hoch, deshalb setzten wir uns unter die Bäume und aßen den letzten Reis. Es wurde dunkel, der Mond ging auf und glitzerte auf dem zurückweichenden Wasser. Wir hätten auch bis zum nächsten Vormittag warten und dann auf die andere Seite waten können, doch wir stiegen in das bis zum Oberschenkel reichende Wasser, tasteten uns vorsichtig im Mondschein voran. Irgendwo in den Bäumen am Ufer rief ein Waldkauz. Wir zelteten in einer Wiese jenseits des Waldes und lauschten dem Käuzchen, das am Ufer hin und her flog.

Der Morgen brachte immer wieder leichten Regen, der in der Brise wie weicher Musselin über mein Gesicht strich. Wir schüttelten das Zelt aus und rollten es zusammen, wohl wissend, dass es beim Auspacken völlig durchweicht sein würde. Unser Gespräch versiegte, jeder hing seinen eigenen Gedanken nach, und so wanderten wir schweigend durch den Nieselregen. Vor uns lag Plymouth, und es fühlte sich an wie eine Schwelle, ein gewaltiges urbanes Tor, hinter dem eine unbekannte Zukunft wartete. Westlich von Plymouth würden wir in nur wenigen Tagen Polruan erreichen, den Endpunkt unserer Wanderung. Die nächsten beiden Fahrten mit der Fähre waren zu einem Symbol für den letzten Abschnitt der Reise geworden. Der Küstenpfad hatte uns ein Gefühl der Sicherheit verliehen, die Gewissheit gegeben, dass wir am nächsten Tag und am übernächsten und am überübernächsten wieder das Zelt einpacken, einen Fuß vor den anderen setzen und weiterwandern würden. Ich hatte Angst und wusste, dass es Moth genauso erging, auch wenn er nichts sagte. Nicht nur vor einer ungewissen Zukunft an einem fremden Ort, unter Menschen, die wir noch nicht kannten, oder vor finanziellen Schwierigkeiten oder den praktischen Problemen, die ein Neuanfang mit sich bringt. Nein, da war eine viel größere, überwältigendere Furcht als das. Wie würde es Moth gehen, wenn wir das Wandern aufgaben, was für unsere Rückkehr in die normale Welt unabdingbar war? Diese Frage verfolgte uns wie ein Schwarm Möwen, der unseren Thunfisch gerochen hatte. Wir schlugen unser Lager oberhalb von Wembury auf, wollten noch nicht um die Kurve biegen, nach der Plymouth zu sehen sein würde.

Auf der Halbinsel Mount Batten standen eher alltägliche Dinge im Vordergrund, die üblichen Probleme unseres Wanderlebens. Sollten wir die Fähre hinüber zum historischen Hafenviertel Barbican für drei Pfund nehmen und dann von dort die lange Überfahrt nach Cawsand für acht Pfund machen oder die kurze Überfahrt zum Mount Edgcumbe für drei? Oder sollten wir das Geld lieber sparen und knapp zehn Kilometer durch die Innenstadt laufen, in der Hoffnung, den Fähranleger rechtzeitig vor der letzten Überfahrt zu erreichen? Cawsand lag näher an einer Landzunge, dort im offenen Gelände würde es einfacher sein, einen Zeltplatz zu finden, aber die Fahrt kostete mehr. Doch auch wenn die Alternative billiger war – bei einer abendlichen Wanderung durch den Mount Edgcumbe Country Park würden wir unweigerlich den dort patrouillierenden Parkwächtern des Damwildgeheges in die Arme laufen, und letztendlich würden wir wohl irgendwo im Finstern nach einem Fleckchen für das Zelt suchen müssen. Und falls wir, um Kosten zu sparen, zu Fuß zum Fähranleger im Barbican gingen und die letzte Fähre verpassten, mussten wir uns in der Innenstadt einen Schlafplatz suchen. Zu viele Entscheidungen. Wir hatten noch fünfzehn Pfund, eine Packung Nudeln und eine halbe Rolle Weingummis. Wir beschlossen, zum Barbican überzusetzen und von dort die Fähre zum Mount Edgcumbe zu nehmen. In der Zeit dazwischen wollten wir uns von den verbleibenden neun Pfund mit Lebensmitteln für die nächsten zwei Tage eindecken.

Wir verließen die Fähre und spazierten durch das wohlhabende Szeneviertel von Plymouth, fanden schließlich sogar einen Laden, in dem die Lebensmittel nicht schon gekocht auf einem Teller daherkamen, kauften ein, so viel wir konnten, und gingen zurück zum Fähranleger. Bis zur letzten Überfahrt war noch eine halbe Stunde Zeit. Wir gesellten uns zu den anderen Wartenden auf die Gangway und aßen Brötchen und Bananen. Die Fähre kam nicht. Die Leute in der Schlange wurden allmählich unruhig. Immer noch nichts. Endlich legte eine Fähre an, und alle bewegten sich geschlossen nach vorne, aber der Kapitän schob das Absperrgitter vor.

»Nein, ich fahre nicht zum Mount Edgcumbe. Vor morgen geht gar nichts mehr.«

»Aber was ist denn mit der anderen Fähre? Wir warten schon seit einer Stunde.«

»Ist auf eine Sandbank gelaufen. Hat sich wohl mit den Gezeiten verrechnet. Die sitzt für heute Abend fest.«

Die anderen aus der Schlange zerstreuten sich, grummelten etwas über lange Busfahrten und Taxigebühren, aber wir blieben auf der wackeligen Gangway stehen.

»Hm, das ist echt Scheiße.«

»Fudge-Riegel?« Moth ließ sich auf seinen Rucksack plumpsen.

»Also, was jetzt? Warum noch mal machen wir nie Pläne? Ach, genau, weil es immer so endet wie jetzt.« Ich verspürte einen Anflug von Panik; hier wollte ich nicht sein.

»Wie wär's mit einer Tour durch Plymouth? Haben ja nichts Besseres vor.«

»Ich hatte gehofft, wir würden nie in einer Stadt übernachten müssen. All die vielen Leute – da kann wer weiß was passieren.«

»Schauen wir uns einfach ein wenig um, damit schlagen wir schon mal ein paar Stunden tot.«

Wir verließen das reiche Barbican-Viertel mit seinen plappernden und lachenden Touristen und Feiernden, die sich anscheinend bereits zum Vorglühen etliche Drinks genehmigt hatten, und liefen ziellos durch die Straßen, landeten mitten in der Innenstadt, als die Straßenbeleuchtung eingeschaltet wurde. Am Einkaufszentrum vorbei, dann über das Gelände der Universität.

»Ab nächsten Monat gehe ich auf diese Uni, und jetzt spaziere ich hier rum und habe nicht mal genügend Geld für den Bus.«

»Dann bist du Student, da haben wir auch kein Geld für den Bus.«

Als die Dunkelheit hereinbrach, bereitete ein Obdachloser in einer Fußgängerunterführung sein Lager auf dem Betonboden, legte seinen Karton und seinen Schlafsack zurecht. Es war ein guter Schlafsack, ich fragte mich, wo er ihn wohl herhatte. Qualitativ hochwertiger als die, mit denen wir letztes

Jahr unterwegs gewesen waren, obwohl der Mann aussah, als würde er schon lange auf der Straße leben.

»Hast du ein bisschen Geld übrig, Kumpel? Ich hab heute noch nichts gegessen.«

»Ich hab keins, tut mir leid.« Ich merkte, wie Moth in Gedanken den Inhalt unseres Proviantbeutels durchging. »Ich könnte dir etwas Brot und eine Dose Thunfisch geben.«

»Danke, Kumpel, das ist verdammt nett von dir.«

Wir traten wieder hinaus ins Freie, ließen uns auf einer Bank am Gehweg nieder und sahen zu, wie die Menschen durch ihr Leben hetzten. Ein Mann setzte sich auf die Bank gegenüber und starrte uns an. Ich schaute weg, doch er starrte weiter. Er war Ende vierzig oder Ende fünfzig – es war schwer zu sagen; ein Leben auf der Straße lässt Menschen schneller altern, als wenn sie gemütlich auf dem Sofa vorm Fernseher sitzen. Die schmuddelige Cargohose, die ausgetretenen Turnschuhe und ein zerrissener Fleecepullover über einem Kapuzen-Sweatshirt verrieten ihn, aber die brandneue, trendige Carhartt-Baseballkappe passte nicht ins Bild und irritierte mich. Vielleicht machte er sich über uns ähnliche Gedanken.

»Ich werde nicht recht schlau aus euch. Was macht ihr hier?« Er stand auf, kam zu uns herüber und setzte sich neben uns. Mich beschlich ein mulmiges Gefühl, auch wenn ich nicht so recht sagen konnte, warum. War das eine irrationale Angst aus meinem früheren Leben, als ich selbst noch nicht obdachlos gewesen war? Oder lag es daran, dass wir in einer Großstadt waren, und mich jeder, der uns ansprach, nervös machte? »Seid ihr Wanderer? Ihr seht so aus, aber irgendwas an euch sagt mir, dass da mehr dahintersteckt.«

»Obdachlose Wanderer. Wir sind nur für diese Nacht hier.« Moth schien sich überhaupt nicht bedroht zu fühlen.

»Die wandernden Obdachlosen, das klingt doch gut. Heute Nacht werdet ihr jedenfalls nicht allein sein; es gibt hier in der Gegend einige von uns. Wo werdet ihr schlafen? Man muss vorsichtig sein, dass man den anderen nicht ihren Platz streitig macht. Manche sind da ein bisschen empfindlich. Ich bin Colin. Wie wär's mit einem Bier?«

»Wir haben kein Geld, sorry.«

»Nein, ich habe Bier, wollt ihr eins?«

Moth nahm die Dose, trank einen Schluck und reichte sie weiter.

»Hab ich auch nur, weil meine Tochter vorbeigekommen ist. Heute ist mein Geburtstag, sie hat mir die Bierdosen und die Kappe mitgebracht, lieb von ihr, wirklich lieb.«

»Du hast Familie und wohnst nicht bei ihr?«

»Nein, tja, ja, ich hatte alles, Frau, Kinder, Haus. Dann ist irgendwie alles kaputtgegangen. Jetzt bin ich ihnen nur noch peinlich.«

Schweigend saßen wir da. Was gab es dazu zu sagen? Er musste uns nicht erklären, wie leicht im Leben alles bergab gehen konnte. Ein jüngerer Mann kam den Gehweg entlang, eine Beanie tief ins Gesicht gezogen. Um seinen Körper schlotterte ein löchriger Parka.

»Oh, verdammt, es geht los, passt bloß auf, was ihr sagt. Tag, Dean, Alter, wie geht's?«

Dean wirkte großtuerisch, wie ein Halbstarker, aber seine dürre Gestalt und die eingefallenen Wangen verrieten, dass sein Leben ein Kampf war.

»Du trinkst schon, Mann, ohne mich?«

»Ja, na ja, ich hab Geburtstag. War ein Geschenk.«

Dean nahm die letzte Dose, eindeutig der Ansicht, dass sie ihm zustand.

»Mit Fremden trinken statt mit mir, das geht gar nicht. Wer zum Teufel seid ihr überhaupt?«

»Keine Sorge, Mann, sie sind obdachlose Wanderer, wollten gerade gehen, nicht wahr?«

»Mit Fremden trinken, Mann, was soll der Scheiß?«

Der Mann in der Unterführung faltete seinen Karton zusammen, klemmte ihn unter den Arm und verschwand im Tunnel. Deans Gesicht war nur Zentimeter von Colins entfernt, der uns mit Gesten bedeutete, abzuhauen.

»Verpisst euch, ihr beiden, ich frag mich, was ihr hier überhaupt wollt.«

Betont langsam entfernten wir uns, obwohl ich am liebsten gerannt wäre. Als wir ungefähr fünfzig Meter weit gekommen waren, fingen sie an, sich auf der Bank zu prügeln.

»Ich habe das Gefühl, es war unsere Schuld, und jetzt haben wir ihn im Stich gelassen.« Ich wollte nur weg, aber ich fühlte mich auch verantwortlich.

»Niemand hat Schuld. Man hat es an Colins Reaktion gemerkt. Wahrscheinlich ist es jeden Abend dasselbe.«

Unbeachtet von den Feiernden streiften wir durch die Stadt, hielten uns in der Hoffnung auf ein ruhiges Plätzchen Richtung The Hoe. Doch jede Seitenstraße und jede Bank schien bereits einen Bewohner zu haben. Entweder in einem Schlafsack oder zusammengerollt unter einer Decke oder einfach in Embryohaltung auf dem Boden zusammengekrümmt, um sich möglichst warm zu halten. Nach offiziellen Zahlen lebten im Herbst 2014 in Plymouth dreizehn Menschen auf der Straße. Wenn das stimmte, dann hatten wir sie alle und noch ein paar mehr in einer einzigen Nacht getroffen, genau wie in Newquay.

Auf der Wiese um den ehemaligen Leuchtturm Smeaton's Tower rollten wir im verstecktesten Winkel die Isomatten und Schlafsäcke aus. Wir wagten nicht, das Zelt aufzubauen, denn damit wären wir zu sehr aufgefallen. Es wurde nicht richtig dunkel, durch die Straßenbeleuchtung herrschte ein dauerhaftes Zwielicht. Ich fühlte mich verwundbar, wie auf dem Präsentierteller. Auf dem Coast Path war es mir nie so ergangen. Die wilde, raue Natur hatte mich nie nervös gemacht, aber hier, zwischen den vielen Menschen, verspürte ich zum ersten Mal in meinem Leben als Obdachlose Angst; jedes Geräusch, ob Schritte oder erhobene Stimmen oder eine zuknallende Autotür, löste einen Adrenalinstoß aus.

Als es hell wurde, packten wir die Schlafsäcke ein und setzten uns auf eine Bank, um Wasser zu kochen, froh, dass die Nacht vorüber war.

»Wie kann man nur so leben? Es ist unheimlich anstrengend.«

»Vermutlich ist es wie bei allem anderen, man gewöhnt sich dran.«

Während wir im Morgengrauen durch die leeren Straßen wanderten, schälten sich Körper aus Lumpenhaufen heraus und streckten sich dem Licht entgegen. Das Leben ging weiter, der Alltag nahm seinen Lauf.

Als wir an einem Geldautomaten vorbeikamen, überprüften wir den Kontostand. Wir wussten nicht genau, welches Datum wir hatten und ob Geld da sein würde oder nicht, daher waren wir erleichtert, dass wir dreißig Pfund abheben konnten. In einem Café, das schon so früh geöffnet hatte, setzten wir uns ans Fenster, teilten uns ein Würstchen-Sandwich und sahen zu, wie die Stadt erwachte. Zwischen den hippen Ladenbesitzern und Angestellten der Restaurants, die auf dem Weg zur Arbeit waren, schlurfte ein Mann die schmale Straße entlang, die Kapuze tief ins übel zugerichtete Gesicht gezogen. Moth kaufte ein zweites Sandwich, diesmal zum Mitnehmen.

»Colin«, rief er dem Mann auf der Straße hinterher, und der blieb stehen und drehte sich zögerlich um.

»Meine Güte, du bist es nur, Mann. Normalerweise bin ich nicht in dieser Gegend, aber ich musste Dean letzte Nacht aus dem Weg gehen. Der ist bis obenhin voll. Der Typ kann sich einfach nicht bremsen.«

»Wie geht es dir? Du siehst schlimm aus. Hier, ich hab dir ein Sandwich gekauft.«

»Was? Du hast mir ein Sandwich gekauft? O verdammt, danke. Ah, mit Würstchen, meine Lieblingssorte.«

»Wir müssen zur Fähre. Pass auf dich auf, Kumpel.«

»Passt ihr auch auf euch auf, ihr obdachlosen Wanderer. Vielleicht mache ich das eines Tages auch: gehe einfach wandern. Ja, eines Tages.«

21 SALZ IM BLUT

Das Zelt rüttelte und schwankte im starken Wind, der die Landzunge Penlee Point am Eingang zum Plymouth Sound peitschte. Unterhalb der Steinmauer der Queen Adelaide's Chapel traf uns der Sturm mit voller Wucht. Vielleicht hätten wir uns ein bisschen mehr Sorgen um die Haltbarkeit der mit Klebeband verstärkten Zeltstangen machen sollen, aber nach Plymouth waren wir einfach nur froh, wieder in der Wildnis zu sein. Devon lag hinter uns, wir waren in Cornwall und hatten die Ziellinie vor Augen: Polruan. Die Plane flatterte, und das Gestänge ächzte, als unser Blick einem riesigen, hell erleuchteten Schiff folgte, das aus der Bucht hinausfuhr, umgeben von einem gelben Lichtkreis. In einem anderen Leben waren wir Passagiere auf dieser Nachtfähre gewesen, auf dem Weg nach Santander in Nordspanien. Die Kinder waren noch klein, wir waren Anfang dreißig, und das Leben meinte es gut mit uns. Das Licht wurde schwächer, bis es schließlich ganz verschwunden war. Unser altes Leben war ebenso davongeglitten, und wir ließen es los, richteten unseren Blick hoffnungsvoll gen Westen.

Auf Rame Head stürmte der Wind von zwei Seiten vom Meer herauf, die Luftmassen vereinten sich über der Landzunge zu einer Art Irokesenschnitt, brachten die Möwen ins Trudeln und rissen sie davon. Weiße Wolkenbänder jagten über den Himmel, in den Lücken zeigten sich das blau schimmernde, gischtgekrönte Meer und die endlosen Sandbänke der Whitsand Bay. Unsere Wanderung würde nur noch wenige Tage dauern, jetzt war der richtige Zeitpunkt, um zur Ruhe zu kommen und in uns zu gehen; ein Moment der Besinnung, bevor wir ein neues Leben beginnen würden. Der mit Farn, Schlehengestrüpp und Ginster bewachsene Felshang fiel steil zum Meer hin ab, und über seine gesamte Länge verstreut gab es Holzhütten und Häuschen, die auf schmalen, aus den Hang gehauenen Geländestufen errichtet waren. Zwischen Weißdornbüschen kam uns ein alter Mann entgegen, und wir blieben stehen, um ihn auf die Bauten anzusprechen.

»Das ist ungewöhnlich, diese Häuschen, die hier überall verteilt sind. Wir sind den gesamten Küstenpfad abgewandert, aber so etwas haben wir noch nie gesehen.«

»Die Grundstücke wurden zwischen den beiden Weltkriegen vergeben. Der Besitzer, ein ortsansässiger Farmer, hat sie für einen symbolischen Betrag verpachtet, und die Leute haben einfach Fundamente aus dem Steilhang gehauen und Zelte und Hütten draufgestellt. Nach dem Zweiten Weltkrieg kamen noch mehr Menschen, die bei den Angriffen auf Plymouth ausgebombt worden waren. So hat es meine Familie hierher verschlagen, und sie ist geblieben, na ja, warum auch nicht? Die Häuser wurden von Generation zu Generation weitervererbt, und über die Jahre hat man sie erweitert und befestigt. Jetzt gehört das Land der Kommune. Sie wollte uns loswerden, aber wir haben uns ein Bleiberecht erstritten. Allerdings ist die Miete sehr viel höher geworden. Fast alles Ferienhäuser, wie überall sonst auch.«

Wir folgten dem sich durchs Dickicht schlängelnden Pfad hinunter zum Strand und setzten die Rucksäcke ab. Hinter uns ragte das Kliff in die Höhe, Richtung Westen dehnte sich eine schier endlose Sandfläche aus, und das zartblaue Meer brandete weiß schäumend gegen den Strand und schluckte jedes andere Geräusch. Mir fiel ein Zitat ein, das vermutlich von dem isländischen Autor Thorbergur Thordarson stammt: »Bei starker Brandung glich der Klang des Meeres einem fortwährenden Dröhnen, machtvoll, tief, düster, traurig, in allen nur erdenklichen Abstufungen, und am Höhepunkt der Flut spürte man dieses Dröhnen direkt unter den Füßen.« Er sprach von dem Meer um Island, ein Teil desselben Ozeans, der die nördliche Hemisphäre in ein fortwährendes, ohrenbetäubendes Dröhnen hüllt und die Erde unter meinen Füßen erzittern ließ.

»Oberhalb der Flutlinie werden wir schon etwas finden, im Westen sieht es ganz vielversprechend aus.«

Es war sinnlos, die Brandung übertönen zu wollen, und so liefen wir schweigend über die Sandbank. Dabei wanderten meine Gedanken zurück zu den Häuschen am Steilhang und den Bewohnern, die hierhergekommen waren, vom Krieg gebrochen, den Blick aufs Meer gerichtet, auf der Suche nach einem Platz zum Leben. Nur mit Brettern und Sägen bewaffnet hatten sie sich einen Unterschlupf gezimmert und ein neues Leben begonnen. Warum verstehen nur so wenige das Bedürfnis des Menschen nach einem Heim?

Bedarf es erst einer Krise, um die Misere der Obdachlosen zu begreifen? Müssen sie erst aus einem Kriegsgebiet fliehen, damit ihre Not anerkannt wird? Können wir als Gesellschaft nur auf hilfsbedürftige Menschen reagieren, wenn sie unserer Meinung nach diese Hilfe auch verdient haben? Wenn die Obdachlosen unseres eigenen Landes in einem Flüchtlingslager untergebracht oder in kaum seetüchtigen Booten übers Meer zu uns gekommen wären, würden wir sie mit offenen Armen aufnehmen? Nein, die einheimischen Obdachlosen entsprechen nicht diesem Bild; lieber glauben wir, sie seien eine Ausnahme und ihre Notlage sei selbstverschuldet. Doch über 280 000 Haushalte im Vereinigten Königreich geben an, kein Dach über dem Kopf zu haben, und die wenigsten von ihnen sind aufgrund von Drogen oder Alkohol in diese Lage geraten. Wenn sie sich – *wir alle uns* – zusammentun würden, Männer, Frauen und Kinder, würde man nicht immer nur einen einzelnen Menschen in einem Ladeneingang vor Augen haben. Wie würden wir dann wahrgenommen werden? Zweihundertachtzigtausend? Mehr? Weniger? Wie viele es tatsächlich sind, ist nicht bekannt. Flüchtlinge der westlichen Zivilisation, vom Leben abgeschnitten, in einem Boot treibend, das nur selten einen Hafen findet.

»Stell dir bloß mal vor, was wäre, wenn die Stadt Plymouth Colin ein Stück Land am Kliff gäbe.«

»Oder uns.«

»Ich würde eine Hütte auf einem Felsvorsprung bauen. Da könnte ich es aushalten.«

Es war schwer, die Flutlinie genau zu bestimmen; verschiedene Streifen von Strandgut zeugten davon, dass die See ungezügelt in diese Bucht krachte und sich erst zurückzog, wenn ihr die Kraft ausging. Wir kletterten auf einen kleinen Felsvorsprung und fanden im Gestrüpp eine relativ flache Stelle, wo wir das Zelt mit dem Eingang zum Ärmelkanal aufbauten und die frische Luft in unsere Lungen strömen ließen.

Als der Tag anbrach, gingen wir hinunter zum Strand und wanderten von einem Ende zum anderen. Bei Ebbe sammelten wir Seetang und kochten die schleimigen Stückchen mit den Nudeln, es schäumte und ergab eine glitschige grüne Masse. Man konnte nicht gerade von einem Geschmackserlebnis sprechen, daher hielten wir uns an den Blasentang, dünsteten ihn und aßen ihn zusammen mit Thunfisch und knorpeligen Napfschnecken, die wir von den Felsen pflückten und direkt in den Topf warfen. Gruppen von Austernfischern flitzten über den flachen Sand, ruckten rhythmisch mit den Köpfen, als würden sie auf ihren orangeroten Beinchen einen Line Dance aufführen. Wir schwammen in der Gischt der einsetzenden Flut, ließen uns auf den mächtigen Salzwasserwellen treiben, die womöglich schon an die Küsten von Island, Spanien und Amerika gebrandet waren, ein wildes Tosen, das Tausende von Kilometern gereist war oder vielleicht auch nur drei. Wir legten uns in den heißen Sand und ließen uns in der Sonne braten. Bekamen eine Salzkruste, wurden konserviert. Später, im Dunkel der grünen Kuppel, strich seine Hand über meinen Oberschenkel, und ich verspürte dasselbe prickelnde Verlangen, das seine Berührung schon immer bei mir ausgelöst hatte. Schweigen senkte sich herab, die Zeit schien stillzustehen; ich bewegte mich nicht, fürchtete, ein Begehren weiter anzufachen, das nicht erfüllt werden würde, oder eine Hoffnung zu verlieren, an die ich mich die ganze Zeit geklammert hatte. Er ließ seine Hand dort, heiß auf meiner kalten Haut, für einen, wie es schien, langen Moment, in dem eine unbeantwortete Frage zwischen uns hing.

Die Tage vergingen. Wolken zogen von Südwesten heran, Walzen aus weißen Haufenwolken, die landeinwärts wanderten. Winde kamen aus unterschiedlichen Richtungen: schwach und feucht von Westen; trocken und kühl von Osten; kälter von Nordwesten, einen Wechsel der Jahreszeiten ankündigend; dann wieder sanft von Süden, ein letztes Aufbäumen des Sommers. Die flachen Felsen, die weniger zerklüftet als ihre Nachbarn in der Bucht waren, reflektierten die Hitze. Auf ihnen trockneten wir unsere Kleider und stellten den Kocher auf, um Napfschnecken zuzubereiten. Wir probierten, Spiegelei darauf zu braten, doch es funktionierte nicht, und so kratzen wir es ab und aßen es als Rührei, aus dem wir Sand und Steinchen herausklauben mussten. Wir legten uns auf die Felsen und ließen unsere ledrige Haut bräunen. Unsere Körper, die noch vor vierzehn Monaten gebeugt und müde, weich und blass gewesen waren, waren jetzt schlank und braungebrannt und wieder so muskulös geworden, wie wir es nicht mehr für möglich gehalten hätten. Unser Haar war sonnengebleicht und fiel aus, unsere Nägel brachen ab, unsere Kleidung war fadenscheinig geworden, aber wir lebten. Wir saßen nicht einfach die ungefähr dreißigtausend Tage zwischen Geburt und Tod ab, sondern kosteten jede Minute aus, erkundeten die Zeit. Die Intensität der Hitze auf dem Felsen folgte dem Lauf der Sonne, die Rufe der Möwen veränderten sich mit Ebbe und Flut. Meine Hände waren runzlig geworden, und meine Oberschenkel waren nach den zurückgelegten Kilometern wohlgeformt, aber als er mich an sich zog und mit einem Hunger küsste, der keinen Zweifel kannte, mit einer Leidenschaft, die mich nicht enttäuschen würde, drehte sich das Rad der Zeit rückwärts. Ich wurde Millionen Minuten zurückversetzt, war wieder neunzehn, stand an der Bushaltestelle und wollte zu ihm, weil ich wusste, dass seine Eltern nicht zu Hause waren, ich war eine junge Mutter, die sich ein paar zärtliche Augenblicke mit ihm in einem begehbaren Kleiderschrank stahl, wir waren immer noch dieselben, waren jede vergangene Sekunde, die uns ausmachte. Wir waren alles, was wir sein wollten, und auch, was wir nicht sein wollten. Und wir waren frei, frei, all das zu sein, und dadurch umso stärker. Haut auf lange ersehnter Haut, das Leben konnte warten, die Zeit konnte warten, der Tod konnte warten. Jetzt zählte nur diese Sekunde, die eine Sekunde von Millionen, in der wir uns lebendig fühlten. Ich war heimgekehrt, meine Suche war zu Ende, er war mein Zuhause.

***

Die Tage vergingen. Wetterwände in grimmigem Dunkelviolett brachten peitschenden Regen von Westen; gegabelte Blitze tanzten auf dem Meer; Nieselregen zog von Süden heran, hüllte uns in einen weichen, feuchten Mantel, der sich aus einem undurchdringlich grauen Himmel herabsenkte. Die tiefschwarzen Nächte wurden von unzähligen Lichtpünktchen erhellt, ein funkelnder Sternschnuppenregen, die spätsommerlichen Perseiden, Meteorschauer aus einer anderen Welt. Wir fingen das Wasser auf, das nach dem Regen in einem breiten Rinnsal an der Felswand herabströmte, stillten unseren Durst, spülten das Salz aus unseren ausgedörrten Kehlen und von der ausgedörrten Haut. Fette schwarze Mistkäfer krabbelten durchs Gras, Bläulinge schwebten in der Luft, als die Sonne wiederkam und eine abgeschwächte, sanftere Wärme brachte als zuvor. Damit Moth immer in Bewegung blieb, wanderten und schwammen wir jeden Tag, aber wir spürten auch eine innere Ruhe. Stark und gleichzeitig in uns ruhend, Halt findend am Rande des Ozeans, aus der Zeit gefallen und doch näher an ihrem Puls als jemals zuvor. Zweimal am Tag kam ein Mann vorbei, der seinen Hund ausführte, und spähte vom Weg oberhalb zu uns herunter. Nun hatten wir schon über eine Woche hier verbracht, unsere Lebensmittelvorräte waren zur Neige gegangen, die Napfschnecken hatten ihren Reiz verloren, und es war Zeit zum Aufbruch.

Der Küstenpfad verlief in sanften Windungen auf und neben der Straße, bis wir den Betonweg um Tregantle Fort erreichten. Im 19. Jahrhundert erbaut, um die Franzosen von möglichen Angriffen abzuschrecken, diente es während des Zweiten Weltkriegs als Schulungsgelände, wo Soldaten auf den Umgang mit Gasangriffen vorbereitet wurden. Tief atmeten wir im Weitergehen die saubere, reine Luft ein, froh, nicht in dieser Zeit gelebt zu haben. Hinter dem Weiler Portwrinkle wurden die Klippen zerklüfteter, steiler und rauer – kornischer – und waren mit dichtem Gestrüpp bewachsen. Wir kämpften uns durch den Ginster und kletterten über einen zerfallenen Zaun, als der Wind auffrischte und sich düstere Regenwolken zusammenballten. Ausgerechnet auf dem höchsten, exponiertesten Punkt der Steilküste fanden wir eine relativ ebene, grasbewachsene Stelle. Wenn der Wind aus allen Richtungen gleichzeitig kommt, wird der Zeltaufbau zur Herausforderung. Wir schmiegten uns aneinander und hofften das Beste, während Orkanböen den Regen gegen unser Zelt peitschten, an der dünnen Kunststoffplane und dem notdürftig verpflasterten Gestänge rissen und mit einem wilden, ohrenbetäubenden Heulen gegen eine Seite des Zeltes drückten. Hellwach lagen wir da und rechneten jeden Moment damit, dass die Stangen brechen würden, die sich beängstigend stark bogen. Aber sie hielten stand. In der Morgendämmerung flaute der Wind ab, und wir schliefen, bis die Sonne gleißend durch die rasch dahinjagenden Wolken brach. Das Zelt hatte dem Sturm getrotzt, es war etwas ramponiert und verbogen, aber immer noch heil.

Buchten in Grün, Blau und Schwarz zogen an uns vorbei, die Farben Cornwalls, als Kontrast dazu stets die weiß schäumende Brandung, die an den Fuß der dunklen Klippen schlug. Das Ende war so nahe, wir konnten es beinahe sehen. Bald würden wir wieder auf Pencarrow Head stehen, und dann würden wir uns als Nächstes nach einer Studentenunterkunft umsehen müssen, in der Hoffnung, dass das zugesagte Studiendarlehen unsere mangelnde Kreditwürdigkeit ausgleichen würde. Aber wenn nicht, was dann?

Der Pfad führte hinab nach Looe, einem Fischerdorf, das der gleichnamige Fluss in zwei Hälften zerschneidet. Touristen drängten sich in den engen Straßen. Wir quetschten uns ungelenk zwischen ganzen Busladungen älterer Damen hindurch, vorbei an Kindern, die ihrem heruntergefallenen Eis nachweinten. In dem Versuch, den Massen zu entkommen, bogen wir in eine schmale Straße ein, die sich als Sackgasse entpuppte. An ihrem Ende befand sich ein winziges Café mit drei Tischen. Die rothaarige polnische Kellnerin brachte uns eine Portion Tee mit zwei Tassen.

»Das sind aber sehr große Rucksäcke für Leute in Ihrem Alter. Wo wollen Sie denn hin?«

»Richtung Westen auf dem Küstenpfad.«

»Und wo kommen Sie her? Hier ziehen eine Menge Wanderer durch. Normalerweise starten sie in Seaton. Sie auch?«

Moth sah mich mit hochgezogenen Augenbrauen an. Meinte sie das Seaton sechs Kilometer östlich von hier oder eines der vielen anderen Seatons entlang der Südküste? Wir brachten allmählich alle durcheinander.

»Nein, Poole in Dorset.«

»Aber das ist ja eine andere Grafschaft.«

»Das stimmt, und dazwischen liegt noch Devon.«

»Und wo übernachten Sie, in Gästehäusern?«

»Nein, im Zelt, wir campen wild.«

»Wow, so was habe ich ja noch nie gehört. Und Sie sind die ganze Strecke zu Fuß gegangen, in Ihrem Alter. Das muss ich meiner Freundin erzählen – sie sagt immer, sie würde gern etwas Abenteuerliches unternehmen, wenn sie das Geld dafür hätte. Ich werde ihr von Ihnen erzählen. Alte Leute, die einfach loswandern und im Zelt übernachten, das ist doch inspirierend.«

»*So* alt sind wir nun auch wieder nicht.«

Wir verließen das Dorf, schmutzig, in zerschlissenen Kleidern, aber irgendwie beschwingt. Inspirierend? Was für ein herzerwärmender Gedanke. Eine junge Frau winkte uns vom Gehsteig gegenüber zu und rannte über die Straße, ihr rotes Haar wehte im Wind.

»Meine Freundin hat mich angerufen. Sie meinte, ich solle rasch rauslaufen und nach den alten Leuten mit den großen Rucksäcken Ausschau halten. Übernachten Sie wirklich im Zelt? Wie weit sind Sie schon gewandert?« Offensichtlich hatte sie sich mit ihrer Freundin vom Café eine Packung Haarfärbemittel geteilt.

»Hierher von Poole aus, aber letztes Jahr von Minehead bis Polruan. In ein oder zwei Tagen haben wir den gesamten Küstenpfad geschafft.«

»Den gesamten Küstenpfad? Wie lang ist der denn?«

»Knapp eintausendvierzehn Kilometer, allerdings haben wir ungefähr sechzig davon ausgelassen. Irgendwann werden wir wiederkommen und die Abschnitte nachholen, die wir verpasst haben, allerdings nicht mehr dieses Jahr.«

»Das ist fantastisch. Ich würde gern auch so etwas Besonderes machen, etwas, das mein Leben verändert, aber es jagt mir auch Angst ein, das hält mich ab.«

»Angst? Sie sind in ein fremdes Land gegangen, um dort zu arbeiten – wie kann im Vergleich dazu eine Wanderung beängstigend sein?«

»Wir sind eine ganze Gruppe, wollten einfach ein Auslandsjahr einlegen. Nein, was Sie machen, ist eine Expedition, ein Abenteuer, eine Prüfung. Genau das will ich auch, ich möchte wissen, was in mir steckt. Die Jobs während des Auslandsjahrs haben mir nicht das gegeben, was ich brauche. Ich brauche irgendwas … irgendwas für mein Inneres.«

»Dann machen Sie's einfach. Wenn Sie das Gefühl haben, da brennt eine Frage in Ihnen, dann sollten Sie nach einer Antwort suchen. Machen Sie es, bevor Sie wieder nach Hause fahren.«

»Ja, ganz bestimmt, und ich werde dabei an Sie denken.«

Der Coast Path führte steil bergauf, eine endlose Abfolge von Stufen mit grandiosen Ausblicken auf ganz viel Blau, bis zurück zur Portnadler Bay und nach St George's Island und darüber hinaus. Völlig außer Atem saßen wir auf dem höchsten Punkt.

»Werden wir wirklich alt? Wie oft haben das Leute inzwischen zu uns gesagt?« Ich versuchte, mein Haar mit den Fingern zu kämmen, aber es war hoffnungslos verfilzt.

»Na ja, wir sind halt nicht mehr jung, oder? Ich brauche jetzt ein Sauerstoffzelt.«

»Du weißt, was ich meine.«

»Und wenn schon, dann sind wir eben alt. Wen kümmert's? Es ist ja nicht so, als hätten wir das Leben nicht ausgekostet. Überhaupt, was war denn das für ein Quatsch, von wegen ›die Frage, die in einem brennt, beantworten‹?«

»Das ist kein Quatsch. Ohne die Wanderung hätten wir vieles nicht gelernt, hätten wir niemals entdeckt, was noch alles an Fähigkeiten in uns schlummert und wie widerstandsfähig wir sind. Nimm zum Beispiel die Sache mit dem Gerichtsverfahren. Wenn wir nicht versucht hätten, uns selbst zu verteidigen, hätten wir uns später immer Vorwürfe gemacht. Ja, wir haben verloren – aber zumindest haben wir einen Beweis für die Wahrheit gefunden, und auch wenn wir das Ganze nicht verhindern konnten, haben wir doch alles in unserer Macht stehende getan und müssen nichts bereuen. Wenn wir das mit der Wanderung nicht gemacht hätten, hätten wir auf eine Sozialwohnung warten müssen, uns verkrochen und irgendwann aufgegeben. Wer weiß, in welch schlechter Verfassung du jetzt vielleicht wärst? Wir wären verbittert und wütend und würden immer ›hätten wir doch nur‹ vor uns hin brabbeln. Oder wir hätten uns auch einfach gehenlassen können und wären auf der Straße gelandet, allein und verloren wie Colin. Die meisten Menschen gehen durch ihr Leben, ohne diese wichtigen Fragen zu beantworten: Wer bin ich, und was steckt in mir? Die großen Fragen. Was für eine Verschwendung.«

»Schon gut, Yoda, ich hab nur einen Scherz gemacht.«

»Was meinst du, würden mir rote Haare stehen?«

»Bitte nicht.«

***

Gemächlich überquerten wir die Landzunge; es war Nachmittag, und ein kühler Hauch lag in der Luft. Nicht feucht wie bei aufziehendem Regen, sondern die angenehme, erfrischende Kühle Ende August, wenn die heißen Tage vorüber sind und es nach taufeuchten Nächten und verhangenen Morgen riecht. Das Ende des Trails lag vor uns, war nur noch einen Tag entfernt. In knapp drei Wochen würde Moth sein Studium beginnen; wir würden ein WG-Zimmer suchen müssen, obwohl mir beim Gedanken an ein Zimmer in einem Haus voller Teenager nicht ganz wohl war. Das hatte ich schon hinter mir, und Gott sei Dank waren diese Teenager inzwischen erwachsen. Die einzige Alternative war die Hoffnung auf einen Dauerstellplatz auf einem Campingplatz, dessen Sanitäranlagen auch im Winter geöffnet waren. Ich versuchte, nicht daran zu denken, sondern zog stattdessen Paddy Dillons Reiseführer heraus und strich über den vertrauten, tröstlichen Kunststoffeinband. Der Abschnitt zwischen Minehead und Polruan wurde von einem Haargummi zusammengehalten, ebenso Poole bis Looe, und es blieben nur noch zwei lose, nicht erwanderte Blätter. Schon bald würden sämtliche Seiten von *The South West Coast Path: From Minehead to South Haven Point* in einem ausgefransten schwarzen Gummiband stecken; dann gab es nur noch einen Weg – den in die Zukunft, wie immer sie auch aussehen mochte.

Stufen führten in die kleine Bucht Talland Bay hinab, wie immer steil und erbarmungslos; der Pfad wand sich zwischen den Bänken eines Cafés am Rande eines Feriendorfs hindurch. Wir setzten die Rucksäcke ab und tauchten wieder einmal Teebeutel in eine Kanne mit heißem Wasser.

»Mist, der Wagen will schon wieder nicht anspringen.«

Eine kleine, zierliche Frau mit einem starken nordenglischen Akzent setzte sich auf die Bank neben uns. »Er kommt gerade erst aus der Werkstatt und ist schon wieder kaputt – wie immer, wenn man sich in einem Niemandsland wie diesem hier befindet. Oh, Entschuldigung, Sie gehören nicht zur Wohnmobilfraktion, oder?«

»Nein, wir wandern auf dem Küstenpfad.«

»Oh, der Küstenpfad, ich habe nicht auf die Rucksäcke geachtet. Die Tage werden bald kürzer – wo gehen Sie dann hin? Bald nach Hause, würde ich meinen, in dieser Jahreszeit machen Sie doch nicht den ganzen Pfad, oder?«

»Einfach Richtung Westen. Wir haben kein Zuhause, in das wir zurückkehren könnten.« Inzwischen gab Moth nicht länger vor, wir hätten unser Haus verkauft, sondern sagte jedem, der fragte, die Wahrheit und amüsierte sich über die Reaktionen. Ich zurrte die Riemen an meinem Rucksack fest und machte mich zum Aufbruch bereit, denn das war der übliche Ablauf, nachdem Moth den Leuten erzählt hatte, dass wir obdachlos waren und wild campten. Normalerweise trat daraufhin unbehagliches Schweigen ein, und wir verabschiedeten uns.

»Sie sind wirklich obdachlos?«

»Ja, so ist das.« Ich schulterte meinen Rucksack und wollte gehen.

Erstaunlicherweise zuckte die Frau nicht mit der Wimper.

»Kommen Sie mit ins Café – hier draußen ist es recht kühl. Ich hole uns Kaffee, und Sie können mir mehr über Ihre Wanderung erzählen.«

»Was ist mit Ihrem Wagen?«

»Ich habe das verdammte Ding satt. Ich nehme mir jetzt ein Taxi.«

Im Café war es heimelig warm, es roch nach Seetang und süßer Chilisauce, und durch die breiten Fenster hatte man einen Ausblick auf das Meer und den mit Blasentang übersäten Strand. Bei heißem Kaffee spann Moth eine Geschichte von goldenen Sommern, wechselndem Wetter und zwei Menschen, die in einem Zelt in der freien Natur lebten. Erzählte von einem schmalen Pfad, Seite an Seite mit dem hektischen Treiben der Welt, und doch getrennt davon, als würde er sich in einer anderen Dimension befinden. Die Frau, Anna, hing gebannt an seinen Lippen, fasziniert von seinen Geschichten, hingerissen, wie Leute es immer von ihm sind. Genauso gut hätte er aus dem *Beowulf* vorlesen können.

»Aber jetzt ist der Sommer vorbei, wo werden Sie hingehen?«

»Wir beenden die Wanderung. Ich besuche ab nächsten Monat die Uni, also müssen wir eine Unterkunft finden.«

»Wie, als Student? In Ihrem Alter?«

»Ich bin ein Spätzünder, ich weiß, aber es wird hoffentlich ein Neuanfang.«

»Bekommen ältere Menschen Studiendarlehen?«

»Ja, allerdings könnte ich sterben, bevor ich es zurückgezahlt habe.«

Anna saß einen Moment schweigend da, sah von Moth zu mir und wieder zu Moth.

»Hören Sie, ich habe eine Wohnung in Polruan. Meine Mieter ziehen morgen aus, und ich habe noch keine Anzeige aufgegeben, ich wollte die Fotos erst nach ihrem Auszug machen.« Neben mir wurde Moth ganz still. »Sie könnten einziehen. Falls Sie wollen. Es wäre perfekt für Sie: Der Coast Path führt direkt am Haus vorbei.«

War das gerade real, passierte es tatsächlich? Ruhig bleiben, weiteratmen.

»Sie würden uns als Mieter akzeptieren, obwohl wir Ihnen gerade unsere Situation geschildert haben?«

»Ja, natürlich. Wenn Sie Student sind und ein Darlehen oder ein Stipendium oder so etwas bekommen, reicht das sicher aus, um die Miete zu decken. Es ist nur eine kleine Wohnung, nichts Besonderes.«

»Sie meinen das wirklich ernst?«

»Ja.« Anna lachte. »Ich mag Sie, also warum nicht?« Als ihr Taxi kam, winkte sie zum Abschied. »Bis morgen Abend.«

Wir umklammerten die Serviette mit der Adresse darauf. Unserer Adresse.

Der Schock, wenn etwas klappt, ist fast genauso groß wie der, wenn etwas misslingt. Wir starrten uns an, wussten nichts zu sagen, als fürchteten wir, damit den Bann zu brechen und festzustellen, dass alles nur ein Traum gewesen war. Dann rannten wir aus dem Café und hüpften jubelnd durch den Tang. Der junge Cafébesitzer aus Costa Rica kam zu uns heraus, und zu dritt tanzten wir im Kreis herum wie Kinder.

»Warum tanzen wir überhaupt?«

»Weil wir ein Dach überm Kopf haben.«

»Ist das was Gutes?«

»Das ist das Beste.«

»Dann sollten wir noch ein bisschen mehr tanzen.«

***

Als wir in Polperro an einem Pub vorbeikamen, gingen drin gerade die Lichter an. Normalerweise wären wir daran vorbeimarschiert, aber heute Abend eilten wir schnurstracks hinein und bestellten zwei Bier, für jeden eins. Wir hatten die Mietkaution und eine Monatsmiete auf dem Konto. Wir hatten Nudeln im Gepäck und würden in den nächsten Wochen ein Studiendarlehen bekommen. Und wir würden ein Dach über dem Kopf haben. Konnte das Leben schöner sein?

Ein allerletztes Mal stellten wir das Zelt im Gebüsch auf einem Kliff auf, mit Blick auf den Ärmelkanal. Richtung Osten verschwand die Küste in der Dunkelheit. Ich konnte sie nicht sehen, aber ihre Gegenwart spüren. Unsere lange Reise war fast zu Ende, die Vergangenheit, die wir mitgeschleppt hatten, hatten wir unterwegs abgestreift. Der kühle, feuchte Wind strich mir übers Gesicht, und ich wusste, dass ich mich endlich abwenden und Richtung Westen blicken konnte, in eine Zukunft, die weniger als eine Tageswanderung entfernt lag.

»Es kann kein Zufall sein, dass wir dort wohnen werden, wo unsere Wanderung endet. Nicht nur jetzt, sondern auch letztes Jahr. Das muss Schicksal sein.«

»Du hast recht – es ist seltsam. Aber ich glaube trotzdem, dass es Zufall ist.«

Zum letzten Mal schlossen wir die Zeltklappe zum Schutz gegen den Südwind. Ich war ganz aufgekratzt, weil unser Leben als Obdachlose auf einmal so unerwartet zu Ende sein sollte, aber was würde sein, wenn ich aufwachte und nicht meinen Rucksack schulterte, um wieder einen Tag auf den Klippen zu wandern? Was würde ich sein, wer würde ich sein? Ich hatte keine Ahnung, aber es war gut so; die Vergangenheit war auf der hinter uns liegenden Landzunge geblieben, und ich ließ sie leichten Herzens dort zurück. Endlich konnte ich hoffnungsvoll in die Zukunft blicken.

***

Bei hellem Sonnenschein packten wir das Zelt zusammen, klappten vorsichtig die reparierten Stangen ein, blätterten die letzte Seite in Paddys Reiseführer um und schoben sie unter das Haargummi. Es gab keine losen Seiten mehr. Zum krönenden Abschluss führten uns noch einmal steile An- und Abstiege über Hügel und durch Talmulden und Buchten. Ein weiß gestrichener Flurstein wies hinunter auf eine perfekte, kurzgeschorene Grasfläche. Der ideale Platz, nach dem wir immer gegen sieben Uhr abends Ausschau gehalten hatten, aber wie üblich fanden wir ihn mittags.

Keine Menschenseele in Sicht außer einem Mann an der grasbewachsenen Felskante. Er war gekleidet wie zu einer Safari in den Fünfzigerjahren; steinfarbene Bermudashorts mit passender Weste, dazu ein breitkrempiger Hut. Er stand da und schaute hinaus aufs Meer, die linke Hand in der Hosentasche, in der rechten ausgestreckten Hand eine Leine, an der, wie es schien, ein großer Stein hing. Von Zeit zu Zeit ging er einen Schritt weiter, und der Stein folgte ihm durch das vom Wind kurzgehaltene Gras. Wir sahen ihm zehn Minuten lang zu, in denen er sich drei Meter mit kleinen Schritten vorwärtsbewegte.

»Ich kann mir nicht helfen, ich muss einfach nachschauen, was er da macht.«

Als wir näher kamen, erkannten wir, dass es sich nicht um einen Stein handelte.

»Hallo. Was für ein schöner Tag, um Ihre Schildkröte auszuführen.« Seit der Begegnung in dem Wäldchen am zweiten Tag unserer Wanderung von Minehead war über ein Jahr vergangen; schon lange hatten wir nichts mehr auf die Prophezeiung gegeben, dass wir »mit einer Schildkröte wandern« würden. Und doch, hier war sie, an einer für sie umgearbeiteten Hundeleine, am Ende unserer Reise. Eine Schildkröte, die Gras und Kräuter abrupfte und sich ganz gemächlich weiterbewegte.

»Salat.«

»Bitte?«

»Ihr Name ist Salat.«

Wir gingen alle einen Schritt weiter.

»Was machen Sie hier oben mit ihr?«

Der Mann warf erst einen Blick auf die Leine in seiner Hand und dann auf uns, als hätten wir eine dumme Frage gestellt, als wäre das, was er da tat, das Normalste der Welt.

»Ich führe sie spazieren.«

»Spazieren? Das mag sie wohl gerne? Aber brauchen Sie denn wirklich eine Leine? Sie wird doch kaum wegrennen.«

Gemeinsam machten wir wieder einen Schritt.

»Lassen Sie sich von ihr nicht täuschen, sie wirkt langsam, aber ich brauche nur den Kopf zu drehen, und zack, ist sie weg. Dann muss ich Salat auslegen und geduldig warten, irgendwann riecht sie ihn und kommt, allerdings oft erst nach Stunden.« Er hob die Klappe seiner Tasche und zeigte uns die kostbaren Salatblättchen darin.

»Darum nennen Sie sie Salat. Wäre es nicht einfacher, sie im Garten zu halten?«

Der Mann verdrehte die Augen, während wir erneut einen Schritt weitergingen.

»Das kann man doch nicht machen. Sie muss raus und sich die Beine vertreten. Ich darf sie nicht einsperren, sie ist ein Wildtier. Ich bringe sie jeden Tag hierher.«

»Okay.«

Wir waren bereits auf die nächste Landzunge geklettert, bevor einer von uns etwas zu sagen wagte.

»Was?«

»Jetzt behaupte bloß nicht, dass das auch ein Zufall ist.«

Als wir aufgehört hatten zu lachen und uns umdrehten, lag die Lantivet Bay unter uns, und dahinter grüßte der vertraute Anblick von Pencarrow Head. Bedächtig setzten wir einen Fuß vor den anderen, blieben alle paar Minuten stehen, um uns umzusehen, waren aufgeregt, weil das Ende der Wanderung nahte, und hätten es doch gerne noch hinausgezögert. Heute Nacht, nicht in irgendeiner weit entfernten Nacht in einer möglichen Zukunft, sondern heute Nacht würden wir auf dem Boden einer fremden Wohnung unsere Rucksäcke absetzen und die Schlafsäcke ausrollen. In den nächsten Wochen würden wir einen Großteil unserer verbliebenen Besitztümer verkaufen, um einen Umzugswagen zu mieten, mit dem wir das Wenige, was wir brauchten, nach Polruan schafften. Moth würde ein Studium beginnen, ohne große Hoffnung, seinen Abschluss noch zu erleben. Ich würde mir einen Job suchen und schreiben. Und mir nichts, dir nichts, nach all der Trauer und den Schmerzen und der Angst, würden wir wieder so glücklich sein wie mit zwanzig.

Als wir es nicht länger hinauszögern konnten, überquerten wir Pencarrow Head. Unsere Wanderung als Obdachlose war zu Ende. Wir setzten uns auf eine Bank mit Ausblick über die Lantic Bay, die Rucksäcke aneinandergelehnt, und teilten uns die letzte Tüte Weingummis. In der Nähe kreiste der Wanderfalke, folgte dem Rand des Kliffs bis hinunter zur Bucht, bevor er sich wieder in die Lüfte erhob und verschwand.

Eine Gestalt trat aus dem Ginster, sie trug denselben Mantel wie vor einem Jahr, stützte sich auf denselben Stock.

»Seit einer Woche is' sie zurück. Letztes Jahr is' sie am selben Tag weggezogen wie Sie. Ich wusste, dass Sie kommen würden, hab allen erzählt, dass Sie kommen würden, dass der Falke Sie zurückbringen würde. Das is' ein Zeichen, nich' wahr?«

Langsam machte er sich auf den Weg zur Straße. Die Sonne sank, und in den Niederungen breitete sich Nebel aus.

Wir hatten nicht die Zeit gehabt, den Schock über die vergangenen Ereignisse erst einmal in aller Ruhe zu verarbeiten und dann – wie in jeder guten Geschichte über die Heilkraft der Natur –, in die Wildnis zu gehen, um einen Weg zurück ins Leben zu finden. Wie eine Flutwelle war die Katastrophe über uns hereingebrochen und hätte uns davongespült, wäre nicht der Küstenpfad unser Rettungsanker geworden. Unsere Reise hatte uns gefühlstaub werden lassen, unsere Kraft aufgezehrt und unseren Willen gebrochen. Doch dann waren wir wie die windgebeugten Bäume entlang des Pfades von den Elementen neu geformt worden; in dieser neuen Gestalt würden wir den Stürmen trotzen, die über das verheißungsvoll schimmernde Meer auf uns zukommen würden. Ich musste an uns als Teenager denken, zu einer Einheit verschmolzen, an eine Leidenschaft, die mein ganzes Leben lang nicht abgeflaut war, an den strömenden Regen und die glühende Sonne, an einen Wanderfalken, der wild und frei in der Thermik über dem Rand der Klippen segelte, und an zwei Moleküle, zusammengehalten durch eine elektrische Spannung, die stark genug gewesen war, eine mächtige Verbindung zu schaffen, eine Verbindung, die vielleicht bald zerbrechen würde. Am Ende verstand ich, was die Obdachlosigkeit für mich getan hatte. Sie hatte mir alle materiellen Dinge genommen und mir nur das nackte Leben gelassen, mich in eine leere Seite in einem noch nicht zu Ende geschriebenen

Buch verwandelt. Und sie hatte mich vor die Wahl gestellt, diese Seite entweder leer zu lassen oder der Geschichte eine hoffnungsvolle Wendung zu geben. Ich wählte die Hoffnung.

Ich hatte keine Ahnung, was die Zukunft bringen und wie unsere wilden, freien Monate auf dem Coast Path sie prägen würden. Ich wusste nur, dass wir den leicht salzigen Brombeeren glichen, die in den letzten warmen Sonnenstrahlen des Sommers genau die richtige Süße bekamen, und dieser perfekte Moment war alles, was wir brauchten.

DANKSAGUNG

Ein riesiges Dankeschön an zwei wunderbare Menschen: meine sagenhafte Agentin Jennifer Christie von Graham Maw Christie und meine äußerst fähige Redakteurin Fiona Crosby von Michael Joseph. Mein Dank gilt auch Jane Graham Maw für ihre Hilfe und ihre Gastfreundschaft, Richenda Todd für ihr sorgfältiges Lektorat und Angela Harding, die mit künstlerischem Geschick das wunderbare Cover der Erstausgabe geschaffen hat.

Wir werden all jenen immer dankbar sein, die uns während unserer Zeit als Couch-Surfer mit Geduld und Großmut ertragen haben: Adi und Cara, Sue und Steve, Janette und natürlich Polly. Ich möchte mich bei euch allen entschuldigen – dafür, dass wir zu lange das Badezimmer besetzten und alle eure Teebeutel verbraucht haben.

Auf unserer Wanderung sind wir vielen hilfsbereiten, interessanten und rücksichtsvollen Menschen begegnet, die wir aus den Augen verloren haben, aber sie wissen, wer gemeint ist. Ein besonderes Dankeschön an Dave und Julie für ihre treue Freundschaft, und an Anna, die uns das gegeben hat, was wir am meisten brauchten – ein Dach über dem Kopf. Außerdem haben wir auf dem Küstenpfad einen Freund gefunden, ohne den wir die Wanderung niemals durchgestanden hätten. Sein Weitblick, seine klugen Ratschläge und sein Urteilsvermögen machten unmögliche Tage möglich und halfen uns durch schwierige Situationen. Ohne den Freund in unserer Tasche, Paddy Dillon, wären wir wahrscheinlich nicht ans Ziel gekommen. Bei der Arbeit an diesem Buch fand ich heraus, dass er im echten Leben genauso begeisterungsfähig und verlässlich ist wie in seinen Büchern.

Aber vor allem gilt mein liebevoller Dank meinen Kindern Tom und Rowan; danke, dass ihr daran geglaubt habt, dass ich über tausend Kilometer zurücklegen und ein Buch schreiben könnte, als ich selbst noch an mir zweifelte. Und dann natürlich Moth. Liebenswürdiger, beharrlicher, inspirierender Moth. Die Liebe meines Lebens. Danke.

NACHWORT

DER SALZPFAD – VOM BUCH ZUM FILM

Es kommt ziemlich häufig vor, dass sich Menschen an eine traumatische Zeit in ihrem Leben in der dritten Person erinnern, so als würde es sich bei dem Geschehen um eine Szene aus einem Film und nicht um ihre eigenen Erfahrungen handeln. Eher selten ist allerdings, dass daraus tatsächlich ein Film entsteht. Auf einer Kinoleinwand zu verfolgen, wie Moth und ich zwangsgeräumt werden, bei Moth eine unheilbare Krankheit diagnostiziert wird und wir beide dann den South West Coast Path gehen, gleicht einer außerkörperlichen Erfahrung. Soll die Frau, die Gillian Anderson spielt, mit dem windzerzausten Haar und dem sonnenverbrannten Gesicht, wirklich ich sein? Oder ist das Ganze nur eine Sinnestäuschung? Wahrscheinlich eher Letzteres.

Ich hatte den *Salzpfad* für Moth geschrieben, um die Zeit festzuhalten, in der wir in der freien Natur gelebt und wild auf Landzungen und Stränden gecampt hatten. Da seine Krankheit fortschritt und ihm seine Erinnerungen entglitten, wollte ich einen Beleg dafür schaffen, welch unglaublich kraftspendende Erfahrung diese 630-Meilen-Wanderung für uns war. Als ich die Seiten zu Hause ausdruckte, mit einer Schnur zusammenband und Moth zu seinem Geburtstag überreichte, waren sie einfach nur das: ein Geschenk für ihn. Niemals hätte ich damit gerechnet, dass einmal Jason Isaacs auf der Arbeitsplatte in unserer Küche sitzen und Scones essen würde, die ich an diesem Morgen so hastig in den Ofen geschoben hatte, dass ich ein paar Zutaten vergaß, und dann noch hastiger herausgeholt hatte, als es verbrannt zu riechen begann.

Meine erste Begegnung mit Rebecca Lenkiewicz, der preisgekrönten Drehbuchautorin, die das Buch für den Film adaptiert hat, fand 2022 statt. Damals wurde mir klar, wie langwierig es ist, ein Buch mit gut 400 Seiten zu zwei Stunden Film zu verdichten. In zahlreichen Fassungen wurden meine Worte umgeformt und in ein Skript verwandelt, und ich wurde Zeugin, wie unsere Erfahrung, der Witterung und Hunger ausgesetzt zu sein, unsere Verzweiflung und unsere Freude eine neue Gestalt annahmen. Wie Jason sagte, während er höflich seinen angebrannten Scone aß: »Wenn ein Buch verfilmt wird, beginnt es ein neues Leben, wird es in anderer Form neu erschaffen.«

Man kann sich die Entwicklung einer Geschichte von der offenen, zutiefst individuellen Weise, in der wir ein Buch lesen, hin zu dem visuell festgelegten Format eines Films wie eine Übersetzung vorstellen, wobei jede dieser beiden »Sprachen« ein und denselben Moment auf unterschiedliche Art interpretiert. Mir persönlich ging das natürlich nahe, es war, als würde ich meinem Kind dabei zusehen, wie es erwachsen wird und ins Leben hinausgeht.

Durch die zahlreichen Drehbuchfassungen wurde mir bewusst, was für ein komplexer Prozess es ist, glaubwürdige Leinwandcharaktere zu schaffen. Allmählich betrachtete ich den Film nicht mehr als Porträt von uns beiden, sondern als die Geschichte der Hauptfiguren Ray und Moth. Während noch am Drehbuch gefeilt wurde, machte ich mir Gedanken darüber, wer Ray und Moth im Film spielen würde. Das war schwierig. Ray ist ein ziemlich durchschnittlicher Mensch. Ich konnte mir keine Schauspielerin vorstellen, die bereit wäre, diese Rolle zu übernehmen. Bei Moth war es das genaue Gegenteil. Er ist ein außergewöhnlicher Mensch, und ich hatte Zweifel, ob ihm jemand gerecht werden könnte. Als der visionäre Produzent des Films, Lloyd Levin, mir mitteilte, sie hätten jemanden, der Ray spielen würde, war ich völlig überrascht – und konnte kaum glauben, wer es sein sollte. Ich hatte den Anruf im Garten entgegengenommen und eilte ins Haus, um Moth zu verkünden, dass die bildschöne TV-Ikone Gillian Anderson mich im Film spielen würde. Er hörte nur »Anderson«, und nie werde ich seine heillos verwirrte Miene vergessen, mit der er antwortete: »Wer, Pamela Anderson? Ich glaube nicht, dass das passt.« Als Lloyd uns erzählte, dass Jason Isaacs Moth spielen würde, war die Reaktion eine ganz andere. Uns beiden war sofort klar: Ja, natürlich, er ist die perfekte Besetzung.

Seit dem Tag vor all den Jahren, an dem Moth sein Geburtstagsgeschenk ausgepackt hat, gab es eine schier endlose Reihe von Momenten, in denen ich das Gefühl hatte, mich kneifen zu müssen. Meine Tochter war die Erste, die das Manuskript las, und sagte danach: »Es ist brillant … Du solltest etwas daraus machen, weißt du.« Zunächst dachte ich, sie meinte, es in einem Ordner abzuheften oder binden zu lassen. Nachdem ich endlich den Mut aufgebracht hatte, ein paar Probekapitel an Literaturagenturen zu schicken – ohne allerdings irgendwelche Hoffnungen daran zu knüpfen –, erhielt ich nur wenige Tage später eine Antwort von der Agentin Jennifer Christie. Sie bat mich um das gesamte Manuskript, und innerhalb einer Woche waren wir im Gespräch. Bereits zu diesem Zeitpunkt fühlte ich mich, als hätte ich im Lotto gewonnen, aber wenige Wochen später betrat ich doch tatsächlich das Verlagsgebäude von Penguin in London. Als Kind hatte ich davon geträumt, ein Buch zu schreiben, das das Pinguin-Logo auf dem Buchrücken tragen würde, aber mein Leben nahm eine andere Richtung und es wurde nichts daraus – bis ich über unsere Erlebnisse auf dem Küstenpfad schrieb. Und nun erfüllte sich mein Kindheitstraum – doch das war noch nicht alles. Ich hatte angenommen, ich würde mich mit der Lektorin Fiona Crosby zu einem Gespräch treffen, in dem ich für mein Buch werben müsste. Stattdessen begrüßten mich lächelnde Gesichter an einem Konferenztisch: die Leiter aller Abteilungen waren hier versammelt. Ich war völlig eingeschüchtert, bis die Verlagsleiterin Louise Moore das Wort ergriff: »Um Ihnen die Anspannung zu nehmen, möchte ich vorneweg sagen, dass uns Ihr Buch sehr gut gefallen hat und wir es gern veröffentlichen würden.« Dieser Augenblick und später jener, in dem mich ein Hollywood-Produzent kontaktierte, fühlten sich an wie etwas, das jemand anderem passierte – der Figur Ray, nicht mir selbst.

Und es gab noch mehr surreale Augenblicke: meine erste Signierstunde in unserer örtlichen Buchhandlung; mein

Interview bei *Saturday Live* auf BBC Radio 4; als der *Salzpfad* es auf die prestigeträchtige Bestsellerliste der *Sunday Times* schaffte und dann über hundert Wochen dort blieb; mein erster Auftritt auf dem Hay Festival, wo ich in meinem Lampenfieber vor achthundert Zuschauern auf die Bühne stolperte; die Nachricht, dass sich das Buch auf der ganzen Welt verkaufte, bei Lesern überall auf dem Globus Anklang fand, zunächst bei den wunderbaren Leserinnen und Lesern in den Niederlanden und in Deutschland und schließlich in insgesamt zwanzig Ländern; als ich mit Gillian Anderson ein Eis aß und ihr danach zeigte, wie man ein Zelt aufbaut.

Wir nahmen den Küstenpfad mit wenig Ausrüstung und kaum Geld in Angriff. Obwohl wir die meiste Zeit hungrig waren, zogen wir Kraft aus der Schönheit der Landschaft und unserem Zusammenhalt. So etwas lässt sich schwer in einem Film zum Ausdruck bringen. Daher fragten wir uns beim ersten Besuch auf dem Filmset beklommen, wie man uns wohl darstellen würde. Gerade wurde im Valley of Rocks an der Nordküste von Devon gedreht, einer rauen Landzunge mit zerklüfteten Felsen und wilden Ziegen. Seit wir es mit wenigen Habseligkeiten im Rucksack durchwandert hatten, waren wir nicht mehr hier gewesen. Wir drückten uns bei den Fahrzeugen der Filmcrew herum, etwas nervös, weil wir gleich unseren Darstellern begegnen würden. Es gab auch einen üppig ausgestatteten Cateringwagen, und als ich so dastand, mit Tee in der einen und Schinkensandwich in der anderen Hand, dachte ich, das passt alles gar nicht. Doch dann tauchten die Schauspieler auf der Landzunge auf, wanderten auf dem Küstenpfad von den Felsen hinunter ins Tal – Gillian mit wirrem Haar und einem roten

Rucksack, Jason in einem grünen T-Shirt, etwas unsicher auf den Beinen, und da waren es für mich keine Schauspieler mehr. Augenblicklich wurde ich zurückversetzt zu den Härten und der Schönheit, dem Schmerz und der Hoffnung dieser Wanderung, es war ein Ansturm von Gefühlen, genauso intensiv wie damals. Ich musste mich erst einmal fassen und eine Weile zusehen, damit sich mein Gefühlsaufruhr legte und ich mir bewusst machte, dass dies Ray und Moth waren, Figuren in einem Film – es war keine außerkörperliche Erfahrung. Dann kamen auch die Doubles für Ray und Moth den Hügel herab, genauso gekleidet wie Ray und Moth, und das Ganze wurde ziemlich surreal.

Doubles: Daran hatte ich überhaupt nicht gedacht. Die Verwandlung eines Buchs in einen Film war eine weitere Reise, auf der ich in kürzester Zeit eine Menge lernte. Zwischen der Vision eines Produzenten und dem fertigen Film liegen viele Schichten Fachwissen, von dem Können und der Erfahrung der Koproduzenten Liz Karlsen und Stephen Woolley von Number 9 Films bis hin zu der überaus talentierten Theaterregisseurin Marianne Elliott, die mit *Der Salzpfad* ihren ersten Film inszenierte. Dann das Drehbuch, die Besetzung und dort auf dem Hügel an der Küste das große Produktionsteam, das sich kompetent um Beleuchtung und Ton kümmerte, und schließlich nun die drei Ausgaben von Ray und Moth und der Cateringwagen, wo es inzwischen Kaffee und Kuchen gab.

Ein Kinofilm ist eine ganz andere kreative Erfahrung als ein Buch. Ein Buch lässt einem Autor oder einer Autorin Raum, ein Bild zu malen, eine Figur zu erkunden und einen Gedanken zu vertiefen. Als Leser und Leserinnen bewohnen wir diesen Raum ganz unabhängig, wir malen unser eigenes Bild, schaffen unseren eigenen Ton, unser eigenes Licht, hören unseren eigenen Akzent oder Tonfall, und dadurch wird die Geschichte, die wir lesen, zu *unserer* Geschichte. Zu erleben, wie Teile seines Werks auf wenige Minuten komprimiert oder sogar nur in einem flüchtigen Blick ausgedrückt werden, ist für jeden Autor eine lehrreiche Erfahrung. Scheinbar wichtige Figuren können wegfallen und Szenen so verändert werden, dass sie ein inneres Geschehen visuell transportieren. Wie unsere Regisseurin Marianne sagte, geht es beim Schreiben eines Drehbuchs und beim Schneiden eines Films viel darum, dass wir »uns von unseren Lieblingen verabschieden«. Es war schmerzlich für mich, dass einige meiner Lieblingsfiguren nicht vorkamen oder das ein oder andere Spannungsmoment in einen anderen Teil der Geschichte verlegt wurde, aber jetzt weiß ich, dass das ein wichtiger Teil des Adaptionsprozesses ist.

Dann wieder gibt es Szenen, die so nah an der Wirklichkeit sind, dass sie mich in die Zeit auf den Klippen zurückversetzen. Bei einer besonders gut gelungenen Szene kurz vor Schluss, in der eine Frau zu Moth und Ray sagt, sie hätten jetzt »das Salz im Blut«, habe ich das Gefühl, dem echten Moth dabei zuzusehen, wie er auf ihre Worte reagiert. Ich bin zurückversetzt in den Augenblick, in dem mir alles klar wurde, was der Pfad uns über das Leben und die Natur gelehrt hat, aber noch mehr über uns selbst und dass man mit so wenig so viel gewinnen kann.

Die dritte Hauptfigur in meinem Buch ist der South West Coast Path; ich habe es geschrieben, um festzuhalten, wie wir mit dieser spektakulären Landschaft in Beziehung traten. Es war mir wirklich wichtig, dass so viel wie möglich an den Originalschauplätzen gedreht wurde. Location Scouts haben den ganzen Südwesten durchkämmt, um geeignete Drehorte in den Buchten und auf den Landzungen zu finden, die den Kern der Geschichte am besten wiedergaben. Einige der Drehorte wurden aus logistischen Gründen geändert, aber viele sind geografisch korrekt. In atemberaubenden Bildern wird das Zusammenspiel der Figuren und des Coast Path eingefangen, der sie auf eine emotionale Reise schickt, auf der sie über sich hinauswachsen; die überwältigende Landschaft steht dabei immer im Mittelpunkt des Films.

Seit den Dreharbeiten im Sommer 2023 haben mich viele Nachrichten von Ortsansässigen erreicht, die als Statisten, Set-Runner und in vielen anderen Funktionen an dem Film beteiligt waren. Sie schwärmten davon, was für eine wundervolle Erfahrung es war, dass wir einen Hauch von Hollywood in ihre kleinen Dörfer und versteckten Winkel an der Küste trugen, und dass sie sich immer an ihre Begegnung mit Gillian und Jason und an die Unterhaltungen mit der Filmcrew erinnern werden.

Ein wichtiger Aspekt bei jedem Film ist die Musik oder, in diesem Fall, ihr Fehlen. Ich konnte mir nur schwer vorstellen, wie eine Filmmusik die Geräusche der Küste erfolgreich vermitteln sollte. Die Gefahr war groß, zu viel Dramatik zu erzeugen, indem man versuchte, das ungestüme Wetter nachzubilden, sodass die Landschaft und die Figuren untergegangen wären. Das Ergebnis ist inspirierend, es gibt sehr wenig komponierte Musik und dafür den Soundtrack der Küste –

das Klatschen der Wellen, die sich an den Klippen brechen, den Wind auf der Zeltplane, die Rufe der Möwen in der Luft, nur gelegentlich unterbrochen von Instrumentalmusik.

Memoiren sind ein schmales Fenster, durch das wir einen Ausschnitt eines Lebens sehen. Die Verfilmung von Memoiren bedingt zwangsläufig einen noch schmaleren erzählerischen Bogen. Gillian und Jason hatten bei der Darstellung unserer dunkelsten Momente nur sehr wenig Spielraum und haben dadurch die Figuren punktgenau erfasst. Eine so traumatische Zeit in unserem Leben auf der Leinwand zu sehen, hat die tiefsitzenden, aufwühlenden Emotionen durch den Verlust von allem, was uns erdete, wieder hervorgeholt. Es hat mir auch erneut zu Bewusstsein gebracht, was uns vor der Verzweiflung bewahrte: der Coast Path und die Lektionen, die er uns lehrte – im Hier und Jetzt zu leben, ohne besorgten Blick in die Vergangenheit, die man nicht mehr ändern kann, und ohne Angst vor der Zukunft, die man nicht kennt, und zu begreifen, dass genau dieser Moment »alles ist, was wir haben, und alles, was wir brauchen«.

Nun da unsere Geschichte einem noch größeren Publikum präsentiert wird, wurde ich gefragt, was die Zuschauer aus dem Film mitnehmen sollen. Ich hoffe, dass sie Obdachlose mit gütigeren Augen sehen und dass der Schlafsack vor dem Ladeneingang für sie zu einem Einblick in das Dasein eines lebenden, atmenden Menschen mit Gefühlen, Hoffnungen und Träumen wird und nicht nur ein Ärgernis auf der Straße und eine lästige Statistik bedeutet.

Und wo stehe ich jetzt, nach alledem? Ich bin wieder an der Küste, wo ein Sturm weit draußen die Wellen gegen die

Klippen treibt. Ich versuche mir keine Gedanken darüber zu machen, wie die Menschen die Verfilmung meiner Vergangenheit beurteilen werden, und nicht zu viel über eine unvorhersehbare Zukunft nachzudenken. Ich verwurzle mich in der Realität der salzigen Gischt, die über die Landzunge weht, und der Möwenschreie im Wind, während ich eine Thermoskanne aufschraube und Moth einen Becher Tee reiche.

ISBN 978-3-616-03155-2, 17,95 €, Paperback